GOTTESDIENST PRAXIS SERIE A

Arbeitshilfen für die Gottesdienste
zu den Sonn- und Feiertagen
des Kirchenjahres

Herausgegeben von Horst Nitschke

Gütersloher Verlagshaus Gerd Mohn

GOTTESDIENST-PRAXIS

I. Perikopenreihe

Band 2: Palmarum bis 6. Sonntag nach Trinitatis

Gütersloher Verlagshaus Gerd Mohn

CIP-Titelaufnahme der Deutschen Bibliothek

Gottesdienstpraxis / hrsg. von Horst Nitschke. –
Gütersloh : Gütersloher Verl.-Haus Mohn.
Früher hrsg. von Erhard Domay und Horst Nitschke
Ser. A, Arbeitshilfen für die Gottesdienste zu den Sonn- und Feiertagen des Kirchenjahres.
Perikopenreihe 1.
NE: Domay, Erhard [Hrsg.]; Nitschke, Horst [Hrsg.]; 1. Abt.

Bd. 2. Palmarum bis 6. Sonntag nach Trinitatis. – 1991
ISBN 3-579-02870-7

ISBN 3-579-02870-7

Satz: Satz-Service-Berkemeier, Gütersloh
Druck und Bindung: Ebner Ulm
Umschlagentwurf: Franz Wöllzenmüller, Oberhaching
Umschlagbild: © Benedikt Werner Traut, 8677 Selbitz
Friedenszeichen 1973, Farbholzschnitt 55 x 70 cm
Printed in Germany

Inhalt

Palmarum

Predigttext: Johannes 12,12–19
Jörg Passoth

Theologisch-homiletische Skizze

1. Beim ersten Durchlesen des Textes fällt mir auf, daß die Situation offen bleibt: Auf dem Hintergrund dessen, was die Beteiligten von Jesus erfahren haben (Auferweckung des Lazarus z.B.), genügt der an sich recht alltägliche Vorgang – auf dem Rücken eines Esels nach Jerusalem hineinzureiten – bei *diesem* Menschen und unter *diesen* Bedingungen offenbar, um darin ein Zeichen alter Verheißungen zu erkennen und alte Hoffnungen nach einem wunderbaren Frieden aufflammen zu lassen.
Alle direkt und indirekt Beteiligten reagieren, interpretieren – und beschreiben so ihre Beziehung zu Jesus. Die einen jubeln, die anderen wollen etwas gegen ihn ausrichten, ihn umbringen (11,50). Jesus selbst schweigt. In diesem Abschnitt wird nichts bewertet, nichts dementiert, nicht Stellung für die einen und gegen die anderen bezogen.
Es geht also nicht um Ergebnisse, um Richtigkeiten, sondern um Annäherung. Es geht um große Hoffnungen, Enttäuschungen, Ängste, um Verstehen und Mißverstehen, um Befangenheit und Vorurteil. Daß etwas Außerordentliches, Bewegendes in Gang gekommen ist, ist keine Frage mehr – wohl aber, wie man sich dazu verhalten will und kann. Welche Beziehung habe ich zu dem, der da in Jerusalem einzieht? Dieser Frage möchte ich in der Predigt nachgehen.

2. So etwas wie »meine persönliche Beziehung zu Jesus« ist nach meiner etwa achtjährigen Erfahrung in unserer sozial und politisch z.T. sehr engagierten bürgerlichen Gemeinde kein Thema. Christlicher Glaube wird an sozialem Engagement abgelesen, entsprechend hoch sind die Anforderungen, die gerade viele Jugendliche in der Jungen Gemeinde an sich selbst richten und damit scheitern, nicht selten in Krankheit flüchten müssen.
Gerade bei diesen Jugendlichen, die sich ziemlich regelmäßig im Gottesdienst treffen, und – erstaunlicherweise – bei »Randsiedlern« (Konfirmandeneltern, die wenig Kontakt zur Gemeinde haben) zeigt sich eine Neugier auf die Art der Frömmigkeit, aus der heraus Christen und Christinnen leben und handeln. Darüber hinaus hat Barth (s. Kontexte) m.E. mit Recht darauf hingewiesen, daß uns ohne »Gottesliebe« und ohne »Jesusliebe« sehr schnell die eigentliche Mitte, die Voraussetzung für unsere Nächstenliebe verlorengeht, so daß diese schnell eine trockene, überfordernde Leistungsangelegenheit wird. Trotz bester Absichten könnten wir auf diesem Weg leicht in eine gewisse Nähe zu den von Jesus kritisierten Auswüchsen eines Pharisäertums geraten mit all seinen »kränkenden« und lebensverbietenden Folgen, die dazu gehören.

3. Die im Text geschilderten Menschen sehen in Jesus, der auf einem Esel in Jerusalem einzieht, das Zeichen eines ungeahnten, z.T. beglückenden, z.T. befürchteten Neubeginns:
- Voller Hoffnung *das Volk*, solange die alte Sehnsucht nach einem wunderbaren Frieden Nahrung erhält (Auferweckung des Lazarus); bereit, jemanden zum König hinaufzujubeln, ihn aber wenige Tage danach schon wieder fallen und um-

bringen zu lassen, sobald er den eigenen Befangenheiten und Wunschträumen nicht mehr oder nicht ausreichend gerecht wird.

- Voll hilfloser Empörung *die Pharisäer*, weil ihr bisher doch so ernsthaftes Bemühen und die davon abgeleitete Autorität in Frage gestellt werden zusammen mit all den dazugehörigen Denk- und Lebensgewohnheiten.
- Unverständig *die Jünger*, die zwar erst im nachhinein verstehen, aber doch jetzt schon bereit sind, diesem wunderbaren Gesandten Gottes zu folgen, der alle vorstellbaren Grenzen zu überschreiten vermag, auch die vom Tod zum Leben.

Wer dieser nun wirklich ist, der da einzieht, weiß keiner von ihnen. Alle drei Gruppen sind befangen in ihrem jeweiligen Unverständnis. Und doch machen sie gerade in ihrem Mißverstehen Aspekte der Wahrheit um diesen Jesus, den Christus, sichtbar: Die einen, weil ihr Jubel ja durchaus dem Richtigen gilt, auch wenn sie sich die Ausführung anders gedacht hatten. Die anderen, weil ihr Widerstand anzeigt: Mit diesem »Friedenskönig« wird nicht alles so bleiben, wie es ist. Die Strukturen der Gewalt, der Unterdrückung und Zerstörung von Leben (Vers 31) werden dem Ohnmächtigen am Kreuz weichen müssen, egal wie fromm und wie gottgewollt sie sich geben mögen. Denn letztlich kann nichts die befreiende Wahrheit aufhalten, weder die jubelnde Zustimmung des wankelmütigen Volkes noch die angeblich politischen Sachzwänge, die dann zum Todesurteil führen (Vers 11,47f.), oder andere Strukturen, »weder Gegenwärtiges noch Zukünftiges« (Rm 8,38) – nicht einmal der Tod. So tragen alle auf ihre Weise dazu bei, daß diese Wahrheit sichtbar wird und ihr Licht in der Finsternis scheint. – Dieser übergeordnete johanneische Gesichtspunkt ist gewiß ein Trost und ermutigt zu einer unvoreingenommenen Betrachtung des eigenen Lebens sowie der Zusammenhänge, in denen es steht.

4. Daran anknüpfend möchte ich in der Predigt die Frage nach der Beziehung zu Jesus unter vier Gesichtspunkten aufnehmen:

a) Wer er wirklich ist, wissen wir nicht. Trotz Verherrlichung Jesu und Sendung des Geistes, die historisch hinter uns liegen, sind wir an entscheidenden Punkten unseres Glaubenkönnens auch nicht besser dran als Volk, Phariäser und Jünger damals. Auch wir sind befangen, werden irregeführt in unserer Wahrnehmung. Auch wir kommen nicht um herbe Korrekturen unserer Denk- und Lebensgewohnheiten herum, wenn wir diesem Jesus von Nazareth, dem Christus, denn tatsächlich begegnen sollten.

b) Wie begegne ich ihm? Wer ist er für mich? Ein solches Fragen anzuregen, macht es einerseits notwendig, bei meinen persönlichen Fragen zu bleiben, andererseits damit aber so offen umzugehen, daß die Zuhörenden auch ihrerseits bei ihren persönlichen Fragen bleiben können. Ich will das wenigstens versuchen, indem ich in die Rolle eines Zuschauers beim Einzug Jesu in Jerusalem schlüpfe, allerdings meine besorgten Fragen von heute mitbringe und mich damit an ihn wende: »Wird er es schaffen oder wird er untergehen – wie so viele vor ihm und nach ihm?« Heute weiß ich wohl um den Ausgang der Sache damals, weiß aber auch um die immer wiederkehrenden Versuche, Jesus mit Gewalt zu dem zu machen, was er nicht sein wollte: ein Herrscher, der mit seiner göttlichen Allmacht jeweils meine Interessen verfolgt. Das Hochjubeln, das damals begann, ist in seiner Konsequenz vom Verdammen, vom Diskreditieren nicht soweit entfernt (s. Kontexte Marquardt). Wird sein Frieden sich auch dagegen behaupten können oder wird er in dieser furchtbaren abendländischen Geschichte untergehen?

c) Eine Wahrheit, die sich nicht aufhalten läßt. Was sich in der Auferweckung des Lazarus ankündigt und mit der Auferstehung Jesu zu einem vorläufigen Ziel kommt, ist die Entmachtung des Todes. Ist dieses letzte Mittel aller Gewalt gegen Menschen und Schöpfung – »der letzte Feind« (1. Kor 15,25) – nicht mehr einsetzbar, überholt, dann schlägt in dieser »Freiheit aller Freiheiten … die Stunde zu einer tiefen Respektlosigkeit auch gegen alles sonstige Herrentum in der Welt …« (Marquardt a.a.O., 133). Jesus geht den Weg des Weizenkorns, das in die Erde fällt und Frucht trägt (Vers 24). Herrschaftssicherung ist nicht mehr nötig, der Tod vorläufiger Teil eines neuen Lebensprozesses, die Wahrheit Jesu Christi auch durch millionenfachen Mord – angeblich in seinem Namen – nicht aufzuhalten.

Vorschläge zur Liturgie

Empfehlenswert und mit kleinen sprachlichen Veränderungen und Aktualisierungen zu übernehmen sind die Texte zum Palmsonntag in »Liturgieentwürfe für das Kirchenjahr« des Liturgischen Arbeitskreises II (EKHN, Frankfurt 1985[2]) S. 159 ff., weil sie die wechselseitige Beziehung zwischen Triumphzug und Opfergang gut zum Ausdruck bringen.

Fürbittengebet

(im Blick auf den Predigtaspekt der Entmachtung des Todes):
Gott, du hast keine Mühe, kein Leiden, nicht einmal den Tod gescheut, um zu uns zu kommen,
um uns gegen alle Todverfallenheit wieder einzubeziehen in das Leben, das du uns zugedacht hast – dein Leben, das stärker ist als der Tod.
Wir bitten dich für alle in dieser Welt, die noch immer auf Macht und Gewalt setzen – freiwillig oder gezwungen, unwissend oder in klarer Berechnung – und damit das Geschäft des Todes betreiben,
sei es in der Weltwirtschaft, in der Rüstungsindustrie;
sei es in den Folterkellern der Geheimdienste und Diktaturen;
sei es durch die Zerstörung deiner Schöpfung;
sei es durch die Ausländerfeindlichkeit auf unseren Straßen oder auch durch die Ausreden und die Untätigkeit derer, die danebenstehen und nichts tun.
Um ihrer Opfer, aber auch ihrer selbst willen bitten wir dich:
Laß sie, laß uns alle zurückfinden von unseren Irrwegen zu dem Weg, den du uns vorangegangen bist, dem Weg des Weizenkorns, dem Weg des Lebens, wohl wissend, daß die Welt sich auf Dauer deinem versöhnenden und befreienden Ja nicht entziehen kann.
Amen.

Lieder

Eingangslied	(als Bitte um Zuwendung)	59
Graduallied	(Hinweis auf den Erhöhten)	72,1–8
vor der Predigt	(Proklamation des Königs)	7,1–4
nach der Predigt	(Hoffnung)	7,5–6
Dankopfer	(Freude über die Zuwendung)	277,1–3.5

Lesung
Phil 2,5–11

Zur Predigt
Liebe Gemeinde! Wir kennen die Geschichte. Aber: Wer ist der, der da einzieht? Kennen wir ihn auch? Oder bilden wir uns das nur ein? – Die, die ihm damals jubelnd entgegenzogen, die, die mitgingen und nicht wußten, wie ihnen geschah, oder die, die sich abseits hielten und Mordpläne schmiedeten – sie alle glaubten zu wissen, wen sie vor sich hatten. Und keiner, keine verstand wirklich, worum es ging. Sie blieben gefangen in ihren Vorstellungen, wie Gott zu sein und was er zu tun hätte. Es kam zu keiner wirklichen Begegnung mit diesem Jesus. Und so wurden sie enttäuscht, die, die ihn umjubelten und wenige Tage danach fallen ließen, und die, die ihn umbrachten, um ihn loszuwerden. Auch sie hatten keinen Erfolg.
Wer war er nun wirklich, dieser Aufsehen erregende Wanderprediger aus Galiläa? – Vielleicht mischen wir uns mal unter das Volk am Straßenrand und stellen uns die gleiche Frage wie die Menschen damals: *Wer ist er wirklich für mich?* Möchte ich ihm zujubeln, weil er Unglaubliches zuwege gebracht hat? Muß ich ihn – vielleicht nicht gleich umbringen, aber doch – mir auf Abstand halten, weil er meine Kreise stört? – Suche ich seine Nähe »ohne Unterlaß«, denkend, handelnd, empfindend – betend? Oder ist das eine trockene, lästige Pflicht, für die meistens – »leider«, versteht sich – keine Zeit bleibt?
Viele Fragen. Ich weiß nicht, welche Sie an ihn richten möchten. Bei mir drängt sich eine in den Vordergrund: Wird er es schaffen? Oder wird er untergehen? Der, der dahinein reitet nach Jerusalem auf dem Rücken eines Esels?

Zum weiteren Verlauf
1. Das Hochjubeln Jesu Christi, das damals begann, hat sich fortgesetzt durch die abendländische Geschichte. Auch ihn, den Christus, hat man emporgehoben ins Großartige, ins Erhebende, Erhabene, ins Übermenschlich-Göttliche und ist dabei nur zu oft im Unmenschlichen gelandet: Millionen Menschen wurden umgebracht in seinem Namen, für seine Sache, wie es hieß. Man wollte ihn als Bundesgenossen für die jeweils eigene Sache, hat ihn mißbraucht, verhöhnt, diskreditiert. – Wird er mit seinem Weg dagegen ankommen oder wird er darin untergehen?
2. Trotz allem bin ich im Gottesdienst im Namen Jesu mit anderen zusammen, Ausschau haltend nach einem, der gerade im Gegensatz zu solchen Machenschaften uns helfen kann, menschlich zu werden und menschlich zu bleiben. Nicht nur unser Leben hängt davon ab, auch das unserer Kinder – ja, das der ganzen Schöpfung.
3. Jetzt wäre zu beschreiben, warum ich mit meinen Lebensfragen gerade zu Jesus komme, was mir an ihm gerade dafür so besonders wichtig ist: Zu

nötig hat die Welt, was er anbietet: Frieden! Zu sehr weisen die vielen »kleinen Schritte«, die er damals gegangen ist, in die richtige Richtung: Heilwerden der körperlich, seelisch und sozial Leidenden, Männer, Frauen und Kinder; eine neue Gemeinschaft verfeindeter Gruppen; Entmachtung der Dämonen, der Mächte, Kräfte, Strukturen, die uns beherrschen, unser Leben ruinieren. Auch hier können Beispiele aktuelle Akzente setzen. Dann: Sein Weg war der des Weizenkorns, das in die Erde fällt, stirbt und Frucht bringt. Ist das der richtige Weg – auch für mich, auch für uns? – Wird er *so* standhalten? Wird die Hoffnung, die bis heute von ihm ausgeht, trotz aller Versuche, sie zu zersetzen, wird diese Hoffnung Gestalt gewinnen unter uns so, daß wir davon leben können nach seiner Verheißung – wir und unsere Kinder?

4. Ich komme nicht von ihm los, diesem Menschen, dessen Liebe zum Leben, dessen Leben keine Grenzen kennt, auch nicht die des Todes. – Ich muß an ihn denken, wenn ...: Es folgen jeweils mit dieser Einleitung einerseits aktuelle Aussagen oder Nachrichten, die den Frieden Jesu besonders vermissen lassen, ihn brauchen. Die sozialen Folgen der übereilten Währungsumstellung, der wieder auflebende Rassismus sind z.Zt. Beispiele aus nächster Nähe. Andererseits folgen mit der gleichen Einleitung Erinnerungen an besonders solidarisches Verhalten von Gruppen oder einzelnen aus der Gemeinde (Bewahrung von Flüchtlingen vor der Abschiebung; Besuche auf Pflegestationen usw.). Gerade in ihrer Gegensätzlichkeit sollen die Beispiele die beiden Seiten der Nähe Jesu deutlich machen – die herbeigesehnte und die erfahrene Nähe – beides Formen der Begegnung.

Möglicher Schluß

Auch wenn wir vielleicht nicht wirklich wissen, wer er ist, auch wenn über Jahrhunderte daran gearbeitet wurde, ihn vor den Augen der Welt unmöglich zu machen – nichts in der Welt und niemand kann uns daran hindern, noch einmal neu zu fragen, wer er ist, noch einmal neu seinen Einzug auf dem Rücken eines Esels in diese Welt mitzuverfolgen, zu begleiten, noch einmal neu darum zu beten, daß er sich uns zu erkennen geben möge auf dem Weg zu einem neuen Himmel und einer neuen Erde, in der Gerechtigkeit wohnt nach Gottes Verheißung. Vielleicht lädt er uns ein mitzugehen und zu erfahren, daß weder ihn noch die, die mitgehen, irgend etwas aufzuhalten vermag, nicht einmal der Tod.
Amen.

Kontexte

Barth, Kirchl. Dogm. IV,2 900ff. zum Gebot der Gottesliebe:
»Die Mystik, den Pietismus, die Romantik mit ihren bedrohlichen Auswüchsen meinten wir los zu sein. Aber waren wir nicht im Begriff, uns einer nicht minder bedenklichen Antithese zu verschreiben, laut derer das Werk des Heiligen Geistes sich auf die Veranstaltung eines ewigen Werktags reduzieren mußte, laut derer es nach

Abschaffung der eigentlichen, direkten Gottes- und Jesusliebe im Grunde auch kein Gebet mehr geben durfte? ... Ohne Liebe zu Gott gibt es eben auch keinen Gehorsam gegen ihn, keine Nächstenliebe, ohne Liebe zu Jesus auch keine Nachfolge, sondern Gehorsam, Nächstenliebe, Nachfolge ergeben sich von jener Mitte her. In jener Mitte aber geschieht das, was ihre *Voraussetzung* ist: Daß der Mensch getröstet wird, sich trösten läßt und selber tröstet mit dem einzigen Trost: ... daß er als von Gott Geretteter ein in Gott Geborgener ist ... In jener Mitte, wo er es direkt mit »Gott in Christus« selbst zu tun hat, hebt er an, von der Freiheit Gebrauch zu machen, in der er dann notwendig auch dazu frei ist. Es wird nun einmal weder zufällig noch sinnlos sein, daß das Gebot der Gottesliebe Mk. 12,29 Par. das *erste* Gebot genannt wird.«

Käsemann, E., Kirchliche Konflikte Bd. 1 S. 219ff.: »... und die Werke des Teufels zerstört. Darum geht es in Wirklichkeit, wenn im Neuen Testament die Dämonien als die eigentlichen Feinde Christi erscheinen und jeder christliche Dienst deshalb nach seinem tiefsten Wesen immer als eine Art Exorzismus, als Austreibung böser Geister gesehen werden sollte.«

Marquardt, F.-W., Das christliche Bekenntnis zu Jesus dem Juden. 1990. S. 132: »Die Investitur des armen Jesus von Nazareth mit Reichsapfel, Szepter und Schwert hat ihn zu etwas gemacht, was er nie sein wollte. Denn, heißt es im Johannesevangelium einmal, ›als er sah, daß sie kamen und ihn gewaltsam wegführen wollten, um ihn zum König zu machen, da zog er sich wieder auf den Berg zurück, er allein‹ (6,15). Das klingt wie eine Vorwegnahme der Geschichte Jesu von Nazareth im christlichen Abendlande, wo sie in der Tat ›gewaltsam‹ etwas aus ihm gemacht haben, was er nicht nur nicht war, sondern nicht sein wollte.«

»Und abermals krähte der Hahn«

Predigt am Beginn der Karwoche (Markus 14,66–72)

Heinz-Dieter Knigge

Obwohl der heutige Sonntag Palmarum heißt, will ich nicht über Palmen reden, sondern über den Hahn, der auf vielen Kirchtürmen die Wetterfahne krönt und der den Wind anzeigt. Meine Frage ist: Wie kommt der Hahn auf den Kirchturm – was hat er da zu suchen? So hoch fliegen richtige Hähne in der Regel ja nicht!

Also bleibe ich erst mal bei den richtigen Hähnen. Bei uns in der Stadt gibt's sie ja nicht mehr. Ich erinnere mich an einen Urlaubstag, vor langen Jahren – es war, glaube ich, in irgendeinem Dorf im Allgäu. Da haben mich die Hähne ungeheuer geärgert. Ich wollte noch schlafen – und sie weckten mich durch ihr Geschrei. Das Kikeriki eines Hahnes ertönte. Ich versuchte wieder einzuschlafen, als es verklungen war. Aber da antwortete schon ein anderer Hahn mit seinem Kikeriki. Und so ging das immer weiter, obwohl es draußen noch dunkel war. Ich wälzte mich hin und her in meinem Bett: ich wollte noch Nacht und Schlaf, aber die Hähne riefen den Tag schon herbei und weckten mich auf. – Gut, daß unsere Nachbarn keine Hühner und Hähne haben!

Warum wohl auf so vielen Kirchtürmen das Abbild des Hahnes ist?

Mit dem heutigen Sonntag Palmarum beginnt die Karwoche: Gründonnerstag, Karfreitag, aber auch Ostern stehen bevor. Und da denke ich auch an Petrus, an seine Erfahrung mit dem Hahnenschrei. Da denke ich an die Geschichte, die uns die Evangelien darüber erzählen, z.B. im Markusevangelium, Kap. 14, Verse 66–72.

Das ist schon mutig und ungewöhnlich, denke ich mir, daß Petrus Jesus so weit nachgefolgt ist: bis in den Hof jenes Hauses, in dem die Richter Jesu versammelt waren; bis in den Hof des Palastes des Hohenpriesters! Die anderen Jünger, so berichtet es Markus, waren schon im Garten Gethsemane geflohen, als Jesus von den Kriegsknechten gefangen genommen worden war. Petrus jedoch, so heißt es, folgte dem gefangenen Jesus nach von ferne, als er vor den Hohen Rat gebracht wurde, vor Hohepriester, Älteste und Schriftgelehrte, die diesen unangenehmen Fall Jesus nun endlich und endgültig erledigen wollten, damit wieder Ruhe wäre im Land.

Petrus folgte Jesus nach von ferne, mischte sich unter die Palastwache und das Volk, saß da mit den anderen und wärmte sich in der kühlen Nacht an einem der kleinen Feuer, die überall brannten im Hof. – Nachfolge von ferne – unerkannt bleiben wollen als Christ. Das gibt's wohl auch unter uns – sei es, daß wir mitleidige oder abschätzige Blicke fürchten oder handfeste

Nachteile. Nicht jeder ist ein Martin Luther oder ein Dietrich Bonhoeffer oder ein Martin Luther King – einer also, der bereit ist, in der Nachfolge Jesu auch sein Leben aufs Spiel zu setzen, es zu gefährden und vielleicht sogar zu verlieren. Nachfolge von ferne – an der Seite dieses Petrus aber immerhin, der ja nicht sofort weglief wie die anderen Jünger im Garten Gethsemane. Und selbst sie noch bleiben trotzdem Jesu Jünger.
Da ist dieses Halbdunkel im Hof des hohenpriesterlichen Palastes, das unsere Geschichte malt – und da ist die Magd, die Petrus als Jünger Jesu erkennt: »Du warst auch mit dem Jesus von Nazareth.« Petrus leugnet es, geht in den Vorhof, der Hahn kräht, und die Magd hört nicht auf, allen Leuten zu sagen: »Das ist einer von denen.« Petrus streitet erneut ab. Aber die Sprache macht ihn verdächtig: sein galiläischer Dialekt. »Verflucht will ich sein, wenn ich den kennte. Ich schwöre es.«
Der zweite Hahnenschrei. Die großen Worte von gestern, zu Jesus gesagt: »Und wenn sie dich alle verlassen, ich nicht« scheinen in den Wind geredet zu sein. So schnell also zerbrechen gute Vorsätze, zerbricht die Treue zu sich selber und zu anderen. So schnell. Petrus erschrickt – er weint, während jenseits der Höfe Jesus im Palast verhört wird; während man Schuld dort sucht, wo keine zu finden ist. Zum Tode verurteilen kann man trotzdem.
Deshalb dreht sich ein Hahn auf manchen Kirchtürmen wetterwendig im Wind? Der Hahn, der dem Petrus seine Verleugnung anzeigte, der ihn aber auch zur Besinnung brachte – was zeigt er uns an?
Ich habe am vergangenen Mittwoch in einer Schulklasse in Stolzenau eine Unterrichtsstunde über unsere Geschichte miterlebt. Die Orientierungsstufenschüler sollten den Petrus malen, sein Gesicht – nach dem zweiten Hahnenschrei. Ein Schüler malte die Augen des Petrus wie seine Tränen, eine lange ununterbrochene Kette von Kreisen. Ein anderer malte zwei Petrusgesichter: den Petrus, wie er sein wollte, und den, zu dem er geworden war. Unwillkürlich fragte ich mich: Wieviel Gesichter hab' denn ich? Und dieser Satz fiel mir wieder ein, von irgendwoher: »Der, der ich sein wollte, grüßt den, der ich bin.« Da ist Enttäuschung ausgesagt über mißlungene Eindeutigkeit, über die Spalten und Widersprüche in uns. Aber immerhin: die beiden Ichs grüßen einander noch. Da ist trotz aller Widersprüchlichkeiten auch Hoffnung – zumindest auf friedliche Koexistenz: »Der, der ich sein wollte, grüßt den, der ich bin.«
Unsere Geschichte wurde mir also durch die Kinder in der OS Stolzenau zum Spiegel. Ich dachte an den Optimismus der Jugendzeit, an die Hoffnungen von damals, an die Ideale von früher, an die Forderung nach Eindeutigkeit, nach Übereinstimmung von Glauben und Leben, an diesen Wunsch nach einer ungebrochenen Identität. Und mir fiel ein, wieviele dieser Träume sich als Schäume erwiesen hatten, wieviel von damals inzwischen zerbrochen war. Aber ich dachte auch an das, was ich hinzugelernt hatte im Scheitern: so wie der Petrus unserer Geschichte am Ende auch bit-

ter hinzugelernt hat: daß er nicht der ist, der selbstgewiß und sicher (wohl auch ein wenig überheblich) sagen kann: Alle anderen mögen das machen. Ich nie! (Wer weiß, was jeder von uns noch alles »machen« wird?) Petrus rechtfertigt sich nicht, sagt nicht: Was hätte es denn genützt, wenn ich mich zu Jesus bekannt hätte in dieser Situation? Es hätte Jesus nichts geholfen und mich nur in Gefahr gebracht! – Petrus rechtfertigt sich nicht. Er fängt an zu weinen.

Es ist manchmal unangenehm, die Hähne krähen zu hören, nicht nur im Allgäu. Man möchte lieber noch schlafen. Geweckt zu werden, aufwachen müssen, ist nicht immer schön. Schlaf und Träume, Kissen und Bett sind manchmal angenehmer als Realität, als Helle und Tag. Vielleicht ist unsere Geschichte von der Verleugnung des Petrus eine Aufweckgeschichte für uns? Vielleicht will der stumme Hahn auf der Kirchturmspitze auch sagen: Die, die sich da unten zum Gottesdienst versammelt haben, sind nicht besser als Petrus – aber sie müssen es auch nicht sein?

Ein Vers von Christopher Fry, vor dreißig Jahren gelesen, fällt mir wieder ein: »Wenn die Saat schießt, so ist der Wind vom Morgen besessen. Komm, wir wollen uns beeilen. Ein Hahnenschrei, spitzhackig, bricht die Nacht schon langsam auf ...«

Warum müssen wir nicht besser als Petrus sein? Ob das etwas damit zu tun haben könnte, daß der, der nun wirklich besser, der wirklich eindeutig war – daß Jesus hinter den dicken Mauern jenes Hofes, auf dem die kleinen Feuer brannten, zum Tode verurteilt wurde? Ob das etwas damit zu tun haben könnte, daß Gott die, die am Boden liegen, aufstehen läßt? – Der spitzhackige Hahnenschrei, der die Nacht schon langsam aufbricht, ist auch eine Ankündigung des neuen Tages, seiner Helle und Klarheit, die Gott trotz allem Scheitern und Versagen auch aus den Dunkelheiten unseres Lebens und unseres Todes entstehen läßt. Der Kirchturmhahn ist auch ein Auferstehungszeuge.

Petrus fängt an zu weinen. Er rechtfertigt sich nicht vor sich selber. Jesus rechtfertigt Petrus: »Du bist der Fels, auf den ich meine Kirche bauen will.« Was ist das für ein merkwürdiger Felsen? So kann man fragen. Aber darüber kann man auch staunen: Was ist das für eine Verheißung! – Ich denke, sie gilt uns allen.

Gründonnerstag

Predigttext: Johannes 13,1–15(34–35)

Hans-Neithardt Hansch / Volkmar Keil

Theologisch-homiletische Skizze

Die Fußwaschung steht bei Johannes an der Stelle, an der die Synoptiker vom Abendmahl berichten; sie ersetzt hier das Abendmahl. Da der scopus von Joh 13 vom Sinn des Abendmahles nicht weit entfernt ist, wollte der Verfasser der Predigt II den Text für das Abendmahlsverständnis nutzbar machen. Dagegen war es dem ersten Verfasser wichtig, daß die Geschichte von der Fußwaschung als eigenständige Erzählung gewertet und gedeutet wird.

Als scopus des Textes sehen wir zwei Pole: a) Der Herr wird Knecht, b) Die Dienstgemeinschaft der Christen.

Vers 8 gibt den Sinn des Dienstes an, den Jesus ausübt: Es geht um Teilhabe an Ihm selbst. »meros« meint offensichtlich das, was in den Abschiedsreden mit dem Bildwort vom Weinstock und den Reben ausgedrückt wird (Joh 15,5). Es ist wohl berechtigt, hier an Luthers Redeweise vom »fröhlichen Wechsel« zwischen dem sündigen Menschen und dem gerechten Christus zu denken.

Vers 15 zieht die Konsequenzen für das Verhalten der Christen: die gegenseitige Liebe. Wieder wird hiermit auf die Abschiedsreden vorverwiesen, nämlich auf das Liebesgebot, das Jesus seinen Jüngern als Zeichen der Christen übergibt (Joh 13,34f.).

Natürlich ist die Reihenfolge nicht umkehrbar, der Indikativ geht dem Imperativ voraus. Der Text möchte keine Werkgerechtigkeit aufrichten, weder im Blick auf Gott noch im Blick auf die Menschen. Der Mensch hat nichts, womit er Gott einen Dienst erweisen könnte, sondern er ist darauf angewiesen, daß Gott ihm Seinen Dienst erweist. Die Weitergabe der Liebe ist eine Konsequenz aus der Erfahrung der Wohltat, die Er uns erwiesen hat. Wenn wir oft hinter dem zurückbleiben, was für unseren Nächsten (und uns selbst!) gut wäre, so bleiben wir angewiesen auf den Dienst Gottes in Gestalt Seiner vergebenden Liebe.

Mit der Fußwaschung beginnt die »Stunde Jesu« (Vers 1!), die in Johannes 2,4 ausdrücklich als »noch nicht gekommen« bezeichnet worden war. Daß die Fußwaschung betont am Anfang steht, wird (jedenfalls in der vorliegenden, letzten Stufe der Redaktion der Abschiedsreden) auch durch den Wechsel der Zeiten (13,1: Aorist, 17,1: Perfekt) deutlich gemacht. Die Demut Jesu bei der Fußwaschung steht somit in engster Beziehung zur Demut Jesu bei der Kreuzigung. Die Stunde Jesu ist die Stunde seiner Erniedrigung. Sie endet mit dem Wort Jesu am Kreuz: »Es ist vollbracht« (Joh 19,30), womit die Verherrlichung (Joh 17,1) Gestalt gewinnt. Die Parallele von Erniedrigung und Erhöhung aus Philipper 2,8+9 bietet sich in diesem Zusammenhang an.

Der erste der beiden Predigtvorschläge versucht, narrativ die Geschichte von der Fußwaschung nacherlebbar zu machen. Diese Form eignet sich wahrscheinlich gut für meditative Gottesdienste oder für Tischabendmahlsfeiern. Der zweite Predigtentwurf möchte den Text argumentativ angehen, und zwar vom Wort der »Teilhabe« an Jesus (Vers 8) aus. Teilhabe ist in unserem modernen Wortschatz nur noch im

Wirtschaftsleben geläufig. Das Beispiel aus der Wirtschaft soll darum auch den Einstieg bilden. Diese Predigt mit dem Abendmahl als Zielpunkt mag vielleicht für einen traditionellen Agende-I-Gottesdienst sinnvoll sein.

Vorschläge zur Liturgie

Zum Gottesdienst am Gründonnerstag kommen erfahrungsgemäß wenige Teilnehmer. Es empfiehlt sich, Gruppen der Gemeinde anzuschreiben und einzuladen. Dies können Seniorinnen und Senioren oder auch die vorjährigen Konfirmanden sein. Vom Predigttext her bietet sich eine Einladung an alle Mitarbeiterinnen und Mitarbeiter der Gemeinde an. Die Mitarbeiterschaft als Dienstgemeinschaft steht in der Nachfolge der 12 Jünger. Es täte ihr gut, sich den Dienst Jesu gefallen und zusprechen zu lassen.

Zur Begrüßung

Am »Greindonnerstag« soll das »Greinen«, das »Weinen« ein Ende haben. An diesem Tag wurden in der alten Kirche die Büßer, die in den Fastenwochen zuvor Buße getan hatten, wieder in die Abendmahlsgemeinschaft aufgenommen. Die Freude über das angebotene Mahl der Versöhnung war groß. Einzig an diesem Tag in der Passionszeit singen wir heute in der Liturgie das »Gloria in excelsis« mit dem Liedvers »Allein Gott in der Höh' sei Ehr'«.
Hiernach können weitere, nur kurze Hinweise auf den Ablauf des Gottesdienstes erfolgen.

Gebet zum Eingang

Guter Gott, du freundlicher Gastgeber!
Jeden Tag, auch heute wieder, lädst Du uns an Deinen Tisch.
Hab' Dank für das tägliche Brot, das Wasser, die Sonne, den Wein.
Hab' Dank für Jesus, Deinen Sohn, und für Sein Testament,
Sein Mahl für uns alle.
Bring uns Menschen an Deinen Tisch.
Hilf uns, Brot und Leben zu teilen
und einander zu dienen, so wie es Jesus tat,
der mit Dir und dem Heiligen Geist lebt und regiert in Ewigkeit.
Amen.

Beichtgebet

Dir, unserem Gott,
können wir sagen,
wer wir sind und was uns beschwert:
Menschen sind wir, die glauben möchten und doch zweifeln;
Menschen sind wir, die lieben wollen und dabei versagen:
Menschen sind wir, die hoffen möchten und sich doch fürchten.
Wir klagen Dir unsere Not, unsere Sünde

und bitten um Dein Erbarmen:
Kyrie eleison – Christe eleison – Kyrie eleison.
(nach Wolfgang Lipp, ZGP 1/85 LT 12)

Gnadenzuspruch
Du, unser Gott, sagst uns,
was Du für uns tust:
»Ich tilge Deine Missetat wie eine Wolke
und Deine Sünden wie den Nebel.
Kehre Dich zu mir, denn ich erlöse Dich.« (Jesaja 44,22)

Tischabendmahl
Der Gottesdienst am Gründonnerstagabend mit Mitarbeiterinnen und Mitarbeitern der Gemeinde kann in der Form eines Tischabendmahles gefeiert werden. Sie ermöglicht sowohl eine freiere als auch eine verdichtende Gestaltung.
Möglicher Ablauf:
Musik zum Beginn – Begrüßung – Gebet zum Eingang – Lied: »Du hast zu Deinem Abendmahl als Gäste uns geladen« (Kirchentagsliederheft 1983 [KTL] 664) – Beichtgebet – »Herr, erbarme Dich« (KTL 642) – Gnadenzuspruch – »Allein Gott in der Höh' sei Ehr'« – AT-Lesung 2. Mose 12,1.3–4.6–7.12–14. (Erinnerung an das Passahmahl) – Lied: »Du bist da, wo Menschen leben« (KTL 999) – NT-Lesung 1. Korinther 11,23–26 (der älteste Abendmahlsbericht) – als Credo von allen gesprochen: Philipper 2,5–11 – Lied: »Das Wort geht von dem Vater aus« (EKG 161) – Predigterzählung zu Johannes 13 (Predigt I) – Lied: »Das sollt ihr, Jesu Jünger, nie vergessen« (EKG 159) – Zeit für Gespräche – Lied: »Ins Wasser fällt ein Stein« (Liederheft »Auf und macht die Herzen weit« 678) – Vater unser – Einsetzungsworte – Zeichen des Friedens – Liedkanon: »Deinen Tod, o Herr, verkünden wir« (Lieder für Kirchentage Nr. 20) – Austeilung (Brot und Wein werden zuerst vom Leiter, dann untereinander weitergereicht mit den Worten: Christi Leben für Dich – Christi Sterben für Dich) – Liedkanon während der Austeilung: »Jesus Brot, Jesus Wein« (KTL 675) – Dankgebet nach dem Abendmahl – Gespräch über Dienste in der Gemeinde – Fürbittengebet – Segen – Lied: »Komm, Herr, segne uns« (KTL 661)

Vorschläge für die Predigt

Predigt I
Liebe Gemeinde! Die Geschichte von der Fußwaschung Jesu ist heute das Evangelium und zugleich der Text für die Predigt. Ich möchte sie so erzählen, als wäre ich selbst dabei, als wäre ich selbst einer der Jünger.

Es war vor dem Passahfest. Wir sind mit ihm nach Jerusalem gegangen. Unterwegs schon hatte er von seiner Stunde gesprochen. Wir ahnten nichts Gutes. Oder sollte auch weiterhin alles, was durch ihn und an ihm geschah, zu unserem Besten dienen?

Wir saßen beim Mahl zusammen, wir, seine Jünger, seine Freunde. Und wir hörten, wie er sagte: »Meine Stunde ist gekommen. Ich werde aus dieser Welt gehen, hin zu meinem Vater.«

Wir waren überrascht und erschrocken. Hatte er uns nicht seine Nähe versprochen? Seine Liebe für alle Zeiten? Nun will er gehen, Abschied nehmen von der Welt, die Menschen wie ihn so dringend braucht; Abschied auch von uns. Was sind wir denn ohne ihn? Er spricht von »seiner Stunde«. Was meint er wohl damit? Viele Fragen bewegen uns.

Wir sitzen noch beim Essen, als er plötzlich aufsteht und ohne Worte sein Obergewand ablegt. Wir sehen ihm schweigend zu, als er sich eine Schürze umbindet. Jetzt gießt er Wasser in ein Becken, stellt es vor uns auf den Boden und fängt an, einem von uns die Füße zu waschen. Wir sind überrascht und wissen nicht, was wir dazu sagen sollen. Nach Bartholomäus geht er weiter zu Taddäus und Jakobus und wäscht auch ihnen die Füße, wie es sonst nur Diener, Kinder und Sklaven tun. Jetzt ist er es, unser Herr und Meister, der sich so zu uns herabbeugt. Warum tut er das?

Als er zu Petrus kommt, spricht der aus, was wir alle denken: »Herr, solltest Du mir die Füße waschen?« Mag er dabei denken: Umgekehrt wäre es sicher richtig, aber Du, Jesus, willst mir diesen Sklavendienst tun?

Jesus schaut ihn an: »Was ich tue, das verstehst Du jetzt nicht; Du wirst es aber hernach erfahren.«

Was heißt wohl »hernach«, haben wir uns gefragt. Hernach haben wir's dann begriffen, nach seinem Tod, nach seiner Auferstehung: Sein ganzes Leben war ja ein einziges Sichherabbeugen zu uns Menschen, ein einziges Dienen. Als Kind in der Krippe (»er wird ein Knecht und ich ein Herr«), als Heiland für die Kranken, als Freund der Sünder, als Bruder der Armen, so diente er den Menschen und so diente er Gott. Auch jetzt mit dem Füßewaschen.

In Petrus regt sich noch einmal der Widerstand: »Nimmermehr sollst Du mir die Füße waschen!«

Ich konnte seine Reaktion gut verstehen. So reagiert man doch natürlicherweise: »Ich will mich nicht bedienen lassen, nicht umsonst.«

Da sagt Jesus das entscheidende Wort dem Petrus und allen, die so schwer das Evangelium, den Dienst, die Liebe annehmen können. »Wenn ich dich nicht wasche, so hast du kein Teil an mir.« Ich begreife, was er meint: Wenn du, Petrus, dir meinen Dienst nicht gefallen läßt, sei es aus Stolz oder falscher Bescheidenheit, dann willst du mich auch nicht, dann brauchst du mich nicht. Dann lehnst du ab, was ich dir schenken will, und dann sind wir nicht miteinander verbunden.

Da schreckt Petrus auf. Und wie will er mit seinem Herrn verbunden sein! Wie sehr will er teilhaben an seiner Gottesnähe. Darum antwortet er ihm: »Herr, nicht die Füße allein, sondern auch die Hände und das Haupt!« Mag er dabei gedacht haben: Die haben's bei mir besonders nötig, daß sie durch ihn rein werden: meine Hände, mit denen ich die Kinder abgeschoben und den Samaritern gedroht habe; und mein Kopf mit all den wankelmütigen Gedanken ...

Petrus hat noch nicht gemerkt, daß es ein Zeichen ist, was Jesus tut. Das Zeichen der Fußwaschung genügt. Es gilt dem ganzen Menschen, auch seinen Händen und seinem Kopf. Wer Jesu Dienst annimmt, der ist gewaschen, der ist gereinigt ganz und gar. So sagt es ihm Jesus: »Wer gewaschen ist, bedarf nichts, als daß ihm die Füße gewaschen werden; denn er ist ganz rein. Und ihr seid rein, aber nicht alle.«

Nun ist Judas an der Reihe. Wir halten den Atem an. Wie wird sich Jesus ihm gegenüber verhalten, der ihn verraten und unseren Kreis verlassen wird? Wie selbstverständlich wäscht Jesus auch ihm die Füße. Gott sei Dank! Er geht nicht an ihm vorbei. Er kennt ihn genau und wäscht ihm doch die Füße. Mein Gott, wenn er auch ihm die Füße wäscht, dann wird er auch mich nicht übergehen.

Jetzt kommt er auch zu mir. Was für ein Gefühl! Vorher waren es seine Worte, die mich berührten, hin und wieder seine Hand, sein Arm, den er um mich legte. Und jetzt kniet er vor mir, taucht meine Füße in das Wasser, spült den Staub von der Haut. Es ist ein eigenartiges Gefühl. Er da unten und ich da oben. Innerlich wehre ich mich noch und spüre die Scheu, als er mit seinen Händen meine Füße berührt. Aber dann, dann tut es gut. Und als ich innerlich zustimme und mir seinen Dienst gefallen lasse, da weicht die Beklemmung, die Fußwaschung wird mir zum Labsal.

Mein Gott, er dient mir, kniet vor mir, er wäscht meine Füße! Es geht mir noch einmal ganz neu auf, wie weit seine Liebe zu mir geht. Später noch werden wir erfahren, daß sein Liebesdienst ihn an das Kreuz gehen läßt zu unserer Erlösung. Da erfüllt sich dann seine Stunde, die hier begonnen hat und die endet in der neunten Stunde, als er am Kreuz spricht: »Es ist vollbracht!« Das ist dann der Höhepunkt seiner Stunde, die Vollendung seiner Liebe.

Hinterher setzt er sich wieder zu uns. Wir können noch nichts sagen. So spricht er in unsere Stille: »Wißt ihr, was ich euch getan habe? Ihr nennt mich Meister und Herr und sagt es mit Recht, denn ich bin's auch. Wenn nun ich, euer Herr und Meister, euch die Füße gewaschen habe, so sollt auch ihr euch untereinander die Füße waschen. Ein Beispiel habe ich euch gegeben, damit ihr tut, wie ich euch getan habe.«

Ich versuche, seine Worte zu verstehen. In seinem Reich gibt es also nicht Herren und Diener, nicht Reiche und Arme, nicht Mächtige und Ohnmächtige. In seinem Reich ist einer des anderen Diener. Ich dachte an unsere Gruppe. Jeder von uns wollte gern ganz nahe bei ihm sein. Es gab

Eifersuchtsszenen. Als es um die niederen Dienste ging, haben wir uns gedrückt. Als er sich den Aussätzigen näherte, blieben wir zurück. Dienen – wie schwer ist das doch! Aber er hat uns mit seinem Beispiel überzeugt. Ja, so müßte es zugehen in der Welt. Unser König, unser Statthalter, unsere Priester, wenn sie Diener wären und nicht Herren, wie anders würde es den Menschen gehen. Und wer bin ich? Bin ich selbst zum Dienen bereit?
Später hat Jesus noch einen Satz hinzugefügt und uns damit die Fußwaschung gedeutet: »Ein neues Gebot gebe ich euch, damit ihr euch untereinander liebt, wie ich euch geliebt habe, damit auch ihr einander lieb habt. Daran wird jedermann erkennen, daß ihr meine Jünger seid, wenn ihr Liebe untereinander habt.«
Wir haben seine Worte nie mehr vergessen können. Ja, so war er unser Herr und Meister. So erzählte er mit Worten und Taten von der Liebe Gottes. Kein Mensch, auch Judas nicht, ist von ihr ausgenommen. Wir können nicht anders, als mit großer Freude davon weiter zu erzählen, mit Worten und manchmal auch mit unseren Taten. Ich wünschte, daß auch unsere Kinder und Kindeskinder davon hören und sich über diesen Herren freuen, sich seinen Dienst gefallen lassen und ihn selber üben. Amen.

Predigt II
Möglicher Anfang
Liebe Gemeinde! Ein Teilhaber einer großen Firma, das ist sicher ein Mensch, den wir beneiden würden. Er ist Chef, ein Teil der Firma gehört ihm. Er hat mitzureden bei allen wichtigen Entscheidungen. Und die Gewinne der Firma kommen ihm auch persönlich zugute, genauso wie er für Verluste geradestehen muß. Ein Teilhaber einer Firma ist eine wichtige Person.
Wie wird man Teilhaber einer großen Firma? Man muß sich einkaufen. Man muß einer Firma das Kapital zur Verfügung stellen, das sie im Augenblick dringend braucht. Auf jeden Fall muß man etwas dafür leisten: Teilhaber einer Firma wird man nur, wenn man Geld hat.
Um Teilhabe geht es auch im Predigttext für heute abend; zwar nicht um die Teilhabe an einer großen Firma, aber um die Teilhabe an Gott. Denken wir einen Augenblick darüber nach: Gott in seiner Ewigkeit, in seiner Unendlichkeit, in seinem immerwährenden Leben, in seiner Größe, in seiner Macht, in seiner Herrlichkeit – wie gut, wie schön müßte es doch sein, daran teilzuhaben! Wer würde sich das nicht wünschen!
Aber wie wird man Teilhaber an Gott? Muß man dazu auch etwas bezahlen, wenn vielleicht nicht mit Geld, dann mit etwas anderem? Muß man etwas leisten? Muß man vielleicht Religiosität einbringen oder gute Werke oder den Glauben?

Zum weiteren Verlauf
Ich würde versuchen darzustellen, daß man gerade so nicht Teilhaber an Gott werden kann. In der Welt Gottes, nach deren Maßstäben Jesus in

unserem Predigttext handelt, ist alles anders als in der Welt der Menschen. Petrus möchte nach Art der Menschen Teilhabe an Jesus gewinnen. Er möchte etwas für Jesus tun.
Aber wir als sterbliche Menschen haben gar nicht die Möglichkeit, etwas für Gott zu tun. Wir haben nichts einzubringen. Das wäre so, als wollten wir mit ein paar Mark auf dem Sparbuch uns in einem riesigen Weltkonzern einkaufen.
Teilhaberschaft können wir uns nicht verdienen oder erarbeiten. Wir können sie uns nur schenken lassen. Wir sind auf den Dienst Gottes angewiesen, wie bei der Fußwaschung, aber auch am Kreuz sichtbar wird.
Und dabei sind wir eigentlich genau bei dem, was »Glaube« heißt: Sich von Gott beschenkt, von Jesus bedient zu wissen und sich im Leben und Sterben darauf zu verlassen, daß wir Teilhaber Gottes (»normaler« ausgedrückt: Kinder Gottes) sind. Vielleicht könnte man hier auch auf Luthers bekannten Ausspruch auf seinem Totenbett (»Wir sind Bettler, das ist wahr«) hinweisen. Dort kommt beides, das Angewiesensein und das Vertrauen auf das Beschenktwerden durch Gott, auf sehr einleuchtende Weise zum Ausdruck.
In der Fußwaschung wird deutlich, daß Jesus die andere Welt Gottes offenbart, wo der Meister groß ist, weil er dient, wo der Herrscher herrscht, indem er schenkt (wir wären übrigens schlimm dran, wenn die Welt nicht von so einem Herrn regiert würde!). Könnte es dann aber nicht möglich sein, daß Christen so sehr aus der Liebe Gottes und aus der Teilhaberschaft Gottes leben, daß das an ihnen auch sichtbar wird?
Ich würde klarmachen, daß Jesus genau das will. Und daß es für uns Schuld bedeutet, wenn das nicht so ist. Ich würde dann aber auch klarmachen, daß wir auch hier immer der schenkenden Liebe Gottes in der Gestalt seiner Vergebung bedürfen.

Möglicher Predigtschluß
Wir feiern jetzt das Heilige Abendmahl. Was ist das Abendmahl anderes als das sichtbare Zeichen davon, daß wir Teilhaber Gottes werden? »Das ist mein Leib«, sagt Jesus, »das ist mein Blut, für euch gegeben, für euch vergossen.« Wir dürfen nehmen, essen und trinken, Gott will mit mir, mit mir schwachem, manchmal hilflosen, manchmal verzagenden Menschen Gemeinschaft haben. Ich darf sein Kind sein. Er kommt und geht in mein Leben ein, so wie es ist. Nichts an diesem Leben ist ihm zu schlecht, als daß es sich nicht von mir nehmen ließe. Ich muß nur die Hand aufhalten, und Er ist da. Ich muß nur nehmen, nichts geben. »Herr, ich bin nicht wert, daß du eingehst unter mein Dach, aber sprich nur ein Wort, so wird meine Seele gesund.« Glücklich, wer noch so kindlich nehmen kann, ohne gleich zurückgeben zu müssen. Glücklich, denn ihm legt sich ein unendlich großer Reichtum in die Hand.

Kontexte

1. »So nun ich, euer Herr und Meister«, die große mächtige Person, »euch die Füße gewaschen habe«, die ihr meine Knechte seid: das ist das Exempel. Ich bin der Herr, ihr die Knechte. Doch ich kehr's um, ich beuge das Knie, ihr bleibt sitzen. Wer ist sonst größer oder wer liegt zu Tische? Ich gieße Wein ein, richte den Tisch her, ihr liegt zu Tische. Wenn uns dieses Exempel nicht demütigen mag, dann tut's wahrlich nichts anderes. Es ist fürwahr eine starke Liebe, die uns wahrlich zuschanden machen sollte, da die göttliche Majestät sich so herabgelassen hat. Pfui, was für eine Schande (wenn wir's nicht zu Herzen nehmen). Aber wer weiß, ob er rechtschaffen ist. Sieh Judas an; der Herr läßt's ihn nicht entgelten, der doch des Teufels voll wie ein Herr dasitzt. Vor ihm beugt sich der Herr Gott nieder wie ein Knecht. Wollte der Kaiser eines Bettlers Füße küssen, so wäre es eine stinkende Demut und keiner Rede wert, da es die göttliche Majestät getan hat. Und so sind seine Exempel so unfaßbar hoch, daß wir ihnen nicht gleichkommen können, die Person ist zu hoch ...
(Martin Luther über Johannes 13,1–20 in »D. Martin Luthers Evangelienauslegung«, herausg. von E. Mülhaupt, Göttingen 1961, S. 373)

2. Die Aktion, die in der Karwoche 1971 stattfand, begann mit einer vom Künstler ›J. Beuys‹ an sieben Personen vollzogenen Fußwaschung. Der Ort war ein Zivilschutzbunker in Basel. Beuys fing an, den in der ersten Stuhlreihe Sitzenden die Füße zu waschen. Die Füße der Personen wurden in eine alte Emailschüssel gestellt und mit Seife gründlich gewaschen. Nach jeder Waschung wurde das alte Wasser demonstrativ ausgeschüttet und neues eingegossen.
Nach der Einblendung von Filmen früherer Beuys-Aktionen, die auf diese Weise vergegenwärtigt werden, beginnt der Künstler, eine auf die Wände verteilte Gelatinemasse abzukratzen und auf einen Blechteller zu legen. Den Inhalt des Tellers kippt er über sich, nimmt eine Tafel mit Kreidezeichen, hält sie über den Kopf und artikuliert unverständliche Laute ins Mikrophon. Mit einem Stab in der Hand verharrt er über längere Zeit unbeweglich, wobei sich die Musik steigert. Darauf steigt Beuys in eine Wanne mit Wasser und läßt sich von einer Gießkanne übergießen. Nach dieser »Taufe« erhebt er die Arme in Orantenhaltung. F.J. van der Grinten sagt dazu: »Es würde schwerfallen, dabei nicht an Christus zu denken, an die Fußwaschung vor dem Abendmahl, an das Lamm, das die Makel aller Welt auf sich nimmt, an die Taufe im Jordan, alles Demutsakte im Heilswerk ...«.
(G. Rombold/H. Schwebel, Christus in der Kunst des 20. Jahrhunderts, Freiburg 1983, S. 127f.)

Karfreitag

Predigttext: Johannes 19,16–30

Klaus Eulenberger

Theologisch-homiletische Skizze

Über den johanneischen Bericht von Kreuzigung und Tod Jesu zu predigen empfinde ich als leichter *und* als schwieriger, denn dasselbe mit einer der synoptischen Darstellungen zu versuchen. Als leichter, weil Johannes das Sterben Jesu als die Vollendung seiner Liebe beschreibt: Wenn der Gekreuzigte für seine Mutter und den Lieblingsjünger sorgt, indem er eine Art von Lebensgemeinschaft zwischen ihnen verfügt, dann paßt das gut zu dem programmatischen Satz (13,1b): »Wie er die Seinen geliebt hatte, die in der Welt waren, so liebte er sie bis ans Ende.« Auch die Konsequenz, mit der er die Sterbe-Handlung vorantreibt bis zu dem Punkt, an dem er sagen kann: »Es ist vollbracht!«, läßt sich verstehen als das selbstbewußte Verhalten eines Menschen, der bis zum letzten Moment nicht aufhört zu lieben. – Andererseits – und das macht dieses Unternehmen schwieriger – ist der Bericht des Joh nicht aus dem Stoff irdisch-menschlichen Lebens und Sterbens gemacht: Der hier stirbt, ist nicht einer wie du und ich. (E. Haenchen spricht von der »überlegenen Distanz zu allem Menschlichen«.) Dieser Zug gibt der Darstellung nicht nur etwas Unwirkliches, sondern er qualifiziert die Kreuzigung und den Tod Jesu als etwas Erdflüchtig-Weltüberwindendes, nämlich als »seine freie Rückkehr zum Vater« (vgl. die Exegese Band 4). So gerät die Vollendung der Liebe, die doch stärker als irgendeine andere Kraft mit dem Irdisch-Menschlichen verbindet, zum Instrument der Entfernung von allem, was »Welt« ist. Wäre den Schwärmern in Korinth, denen schon nichts mehr am Rest der Welt lag, das Joh-Evangelium nicht wie gerufen gekommen?

Je mehr Karfreitage es sind, die ich erlebt und in Gottesdiensten mitgestaltet habe, desto unwissender werde ich wegen der Bedeutung dieses Tages. Ich höre den alten Pfarrer noch schimpfen: »Der Mann muß doch wissen, was er von seiner Bibel her dazu zu sagen hat!«, und ich weiß es nicht. Stellvertretung, Erlösung, Opfertod, Verherrlichung? Ich möchte möglichst nahe am Bericht des Joh bleiben, wenn ich an diesem Karfreitag predige (oder sagen wir ehrlicher: an dem, was ich in ihn hinein- und aus ihm herauslese). Ich stelle mich auf zwei Gruppen von Hörern ein: 1. auf jene, die an theologischer Aufklärung interessiert sind, »immer noch offen«, ja, aber auch skeptisch und sehr mißtrauisch gegenüber sprachlichen Fertigbauteilen gerade in diesem Zusammenhang; 2. auf die Alten und die bewußt alt Werdenden, die »Karfreitag« zusammendenken mit »Wenn ich einmal soll scheiden, so scheide nicht von mir«. Für die dieser Gottesdienst vielleicht ein Instrument der Annäherung an das eigene Sterben werden kann. So daß der Tod nicht nur als das erschiene, was man eben nicht ändern kann, sondern als ein, nämlich der letzte Teil selbstbewußt gestalteten Lebens. »So leben, daß man sterben kann«: Das wäre die Überschrift.

Zur Liturgie

Eingangsgebet

Christus, erbarme dich aller Menschen, die zu deinem Kreuz kommen mit ihrem Kreuz: in Lebensüberdruß und Todesangst, gekrümmt unter Schmerzen, verlassen, entmutigt und ohne Hoffnung, verwundet und zerrissen, aufgerieben, leer, verzweifelt. Nimm dich derer an, die dagegen kämpfen, daß Menschen gekreuzigt werden wie du: Lebe du in ihnen als langer Atem und weite Aussicht, als Findigkeit und List, als Stärke, die sich nicht hart macht, als Liebe zu allem Lebendigen, als heitere Bescheidenheit. Laß unser Unterscheidungsvermögen wachsen, damit wir immer genauer in Erfahrung bringen, welche Kreuze wir zerbrechen – und welche wir tragen müssen.

Für das Abendmahl notiere ich eine (Eingangs-)Liturgie, die Elemente aus Joh 13 (Fußwaschung) und 19 aufnimmt und sich anlehnt an die Einsetzungsworte, die A. Schilling in seinen »Motivmessen« formuliert:

Gott, miteinander gedenken wir deines Sohnes, wie er am Abend vor seinem Tod noch einmal Brot und Wein teilt mit seinen Jüngern. Wie er ihnen die Füße wäscht und ihnen so ein Beispiel gibt, sich nicht über die anderen zu erheben, sondern einander zu helfen und zu leben in Liebe, wie er sie geliebt hat. Wir gedenken deines Sohnes, wie er das Brot nimmt und dir dankt, wie er es bricht und seinen Jüngern gibt und sagt: Nehmt und eßt, ich gebe mein Leben für euch. Wie er den Kelch nimmt und dir dankt, wie er ihn seinen Jüngern gibt und sagt: Trinkt alle daraus, ich vergieße mein Blut für euch und für alle zur Vergebung der Sünden. Wir gedenken deines Sohnes, wie er willig wird, den Kelch des Todes zu trinken, und sein Kreuz trägt und hinausgeht nach Golgatha, um den Weg der Liebe zu vollenden.

Vor dem Abendmahl spreche ich einige der »Fürbitten am Karfreitag« von Huub Osterhuis (in einer etwas überarbeiteten Fassung), gefunden in dem längst vergriffenen Band »Gebete unserer Zeit«, hg. von Peter Cornehl, Gütersloh 1973:

»Laßt uns beten für diese Welt, die seufzt und stöhnt nach Erlösung, für die ganze leidende Menschheit unserer Zeit. Für die Opfer des Krieges und der Kämpfe, die Menschen gegen Menschen führen, für alle, die heimgesucht werden von Naturkatastrophen, verunglückt sind auf ihrem Weg oder in irgendeiner Gefahr schweben, für die, deren Leben bedroht ist, laßt uns beten: Gott, du willst das Leben und nicht die Vernichtung der Menschen. Nimm weg aus unserer Mitte alle Gewalt, lösch aus den Haß in unseren Herzen, zügle den Trieb, mit dem wir einander nach dem Leben trachten. Und daß Friede sei auf Erden für alle Menschen, darum bitten wir dich durch Jesus Christus, unseren Herrn.

Laßt uns beten für jene, die in Armut und Entbehrung leben müssen, für die Verzweifelten, die keinen Ausweg mehr wissen, für alle Gestörten und

Gequälten und auch für jene, die jahrelang krank sind und deren Leib langsam abstirbt. Laßt uns beten für alle, die einsam sterben, ohne Hoffnung auf Leben über den Tod hinaus und ohne Glauben an die Liebe, die stark ist wie der Tod. Gott, du hast uns auferlegt, zu sterben und vergänglich zu sein. Wir bitten dich: Nimm uns das Licht des Lebens nicht endgültig weg. Du bist ja selbst ein Gott der Lebenden.
Laßt uns beten für diese Stadt, in der wir arbeiten und wohnen, für alle Vereinsamten in ihr, für alle, denen niemand zuhört, und für jene, die keiner Freundschaft begegnen. Laßt uns beten für alle, die kein Haus haben und keine Zuflucht, für jene, die sich verraten fühlen und entmutigt sind. Gott, du hast uns einen Ort zu wohnen gegeben, eine Stadt, um daran zu bauen, Menschen, um mit ihnen zu leben. Öffne uns die Augen füreinander. Mach uns klein genug, um anderen zu helfen, sie zu trösten, damit etwas von deiner Liebe sichtbar werde in dieser Stadt durch Jesus Christus, unseren Herrn.
Wir bitten dich, Gott, um Vergebung für das Leid, das wir einander antun; daß wir einander vernachlässigen und vergessen, daß wir einander nicht verstehen und nicht ertragen, daß wir Böses reden und oft von Groll und Bitterkeit erfüllt sind, daß wir nicht vergessen können. Wir bitten um Vergebung für alle Sünden, die die Menschen in ihrer Ohnmacht gegeneinander begehen.«

Zu den Liedern

Trotz längerem Nachdenken: wenig. Die klassischen Passionslieder, die es auf den Zusammenhang zwischen »seinem« Leiden und »unserer« Sünde abgesehen haben (»Ach unsre Sünde bringt / dich an das Kreuz hinan« EKG 66,2), fügen sich nicht gut in den Zusammenhang der Passion nach Joh. Ich wünschte, es gäbe mehr – alte und neue – Lieder, die die befreiende, erlösende Kraft der Liebe besingen. Also jedenfalls: EKG 247 (Herzlich lieb hab ich dich, o Herr); vielleicht: Es kennt der Herr die Seinen (K.J.Ph. Spitta 1843; im Anhang zur Ausgabe des EKG für die NEK: Nr. 471). Ein neueres Lied, das ich mir gut als Teil dieses Gottesdienstes vorstellen könnte, weil es einerseits eher unbestimmt-offen, andererseits sehr belebend, bewegend und schön ist, heißt: »Wir strecken uns nach dir«. Es ist zu finden in dem Heft »Lieder für Kirchentage«, Nr. 89, oder auch in »Geh aus, mein Herz ...«, Nr. 49 (beide Liederbücher herausgegeben von der Beratungsstelle für Gestaltung, Eschersheimer Landstr. 565, 6000 Ffm. 50). Als Bitte um den Geist Jesu wie um die Kraft seiner Liebe kann man den leicht zu singenden Kehrvers »Erleuchte und begleite uns« verstehen, ein Lied, das, verhalten im Ton, eine stärkende, vergewissernde Wirkung hat (ebenfalls in »Lieder für Kirchentage«, Nr. 102).

Vorschläge zur Predigt

Möglicher Predigtanfang

Liebe Gemeinde! Auf *eine* unter allen Sterbegeschichten, von denen wir betroffen werden, kommen wir immer wieder zurück, und an diesem Tag beschäftigt sie uns unweigerlich stärker als die anderen Geschichten: ich meine die Erzählung vom Sterben Jesu am Kreuz an der »Stätte, die da heißt Schädelstätte, auf hebräisch Golgatha«. An diesem Tag wird die Erzählung zum gegenwärtigen Geschehen, sie passiert jetzt, Jesus stirbt vor unseren Augen. Wir aber werden, so oder so, verwickelt in diese Sterbegeschichte, die jetzt geschieht: als solche, die bewegt sind durch diesen besonderen Tod – als skeptisch Fragende, was denn diese Hinrichtung mit uns zu tun habe – als Glaubende, für die der Tod Jesu den Höhepunkt und die Vollendung der Zuwendung Gottes zu den Menschen darstellt – als Menschen, die ihren eigenen Tod in diesem Tod zugleich vorweggenommen und aufgehoben fühlen: »Wenn ich einmal soll scheiden, so scheide nicht von mir ...« Wie auch immer: Es ist schwer, unbeteiligt zu bleiben. Das gilt für alle vier biblischen Darstellungen der Kreuzigung und des Todes Jesu, die untereinander ganz verschieden sind und jeweils andere Akzente setzen. Wir beschäftigen uns mit dem vierten und jüngsten Bericht, dem des Johannes-Evangeliums: (folgt: *Lesung des Predigttextes*)

Ich möchte in meinen Überlegungen zu dieser Sterbegeschichte von außen nach innen gehen, von den fast bizarren Beigaben der Erzählung zu ihrem zentralen Motiv, wie ich es heute verstehe. Die fast bizarren Beigaben – damit meine ich die wiederholten Bemerkungen, daß »die Schrift erfüllt würde«. Man findet diese Bemerkungen auch in anderen Evangelien; sie deuten an, daß es sich hier nicht um ein zufälliges Geschehen handelt, sondern um einen Vorgang, der ein bestimmtes Ziel hat und genau so ablaufen »muß«. Der Jesus des Johannes-Evangeliums »kann« nicht eher sterben, als bis ein bestimmtes Programm durchlaufen ist; das Programm ist vorgegeben durch Stationen des Leidens, die der Evangelist in einigen Psalmen des Alten Testaments bezeichnet findet. So »muß« die Kleidung des Gekreuzigten verteilt sein, wie es der 22. Psalm beschreibt, bevor er sterben kann. (Derselbe Psalm schreibt übrigens auch vor, in Vers 17 nämlich, daß seine Hände und Füße »durchgraben« sein müssen; daher später die Erwähnung der Nägelmale.) Und selbst als »Jesus wußte, daß schon alles vollbracht war« (19,28), fehlt noch ein Stichwort; das Programm ist noch nicht erfüllt. »Meine Zunge klebt mir am Gaumen«, heißt es im 22. Psalm, und so muß der Sterbende noch sprechen: »Mich dürstet«. Erst nun, und erst nach einer weiteren Anspielung auf einen Psalm des Alten Testaments (»Sie geben mir Essig zu trinken für meinen Durst«, Ps 69,22), darf der Gekreuzigte sagen: »Es ist vollbracht«, und der Bericht kommt an sein Ziel, indem er feststellt: »Und (Jesus) neigte das Haupt und verschied.«

Was ist »vollbracht«? Die erste Antwort lautet: *das, was mit dem Gekreuzigten geschieht.* Nicht er bestimmt über die Art und Weise seines Sterbens; die ist ihm vorgegeben, wie der Gang der Handlung einem Schauspieler durch das Textbuch vorgegeben ist. In diesem Sinne bedeutet der Satz »Es ist vollbracht« einfach: Das Stück ist gespielt und zu Ende. In der Sterbeszene gibt sich Jesus sehr deutlich als das Subjekt einer Handlung zu erkennen, deren Autor nicht er selbst ist, sondern Gott, der ihn in die Welt »gegeben« und »gesandt« hat (Vers 3,16; 7,16) und der ihn am Ende seines Wandels über die Erde auf eine merkwürdig paradoxe Weise »erhöht«, indem er seine Kreuzigung auf Golgatha inszeniert.
Aber das ist nur ein Teil der Antwort auf die Frage, was denn »vollbracht« sei. Ich habe gesagt: Jesus ist *Subjekt* einer Handlung, deren Autor nicht er selbst, sondern Gott ist. Bemerkenswert souverän macht der im Johannes-Evangelium dargestellte Jesus diese Handlung zu *seiner* Sache. Er ist alles andere als das willenlose Objekt der Pläne anderer Menschen. *Er will es so, wie es geschieht.* In der großen Rede, in der Jesus sich selbst als den guten Hirten darstellt (Kap. 10), sagt er: »Darum liebt mich mein Vater, weil ich mein Leben lasse ... niemand nimmt es von mir, sondern ich selber lasse es« (Vers 17f.). Und warum läßt er es? Weil das, so antworte ich, in der Konsequenz der Liebe liegt, die mit ihm in die Welt gekommen ist. Die Liebe Gottes zur Welt, die in diesem Menschen zum Vorschein kommt, vollendet er, indem er am Kreuz stirbt. Oder, wie es Johannes am Anfang der Fußwaschungsgeschichte formuliert: »Wie er die Seinen geliebt hatte ..., so liebte er sie bis ans Ende.« –

Zum weiteren Verlauf

Ich sehe das Joh-Evangelium durch auf die Taten der Liebe hin, die in ihm dokumentiert sind: Wasser wird zu Wein (Kap. 2) – Heilung eines Kindes (4), eines Bewegungsunfähigen (5), eines Blindgeborenen (9) – Tausende werden satt durch fünf Brote und zwei Fische (6) – Lebensrettung für eine Frau, Hilfe zur Selbsterkenntnis für Männer (8) – Auferweckung eines Toten (11) – die Fußwaschung: ein Beispiel (13). Die symbolische Energie dieser Taten der Liebe liegt auf der Hand und ebenso ihre subversive Bedeutung: Was da ist, soll nicht zurückgehalten, sondern fortgegeben werden – die Welt Gottes ist nicht für die Finsternis bestimmt, die Menschen in ihr sind nicht Demonstrationsobjekte göttlicher Vergeltung – die Gotteskinder sollen nicht herrschen, sondern einander helfen ...
Die in der Kreuzigungs-Szene beschriebene Verfügung einer Lebensgemeinschaft zwischen der Mutter Maria und dem Lieblingsjünger ist auch eine – die letzte – Tat der Liebe, eine Illustration der Bemerkung: »So liebte er sie bis ans Ende«. Vielleicht kann man sagen: Während der Gekreuzigte die beiden Worte »Mich dürstet« und »Es ist vollbracht« sagen »muß« (sie sind Teil des vorgegebenen Textbuches), sagt er die beiden Sätze, die die Mutter an den Jünger, ihn an Maria weisen, aus freien

Stücken; in ihnen erweist sich die ungebrochene Energie seiner Liebe hart am Rand des Todes. Sympathisch auch, daß dieses Testament des Sterbenden selbst nicht Instrument der »Erhöhung« oder »Verherrlichung« ist: Es ist eine ganz dem Irdisch-Menschlichen zugewandte Geste und damit ein mit der Erzählung selbst gegebener Widerspruch gegen das Erdflüchtig-Weltüberwindende in ihr. Eine Geste übrigens, die ganz dem entspricht, was Sterbende sich wünschen: daß für ihre Nächsten gesorgt sei. –

Möglicher Schluß

Nach allem, was wir hier miteinander bedacht haben, kann man sich immer noch fragen: Aber wozu dieser Tod am Kreuz? Die Taten der Liebe sind im Johannes-Evangelium deutlich genug beschrieben, und zweifellos können sie eine ansteckende Wirkung entwickeln – bedarf es denn da noch des Berichtes vom Tod dieses Liebenden? Auch ich glaube, daß der Kreuzestod nicht »notwendig« ist, um etwa die Taten der Liebe zu beglaubigen: die sind glaubhaft auch ohne dieses Ende. Aber es wird in ihm etwas auf die Spitze getrieben, und was das ist, das ist mir aufgegangen, als ich auf eine hintersinnige Bemerkung über den Tod Jesu gestoßen bin, die sich mir eingeprägt hat. Sie heißt etwa so: »Mit seiner Liebe hat Jesus den Tod überlistet, so daß dieser ihm nichts mehr nehmen konnte: Er hatte alles gegeben, für alle.«

Nun gewinnt der Seufzer »Es ist vollbracht« noch eine andere Bedeutungsnuance. Nicht mehr nur: Das Stück ist zu Ende gespielt, auch nicht: Ich habe den Kelch getrunken, den mir mein Vater gegeben hat. Nun, darüber hinaus, auch noch: Was ich mitbekommen habe in die Welt und was mir zugewachsen ist, das hängt nun nicht mehr an mir; ich bin frei zu gehen. Für mich selbst will ich nichts mehr, ich habe keine Angst mehr um mich; ich kann mich dem Tod hingeben, weil ich mit dem Leben verbunden bin. – So etwas sagt man nicht, wenn man stirbt, natürlich nicht: Diese Sätze sind nichts als ein Versuch, die Souveränität eines Menschen anzudeuten, über den der Tod keine Macht mehr hat, weil er ihm nichts mehr nehmen kann: Er hat, aus freien Stücken, schon alles weggegeben. Und in diesem Sinne treibt der Gekreuzigte seine Liebe sterbend auf die Spitze der Freiheit, die es ihm möglich macht, nicht mehr um sich selbst besorgt zu sein, sondern für andere zu sorgen: »Frau, siehe, das ist dein Sohn! – Siehe, das ist deine Mutter!«

Mit einemmal wird der ferne, erhabene Gottessohn zu einer nahen Gestalt, der wir gleichförmig werden können im Leben und im Sterben. Es geht nicht um das, was er sagt: Weder die großen Reden Jesu im Johannes-Evangelium noch seine letzten Worte können wir nachahmen. Aber die Gebärde der Vereinigung mit allem Lebendigen können wir nachvollziehen. Wir können so leben, daß wir hingeben, was wir mitbekommen haben in die Welt und was uns zuwächst, solange wir in ihr leben: Bleiben kann es uns ja nicht, und wir können nicht bleiben. Wenn wir lieben, können wir

uns wahrnehmen als Teil des unendlichen Flusses, der das Leben ist; dann werden wir am Ende um unser individuelles Schicksal immer weniger besorgt sein, und wir werden frei sein zu gehen.
Laßt uns leben und lieben nach dem Bild dessen, der sagen konnte: »Es ist vollbracht«. Amen.

Was ich auch noch gern gesagt hätte

Es reizt mich, das Verhältnis von »Freiheit und Notwendigkeit« weiter zu bedenken, also an der Stelle zu verharren, an der der Jesus des Joh-Evangeliums aus dem »Textbuch« ausschert und nicht mehr nur – wie eine erhabene Marionette – den Willen des göttlichen Vaters an sich vollziehen läßt. Gibt sich »Freiheit« hier zu erkennen als die Fähigkeit, selbstbewußt zu tun, was ich tun soll oder muß? Sind die Sätze des Sterbenden an seine Mutter und an den Lieblingsjünger am Ende auch eine Überlistung des göttlichen Regisseurs der Handlung, durch die der Gekreuzigte die Zwangsläufigkeit des Geschehens (deren Opfer möglicherweise auch Gott selbst ist: Wieso »muß« denn eigentlich »die Schrift erfüllt werden«?) verläßt, indem er ein neues Stichwort ins Spiel bringt, und zwar gerade eines, das für die »Erhöhung« nicht nur bedeutungslos ist, sondern sie geradezu unterläuft?

Kontext

In Wolfdietrich Schnurres großem Buch »Der Schattenfotograf« (Ullstein Buch 26042) findet sich ein pfiffiger Dialog zwischen Vater und Sohn vor dem Einschlafen: Ob er sich Jesus schon mal vorgestellt habe, wird der Sohn gefragt. Und vom Vater darüber aufgeklärt, daß Jesus gewiß keine auffallende (dem Klischee entsprechende) Erscheinung sei. »Ich war ziemlich enttäuscht«, vermerkt der Sohn als Erzähler. Und erinnert sich, wie er durch die Erwähnung der Wunder Jesu das Imponierende an dieser Gestalt zu retten versuchte. »Vater blieb dicht vor mir stehen. ›Liebst du die Menschen?‹ Er schien die Luft anzuhalten, man hörte auf einmal seinen Atem nicht mehr. ›Hör mal‹, sagte ich, ›wo wir so viele nette kennen.‹ ›Also.‹ Vater atmete aus und stieg wieder ins Bett. ›Was heißt ›also?‹ fragte ich. ›Also‹ heißt, dann kannst du auch Wunder vollbringen.‹ Ich hatte auf einmal Herzklopfen bekommen. ›Du meinst, Wunder kriegt jeder fertig?‹ ›Jeder, der liebt‹, verbesserte Vater und boxte sich sein Kissen zurecht.« (S. 205f.)
Es ist nicht der erzrationalistische Zug dieses Vaters, was mich an dieser Szene reizt (»›Jeder kann auferstehen‹, sagte Vater. ›Man muß nur genügend Leute zurücklassen, die das forcieren.‹«), es ist vielmehr der federleichte Hinweis auf die unmirakulöse Wunderkraft der Liebe. Wer die Menschen liebt, kriegt Wunder fertig: Vielleicht kann der Dialog zwischen Vater und Sohn, eingestreut in die Predigt, Lust machen zum Wundertun.

Der am Kreuz – Die am Kreuz

Karfreitagsmeditationen

Günter Berndt

Simon von Kyrene

Simon von Kyrene. Einer am Wege.
Zuschauer, unbeteiligt, vielleicht zufällig dabei.
Wie eben einer dabei ist, wenn ein Unfall passiert.
Ungewollter Zeuge des Unglücks.
Jeden Tag werden wir Zeugen
von Unglück, von Tod, von Leid, von Kreuz,
auf der Straße und in den Häusern,
in der Zeitung und auf dem Bildschirm.
Wir bleiben stehen. Wir gehen weiter. Wir sehen hin.
Und dann weg.

Simon von Kyrene.
Zuschauer, unbeteiligt.
Er wird herausgerissen aus der Zuschauerrolle,
weg vom Wegesrand.
Nun steht er in der Mitte des Geschehens, im Rampenlicht,
zum Kreuztragen.
Das Kreuz Jesus tragen,
dazu muß einer schon gezwungen werden.
Liebestat ist nicht immer freiwillig.
Zuschauen ist leichter,
wegsehen auch, Neutralität auch.
Nun ist er Partei.

Wie oft durchkreuzt Gott unsere Pläne?
Wie oft müssen wir genötigt werden?
Keine Zeit! Heute nicht! Ein andermal!
Muß es jetzt sein?
Warum gerade ich?

Das eigene Kreuz tragen! Das reicht, das genügt.
Das eigene Kreuz tragen?
Wer möchte es nicht abschütteln,
das Joch, das Unglück, die Krankheit, die Last des Alters, die Behinderung.
Das eigene Kreuz tragen,
das reicht.

Simon von Kyrene am Straßenrand.
Vielleicht war er verschont von Krankheit, von Unglück.
Vielleicht war er ein glücklicher Mensch.
Nun muß er das Kreuz Jesu tragen.

»Will mir jemand nachfolgen,
der verleugne sich selbst
und nehme das Kreuz auf sich
und folge mir nach.«

Nun steht er im Rampenlicht, in der Mitte des Geschehens.
Das Kreuz Jesu, die Mitte.
Und wir, unser Leid, unsere Not, unsere Schuld.
Das Kreuz Jesu.

Seitdem gilt:
Einer trage des anderen Last,
so werdet ihr das Gesetz Christi erfüllen.

Laßt uns beten:
Gott, wir sehen jeden Tag Not, Leid und Tod.
Wir möchten wegschauen.
Gott, wir haben manchmal genug am eigenen Kreuz.
Oft sind es kleine, manchmal riesige Lasten.
Wir möchten sie loswerden.
Gott, wir sehen auf deinen zusammengebrochenen Sohn.
Wir sehen dich im Elend und in der Schwäche.
Nun wird uns klar:
Um dich zu sehen, müssen wir nicht der Welt entfliehen.
Du bist nah unter uns.
In jedem Schrei der Gefolterten,
in jedem Atemzug der Leidenden,
in jeder Hand, die sich uns entgegenstreckt.
Mach uns bereit zum Kreuztragen. Amen.

Soldaten

Soldaten tragen Uniform,
alle gleich, auswechselbar.
Soldaten tragen Uniform und Waffen.
Die drohen.
Soldaten haben Macht.
Nicht eigene.
Soldaten üben Gewalt.
Nicht eigene.
Im Namen der Mächtigen, des Kaisers oder des Königs,
im Namen des Volkes,
im Namen der Ruhe und Ordnung,

im Namen Gottes, sagen wir.
Soldaten sind gehorsam, hören auf Befehle, handeln auf Kommando.
Sind taub für den Schrei der Geängsteten.
Soldaten handeln auf Befehl des Statthalters,
im Namen des Staates,
auch im Namen der Religion, im Namen der Kirche.
Soldaten sind ausführende Organe.
Sie sind nicht wachsam, aber wachen,
damit alles seine Ordnung hat,
damit alles beim alten bleibt,
damit sich nichts ändert,
damit Unruhe im Keim erstickt wird,
damit wir in Ruhe schlafen können,
damit Aufrührer keine Chance haben.
Ihr Lohn, das ist die Uniform, das sind die Orden – wofür?
der Sold und die Beute – von wem?
Soldaten tragen Uniform, alle gleich, keine Namen.
Nicht mal den des Judas.

Aber was sollen wir tun?
Fragen, ob es recht ist
zu kreuzigen, zu köpfen, zu schießen, zu morden, zu gehorchen?
Also, was sollen wir tun?
Wir sind doch nur Soldaten.
Noch immer gilt:
Gehorchen und Befehle ausführen
für Uniformierte, für Bürger in Uniform,
ja, für wen?

Laßt uns beten:
Gott, jeden Tag wird marschiert,
jeden Tag wird der Ernstfall geprobt,
in Uniform, mit Gewehr und Kanonen, Panzern und Bomben.
Jeden Tag gibt es auf unserer Erde den Ernstfall:
Es wird geschossen, es wird gemordet,
es wird gefoltert, es wird geplündert.
Im Namen von Recht und Ordnung,
im Namen Allahs oder des Gottes der Christen.
Gott, es gibt zuviel Gehorsam
und zuwenig Nachdenken.
Gott, es gibt zu viele Untertanen
und zuwenig mündige Bürger.
Auch wir lieben die Uniform,
pochen auf Recht, Ordnung und Ruhe.
Gott, mach uns bereit zu widerstehen!
Amen.

Passanten und Zuschauer

Zuschauer und Passanten.
Das Volk.
Das ist die Mehrheit, manchmal nur die Masse,
uniformiert ohne Uniform,
erzogen zum Applaus.
Jasager, so sind sie willkommen.
Zustimmer, so sind sie erwünscht.
Stimmabgeber.
Nun Stumme noch im Schreien
des Hosianna,
bald abgelöst durch Kreuzige!
Erzogen zum Jubel. Erzogen zum Haß.
»Weg mit dir!«
Spott löst den Jubel ab.
Es war doch der Falsche.
Wer am Kreuz hängt, die Hände und Füße durchbohrt,
der ist tot.
Der ist kein König, kein Herrscher.
Die Überschrift ist Spott und Hohn.
Wer am Kreuz hängt,
der ist gescheitert, endgültig.
Vergessen sind die Zeiten,
die besseren, als er Wunder tat und heilte
und viele Menschen begeisterte.
Wer seinen Geist aushaucht, kann nicht begeistern.
Doch Spott erinnert noch an alte Hoffnung.
Hilf dir selbst,
wenn du der bist, den wir erhofften.
Komm herunter.
Er schweigt.
Also ein schweigender Gott,
nicht sichtbar, nichts spürbar,
das ist ein toter Gott.

Zuschauer und Passanten,
uniformiert im Jubel wie im Spott.
Brot und Spiele
sättigen nicht nur den Magen.
Sensation und Zauberkünste
wecken Neugier und Jubel.
Macht wird verehrt,
Schwäche verachtet, Reichtum bewundert, Armut belächelt.
Selber schuld, sagen wir.
So gehen sie am Leid vorbei.

Selber schuld!
So gehen wir am Leid vorbei,
mit Verachtung, Hohn und Spott,
vielleicht mit Mitleid.

Laßt uns beten:
Gott, wer den Schaden hat,
braucht für den Spott nicht zu sorgen, sagen wir.
Es gibt so viele grausame Lebensweisheiten.
Manchmal erschrecken wir davor,
daß so viele Menschen hungern, verhungern,
in Gefängnissen gefoltert werden,
verfolgt und vertrieben werden.
Doch dann denken wir auch:
Selber schuld.
Sollten fleißiger sein. Sollten nicht so viele Kinder haben. Sollten sich aus der Politik heraushalten.
Gott, dann entdecken wir uns
als Zuschauer und Passanten.
Gott, mach uns bereit,
angesichts des Leides und der Ungerechtigkeit
noch an deine Liebe zu glauben. Amen.

Die Mächtigen

Mit Jesus ist kein Staat zu machen.
Hilfsbereitschaft ist gut,
ein bißchen Moral kann nie schaden, Nächstenliebe, ein bißchen Humanität.
Feindesliebe, das geht zu weit.
Das Kreuz ist Niederlage.

Nein, mit Jesus ist kein Staat zu machen.
Oder?
Zeig deine Macht, dann glauben wir.
Steig herab, dann beten wir dich an.

Mit Jesus ist kein Staat zu machen.
Und doch, mit Jesus wurde Staat gemacht.
Das Kreuz, Zeichen der Macht.
Mit dem Kreuz wurde zugeschlagen und getötet.
Das Kreuz als Waffe der Mächtigen,
Schriftgelehrten, Ordnungshüter in Staat und Kirche.
So wurde Gott gelästert und verhöhnt.
Das christliche Abendland eine Lästerung Gottes,
erkauft durch Kreuze?
Die zivilisierte Welt eine Lästerung Gottes?
Die reiche Welt eine Lästerung Gottes?

Mit Jesus von Golgatha ist kein Staat zu machen.
Der findet keinen Platz in unserer Mitte.
Ein Randsiedler und ausgestoßen in der Welt,
die sich nach ihm genannt.
Das ist die Welt mit der geballten Macht.
Macht,
dargestellt durch Fabriken und Banken, Kasernen und Gefängnisse.
Richter und Henker waren mehr gefragt
als Dichter und Denker.
Damals – und heute?

Mit Jesus ist kein Staat zu machen.
Weil er Diener ist,
wird er kein Staatsdiener.
Weil er Liebender ist,
kommt er nicht nach oben.
Er, der Heilende,
geht im Unheil unter
und erntet Spott von Mächtigen und Räubern zugleich.

Laßt uns beten:
Gott, ohne Macht kann nicht regiert werden.
Ohnmacht führt zum Regierungswechsel.
Ohnmacht, ohne Macht sind wir verloren, keine Chance.
Gilt nun doch: Vereinigt euch?
Doch Machtwechsel garantiert noch lange nicht Humanität.
Wir sehen, wie schnell die Macht Menschen korrumpiert.
Sie vergessen sehr schnell die Ohnmächtigen,
werden abgestumpft gegenüber Leid und gleichgültig gegenüber Unrecht,
manchmal gar arrogant in ihrer Macht.
Gott, wir entdecken, wie schnell wir ähnlich handeln.
Dann sind wir froh, wenn wir nicht ganz unten sind.
Gott, mach uns bereit, auf Macht zu verzichten,
damit wir fähig sind zur Liebe. Amen.

Jesus
Jesus am Kreuz.
Der König ohne Macht
mit der Krone,
die an Stacheldraht erinnert,
meterlang, kilometerlang der Stacheldraht für Millionen,
eine Krone aus Stacheldraht für Millionen,
Leid und Höllenqualen.
»Mein Gott, mein Gott!
Warum hast du mich verlassen?«
Das ist der Hilfeschrei

in größter Verlassenheit,
der Hilfeschrei der Ohnmacht,
im Leid damals am Kreuz
und durch die Jahrhunderte,
der Schrei,
laut oder kaum hörbar
hinter Stacheldraht.

Jesus am Kreuz.
Der Heiland, der das Licht ist
und Licht in die Welt bringt.
Nun wird es finster
um ihn,
um die anderen.
Erinnert an die Finsternis
tagelang, jahrelang für viele, für Millionen
in den Folterkammern
und Verliesen.
Immer wieder Leid und Todesqualen.
Mein Gott, mein Gott!
Warum hast du mich verlassen.
Der Hilfeschrei der Ohnmacht
im Leid und in der Finsternis.

Jesus am Kreuz.
Das eine Kreuz
und die vielen Kreuze,
millionenfach auf Gräbern.
Sind sie nur Sinnbild für Tod und Leid?
Also doch Niederlage.
Tod. Mord. Ende.
Das Ende, das grausam ist,
unverständlich, weil anscheinend sinnlos.
Wer kennt die tiefe Dunkelheit,
nur erhellt vom Feuerschein der Bomben.
Zurück bleibt
das Leichenfeld, verbrannte Erde, entlaubte Wälder.
Wer kennt die tiefe Dunkelheit
im Krankenzimmer, in vielen Zimmern.
Von Gott und allen Menschen verlassen.
Mein Gott, mein Gott,
Warum hast du mich verlassen?

Ja, wir sind wohl ganz und gar von Gott verlassen?

Laßt uns beten:
Gott, wir sehen das eine Kreuz und die vielen Kreuze.

Wir erschrecken, wohin Macht und Gewalt führt.
Wir möchten wegschauen. Wir wollen das alles nicht mehr hören.
Wir möchten uns vom Kreuz die Freude am Leben nicht verderben lassen.
Wir fahren lieber ins Grüne. Wir hören lieber andere Lieder. Da gibt uns das Weihnachtsfest eine schönere Stimmung.
Gott, laß uns die Augen und Ohren weit aufmachen, damit wir das Leid wahrnehmen und die Schreie hören aus der Gottverlassenheit. Dann verstehen wir die Zweifelnden und Verzweifelnden und uns selbst.
Dann dürfen wir in tiefster Not auch schreien und klagen, unsere Fragen aussprechen und sie nicht mit vorgefertigten Antworten zum Schweigen bringen.
Gott, mach uns bereit, unsere Klagen und Zweifel zu sagen. Amen.

Der Hauptmann

Wo ist Gott?
Erst Totenstille.
Eine Stille, die keine Stimme mehr hat.
Stille ohne Stimmung,
Stille, alles leer.
Wo ist Gott?
Erst Totenstille, dann Erdbeben.
Bilder wie das jüngste Gericht.
Das Inferno, oft gemalt, gruselig und erschreckend.
Abgründe tun sich auf,
und in der Tiefe –
Hölle.

Wo aber ist Gott?
Wir heute
brauchen die Bilder von damals nicht.
Wir veranstalten unser eigenes Inferno, weltweit.
Jeder Atombombenversuch
ein Blick in die Hölle, nicht in den Himmel.
Der Umgang mit der Natur
ein Blick in die Hölle.
Die Wissenschaftler als Zauberer.

Wo ist Gott?
Das ist die Frage der Leidtragenden,
der Verstummten, der Verstümmelten, der Verratenen und Betrogenen.
Das ist die Frage derer,
die unsere Geschichte lenken,
alles in der Hand und im Kopf,
unsere Zukunft, die schon vergangen,
unser Leben, das schon verplant.
Wo ist Gott?

Das ist die Frage der Erschrockenen, Entsetzten, Betroffenen.
Auch unsere Frage.

Der Hauptmann
und seine Leute,
die in Uniform,
doch nur ausführende Organe
in Uniform der fremden Macht,
nicht anerkannt, nur geduldet, weil mächtig.

Der Hauptmann sagt es:
»Wahrlich, dieser ist Gottes Sohn gewesen!«
Der Fremde, der Ungläubige,
der nicht zu ihm gehörte,
er sagt es.
Die es wissen müssen, sind weggelaufen.
Die Fremden, die Ungläubigen,
die nicht zu uns gehören,
sagen es.
Die es wissen müßten, schweigen.

Wo ist Gott?
Mitten unter uns!
Hört ihr ihn schreien?
Seht ihr ihn sterben?
So weit geht
Gott selbst.
So weit geht
die Liebe.
Grenzenlos
nicht nur das Leid.

Laßt uns beten:
Gott, wo bist du?
So fragen wir oft in unserem Leben und auch gerade in diesen Tagen.
Wir kennen die Tage und Stunden und die Nächte des Wachens,
wo sich Abgründe auftun. Wie ein Erdbeben, wie Weltuntergang.
Dann spricht alles gegen dich und deine Liebe.
Auch unser Leben.
Wie oft sind wir schon weggelaufen,
sind Verräter deiner Sache, sind feige und Verleumder.
Wir sind am Ende.
Andere beschämen uns mit ihrem Leben,
mit ihrer Hoffnung, auch mit ihrem Erschrecken tun sie kund:
Wir sind nicht am Ende,
wir sind immer noch am Anfang.
Gott, mach uns bereit zum Anfang. Amen.

Oster-Antiphon

Friedemann Gottschick

(Chor / Gemeinde)

Liturg / Sprecher: Es sage nun Israel: / Seine Güte währet ewiglich.

Zwischenruf: (Chor / Gemeinde)

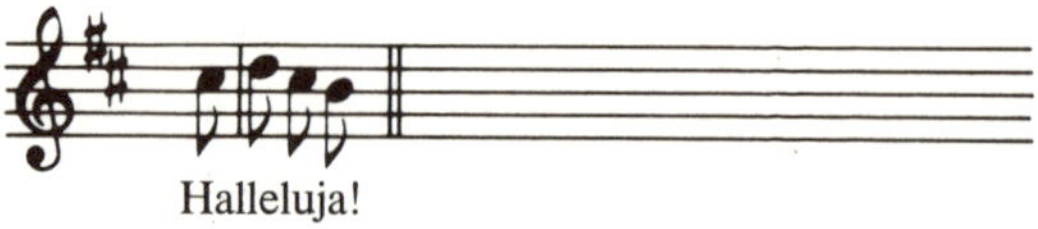

Liturg / Sprecher: Es sagen nun, die den Herrn fürchten: / Seine Güte währet ewiglich.

Zwischenruf: (Chor / Gemeinde)

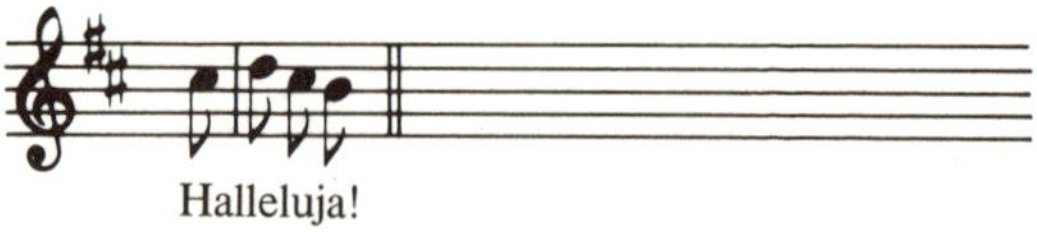

Liturg / Sprecher: Der Herr ist mit mir, darum fürchte ich mich nicht; / was können mir Menschen tun?

Zwischenruf: (Chor / Gemeinde)

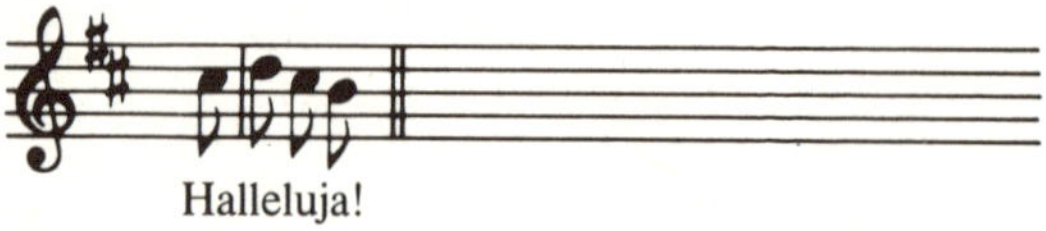

Liturg / Sprecher: Der Herr ist mit mir, mir zu helfen; / und ich werde herabsehen auf meine Feinde.

Zwischenruf: (Chor / Gemeinde)

Liturg/Sprecher: Es ist gut, auf den Herrn vertrauen / und nicht sich verlassen auf Menschen.

Zwischenruf: (Chor / Gemeinde)

Liturg / Sprecher: Man singt mit Freuden vom Sieg in den Hütten der Gerechten: / Die Rechte des Herrn behält den Sieg!

Zwischenruf: (Chor / Gemeinde)

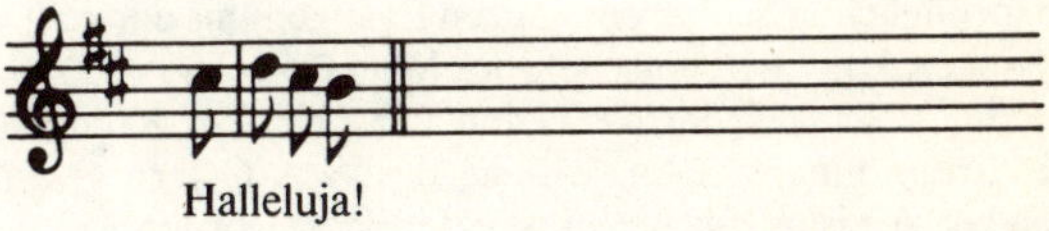

Liturg / Sprecher: Die Rechte des Herrn ist erhöht; / die Rechte des Herrn behält den Sieg!

Zwischenruf: (Chor / Gemeinde)

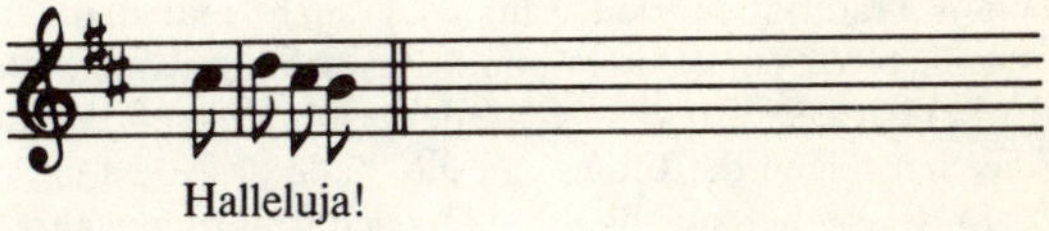

Liturg / Sprecher: Ich werde nicht sterben, sondern leben / und des Herrn Werke verkündigen.

Zwischenruf: (Chor / Gemeinde)

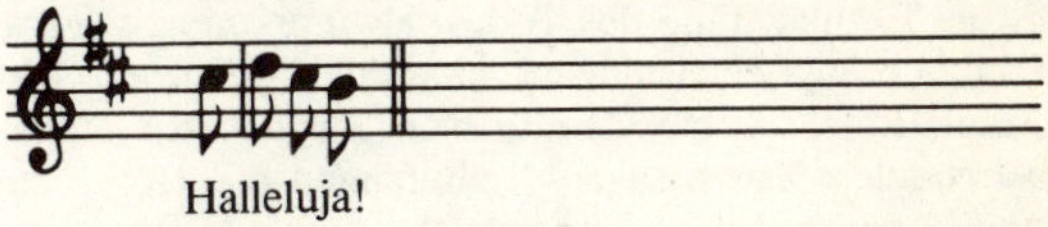

Liturg / Sprecher: Der Stein, den die Bauleute verworfen haben, / ist zum Eckstein geworden.

Zwischenruf: (Chor / Gemeinde)

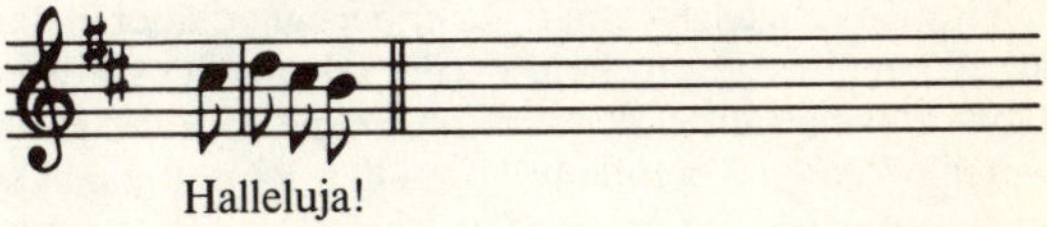

Liturg / Sprecher: Das ist vom Herrn geschehen / und ist ein Wunder vor unsern Augen.

(Chor / Gemeinde)

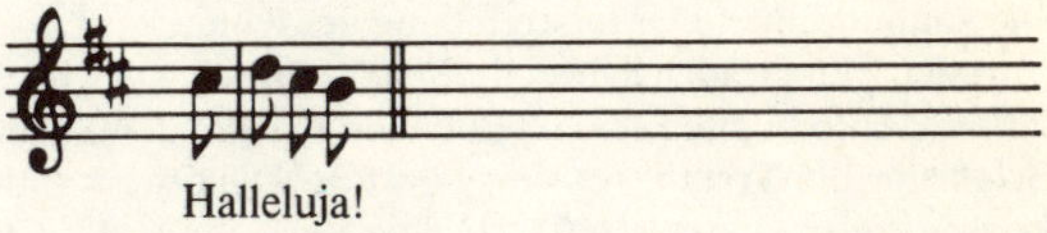

Aufführungsmaterial beim Komponisten Friedemann Gottschick, Bethelweg 17, 4800 Bielefeld 13, erhältlich.

Ostersonntag

Predigttext: Markus 16,1–8
Christian Schad

Theologisch-homiletische Skizze

Entscheidend für die Predigtaufgabe ist m.E. die exegetische Einsicht, daß die *Oster*perikope Mk 16,1–8 als Abschluß der markinischen *Passions*geschichte zugleich den ursprünglichen Schluß des ganzen Evangeliums darstellt (vgl. zum folgenden A. Lindemann, Die Osterbotschaft des Markus, NTS 26, 1980, S. 298–317). Diese Osterpredigt muß also in die Tiefen der mit dem Kreuz Jesu gesetzten Ohnmachtserfahrung hinabsteigen, will sie das, was Ostern geschieht, nachzubuchstabieren wagen: »Er ist nicht hier, er ist auferweckt worden!« (Vers 6). In diesem Zusammenhang kommt dem für eine Ostergeschichte – noch dazu für deren Abschluß – anstößigen Vers 8 geradezu die hermeneutische Schlüsselfunktion zu. Hat Markus durch das Christologumenon des Messiasgeheimnisses die offen auf Jesu Messianität hinweisenden Traditionen gleichsam »begrenzt« und damit deutlich gemacht, daß das eigentliche Wesen der Messianität Jesu nur im Kontext des Leidens und des Kreuzes sichtbar wird, so tritt hier – *nach* der zentralen Auferstehungsbotschaft der Verse 4–6 – das Schweigen der Frauen an die Stelle des sonst üblichen Schweigegebots. D.h. das Messiasgeheimnis bleibt auch nach Ostern gewahrt – Jesu Leiden und Sterben sind nicht bloße Durchgangsstationen auf dem Weg zur Herrlichkeit (theologia gloriae!), sondern umgekehrt: Ostern lenkt die Aufmerksamkeit *zurück* auf den Tod Jesu, diesen nun aber als definitives Heilsereignis begreifend: Auferstehungsleben *als* die Entmachtung des Todes, als mors mortis, gerade *kraft dieses Todes*; Jesu Kreuz – seine Lebenshingabe – hat sich durchgesetzt (theologia curcis!).

Daneben stellt Vers 8 aber noch ein Zweites sicher. Indem es heißt, daß die Frauen »niemandem etwas sagen«, empfangen die Hörer die Osterbotschaft gleichsam *direkt* – und in diesem Sinne *gleichzeitig* – aus dem Mund des göttlichen Keryx: Alle Menschen werden auf dasselbe *göttliche Wort* hin zum *Glauben* gerufen, nicht angewiesen auf eine abgeleitete Tradition, geschweige denn auf das Für-wahr-halten eines »österlichen Tatsachenberichtes«. Daß Jesus nicht im leeren Grab zu finden ist, damit wird »zugleich gesagt, wo er begegnet: überall dort, wo bis heute das christliche Bekenntnis gesprochen, wo der Glaube der Christenheit bezeugt, wo im Sinne dieses Bekenntnisses der Auferstandene verkündigt wird. Insofern kann man im Anschluß an eine berühmte Formulierung Bultmanns sagen, Jesus sei in das Wort hinein auferstanden, das von ihm zeugt. Das bekennende Zeugnis von Jesus ist selbst und als solches stets Osterzeugnis und der ständige ›Ort‹ der Gegenwart des Auferstandenen« (W. Schmithals, Das Evangelium nach Markus, ÖTK zum NT, Bd. 2/2, 1979, S. 712).

Die somit doppelte Unterstreichung des Konnexes zwischen Versen 4–6 und Vers 8 wird sich freilich auch in homiletischer Hinsicht auswirken müssen. Ich schlage daher für den Aufbau einer textgebundenen Predigt den folgenden Dreischritt vor: I. Die Erfahrung der Trauer (sc. Verse 1–3); II. Die Osterkunde: die Auferstehung des *Gekreuzigten* (sc. Verse 4–6.8); III. Die Verheißung des Christus praesens (Vers 7).

Noch ein Wort zur homiletischen Situation am Osterfest. Im Unterschied etwa zu Weihnachten ist Ostern – zumindest im Bereich des Protestantismus – kein volkskirchliches Fest (mehr). Doch scheint mir in diesem Fall in jenem Mangel eine Chance zu liegen: sich – ohne größere Rücksichten auf populistische Bräuche oder einen falschen »österlichen Triumphalismus« – von der sich im Bibeltext aussprechenden Wahrheit unmittelbar ansprechen zu lassen.

Vorschläge zur Liturgie

Eingangsspruch

Christus spricht: Ich war tot, und siehe, ich bin lebendig von Ewigkeit zu Ewigkeit und habe die Schlüssel des Todes und der Hölle (Apk 1,18).

Introitus-Psalm (Alternative zum Eingangsspruch)

Ps 118,15–17.22–24

Rahmenvers: Der Herr ist auferstanden, er ist wahrhaftig auferstanden. Halleluja.

Epistel-Lesung

1. Sam 2,1–2.6–8a oder: 1. Kor 15,1–11

Eingangsgebet

Ich hebe meine Augen auf / zu dir, Herr, / von wo mir Hilfe kommt. / Ich sehe weg von mir, / Herr, / von allem, / was ich in meiner Angst bin, / von allem, / was schon leblos ist in mir, / von abgestumpften Gedanken, / von dürren Gefühlen, / von meinem steinernen Herzen, / von meinen klein / gewordenen Hoffnungen. / Ich sehe weg von mir, / Herr, / von allem, / was ich aus mir gemacht habe, / und hebe / meine Augen auf zu dir. / Du hast allem, was leblos ist, / den Kampf angesagt, / und deshalb / gehöre ich nicht mehr / meinen klein gewordenen Hoffnungen, / meinen abgestumpften Gedanken / und meinen dürren Gefühlen, / meinem steinernen Herzen, / dir gehöre ich, / der du lebst, / damit ich lebe / immerdar.

(K. Bannach, Gebete der Stille. 136 Texte durchs Jahr, 1979, S. 34 – leicht abgewandelt)

Gebete nach der Predigt

Dies ist, / Herr, / der Tag deiner Geheimnisse. / Dies ist, / Herr, / der Tag deiner Klarheit. / Vor beidem / stehen wir heute. / Deine Geheimnisse, / das sind unsere Toten, / sind Kummer und Tränen, / sind die Zeitkatastrophen, / sind die Nöte, / derer wir nicht mehr Herr werden. / Deine Geheimnisse / begreifen wir nicht, / sie machen dich dunkel / und unzugänglich / und fügen uns / Schmerzen zu. / Aber / in deine Geheimninsse / fällt nun das Licht / deiner Klarheit / und lädt uns / zum Osterjubel ein. / Du hast dem Tod / und dem Kummer / und den Tränen / und den Zeitkatastrophen / und den Nöten / die Macht genommen, / und deshalb / haben wir Grund, / gegen deine Geheimnisse, / gegen die dunklen Rätsel / in unserem Leben / anzusingen: / Auferstanden ist der Herr! / Wir haben Grund, / anzuleben / gegen den Tod, / gegen Kummer und Tränen, / gegen Zeitkatastrophen und Nöte, / gegen die Verwüstung / unserer Gedanken / und unserer Gefühle / durch Resignation. / Du, / Gott, / bist unser Grund, / du / wirst deine Geheimnisse / in deine Klarheit holen. / Dank sei dir, Herr. (a.a.O., S. 35)

Oder:
Herr Jesus Christus – / du lebst. / Aber dein Leben ist von einer anderen Art / als unser Leben: / Es geht über den Tod hinaus, / unvorstellbar weit hinaus. / Dein Leben ist nicht zu Ende gebracht: / Was du getan hast / und was du gesagt hast, / bleibt auf dem Weg, / hält an, / wirkt weiter. / Dein Leben kann einen jeden von uns / betreffen, / zu jeder Zeit / und an jedem Ort. / Es kann sichtbar werden / in unserem Leben, / kann unser Leben berühren / und verwandeln. / Herr Jesus Christus, / du lebst. / Und deshalb glauben wir, / daß unser Leben nicht alles ist, / was wir haben, / und daß unser Sterben nicht alles ist, / was uns bevorsteht. / Aus deinem Leben / gewinnen wir Vertrauen / für unser Leben / und Gelassenheit / für unser Sterben. / Herr Jesus Christus, / du lebst, / und wir sollen auch leben. / Amen.
(E. Domay, in: Ostern. Liturgische Texte, Gottesdienstmodelle, Meditationen, Predigten, hrsg. v. H. Nitschke, 1978, S. 93)

Lieder
Eingangslied: EKG 86,1–4+6; Lied vor der Schriftlesung: EKG 75,1–3; Lied vor der Predigt: EKG 79,1–6 (Alternative: EKG 78,1–3: Gemeinde, EKG 78,4–13: Zwiegesang zwischen Maria und dem Engel am Grab, gesungen vom Chor, EKG 78,14+15: Gemeinde); Lied nach der Predigt: EKG 85,1+2.5–7; Schlußlied: EKG 79,5+6.

Vorschläge zur Predigt
Möglicher Anfang
Liebe Gemeinde! Es beginnt in der Welt des Todes, in unserer Welt. Es beginnt mit dem Ende – dort, wo alle unsre Wege enden. Dort, wo unsere Welt ganz des Todes und ganz ohne Gott ist. Wo unser Leben nur noch gewesen ist, unser Leib verwest, unsere Denkmäler verwittern. Wo die Menschen in ihrer Betroffenheit alles mögliche Unzutreffende sagen, weil die, die reden sollten, so jäh verstummt sind. Es beginnt mit dem Gang zum Grab.

Zum weiteren Verlauf
1. Sie kommen daher. Sie sind verstummt. Ängstliche Frauen: Maria aus Magdala, eine zweite Maria und Salome. Vieles hatten sie mit Jesus erlebt. *Hoffnungen* hatte er in ihnen geweckt: daß die Sanftmütigen das Erdreich besitzen, daß die Friedfertigen Gottes Kinder heißen, daß die Leidtragenden und Verfolgten Trost finden, daß die Ersten die Letzten und die Letzten die Ersten sein werden. Alles hatten sie um seinetwillen verlassen,

stehen und liegen gelassen, und waren mit ihm bis nach Jerusalem gezogen. Dort, vom Zentrum aus, würde seine Botschaft ausstrahlen in alle Welt. Dort würde er sein Heilswerk vollenden, der lebendige Gott seine Verheißungen wahr machen. So dachten sie.

Doch, wie sehr hatten sie sich getäuscht! Das Kreuz, *das* war wahr. *Sein* Kreuz. Die grausame Enttäuschung. Das Ende. – Der, der vor wenigen Tagen noch lebendig unter ihnen war, ist bei den Toten. Und sie, sie sind allein geblieben. In Trauer und Mutlosigkeit um sich selber kreisend gehen sie zu einem Leichnam.

Was ihnen bleibt? Sie tun, was die Pietät gebietet. Sie pflegen die Ruhestatt des Toten, wollen in ihrem liebevollen Andenken wenigstens den Schatten des Entrissenen noch eine Weile festhalten ...

2. Was so pietätvoll beginnt, endet in Bestürzung. Schockierend, mit fassungslosem Erschrecken, endet das, was von Jesus zu erzählen geblieben war. »Sie (die Frauen) flohen vor dem Grab, denn Zittern und Entsetzen hatte sie ergriffen. Und sie sagten niemandem etwas, denn sie fürchteten sich.« – Nein! Es kommt gerade *nicht* zum Friedensschluß mit dem Tod, nicht zum Friedensschluß mit der Welt so, wie sie ist. Sie erschrecken: Eine neue Kraft ist aufgekommen, herausgebrochen aus der Nacht dieses *einen* Grabes. Der Ort des Todes wird zum Ort des Lebens!

Wie die Sonne über dem Morgen durchbricht *diese* Kunde die düsteren Schlagzeilen der Gräberwelt: »Er ist auferstanden! Er ist nicht hier!« – Nichts Sichtbares gibt es. Sondern einzig dieses Wort: »Er ist auferstanden! Er ist nicht hier!« In ihm *allein* geht Ostern auf, wird Ostern wahr. Für die Frauen damals wie für uns heute. – Was dieses Wort besagt? Das Letzte ist hereingekomen und zum Ersten geworden. Aus tödlichem Abbruch wird Aufbruch. Aus ungewisser Zukunft entspringt der Ursprung mächtigen, gewissen Lebens. Aus einem zweifelnd geahnten Gott wird zupackende, hautnahe Wirklichkeit. Er, der Verurteilte und Hingerichtete, der Gescheiterte und Ausgelöschte, inmitten tiefster Ohnmacht hat er den Tod gewendet: Er lebt! – Und mit ihm die *Liebe*, mit der er die Verlorenen liebt, die *Vollmacht*, mit der er ohne äußere Gewalt sein rettendes Wort spricht, die *Freiheit*, in die er Menschen aus all ihrer Schuld ruft. Sein Kreuz – seine Lebenshingabe – hat sich durchgesetzt gegenüber Haß und Angst in der Welt ...

Was *wir* mit Ostern anfangen können? Es entscheidet sich an dem, was diese Kunde *mit uns* anzufangen vermag. Was sie *in uns* an Leben und Liebe aufbrechen läßt ...

3. »Geht hin und sagt seinen Jüngern: Er wird vor euch hingehen nach Galiläa; dort werdet ihr ihn sehen, wie er euch gesagt hat.«

Galiläa – das ist das Land, wo die Frauen und die Jünger daheim sind, wo jeder sie kennt. Es ist Mann und Frau, Eltern und Kinder, es ist unsere Gesellschaft mit ihren verschiedenen politischen und kirchlichen Richtungen. – In dieser ganz gewöhnlichen Wirklichkeit unseres Lebens will Christus

uns begegnen, uns vorangehen. Will seine Zukunft unsere alte Zeit unterbrechen, alles Todbringende verwandeln und neues Leben aufkeimen lassen. Er will unser Leben unter ein neues Zeichen setzen und sagen: »Mit Ostern könnt ihr *von vorn* anfangen!«
Das meint zum Beispiel: die Geduld mit anderen – den Schuldigen und Schwachen, den Fremden und Andersdenkenden, den Kindern und Alten; aber auch die Geduld mit uns selber. Eine Geduld aus Hoffnung, nicht aus Nachgiebigkeit. Geduld, die aus einer Vorgabe an Vertrauen und nicht aus seiner resignierten Preisgabe stammt.
Von vorn anfangen meint: immer vom Vorsprung Gottes und nicht von unseren Rückständen ausgehen. Es heißt den Tod nicht vergessen, wo man ihn flieht – aber auch seinem dumpfen Druck nicht erliegen, wo man ihn fürchtet. Und darum mehr provozieren als reagieren, mehr einzahlen als heimzahlen, mehr wagen als wägen, mehr hoffen als fürchten ... Darum prüfe etwa die Sprache der großen Politik! Reimt sie sich mit der Botschaft des Lebens? Wie gehen *wir* mit dem Leben um? Schützen wir es oder überlassen wir's dem Experiment? Sind wir nicht alle mitverantwortlich für unsre und der Welt Zukunft ...?

Möglicher Schluß
Ostern heißt: Das Leben ist uns versprochen! Christus lebt, und ihr sollt auch leben. Die Sonne geht auf über Mensch und Kreatur. Der Tag des Herrn, er *hat* bereits begonnen.
ER erlaubt es uns, ER will es von uns: hineinzugehen in den offenen Horizont seiner Zukunft. *Ihm* zu leben. *Ihm* zu sterben. Auf *Gott* zu hoffen. Amen.

Kontexte

... die Gestalt der Erniedrigung ist die Gestalt des Christus pro nobis. In dieser Gestalt meint und will er uns in Freiheit. Hätte sich Christus im Wunder dokumentiert, würden wir der sichtbaren Theophanie der Gottheit ›glauben‹, aber es wäre nicht der Glaube an den Christus pro me. Es wäre nicht innere Bekehrung, sondern Anerkennen. Wunderglaube ist Glaube an sichtbare Epiphanie. Mit der Bejahung des Wundergeschehens geschieht nichts an mir. Glaube ist aber dort, wo man sich dem erniedrigten Gott-Menschen so ausliefert, daß man sein Leben auf ihn wagt, auch wo es widersinnig scheint. Glaube ist, wo auf den Versuch verzichtet ist, ihn durch Sichtbares zu sichern. Dort ist es Glaube an Gott und nicht an die Welt. Die einzige Sicherung, die der Glaube verträgt, ist das Wort selbst, das durch Christus auf mich zukommt.
(D. Bonhoeffer, Christologie. Vorlesung im Sommersemester 1933, in: ders., Ges. Schriften, Bd. 3, hrsg. v. E. Bethge, 1966, S. 239)

Wir sind durch die Auferstehung nicht um das Ärgernis herumgekommen. Wir haben den Erhöhten nur als den Gekreuzigten, den Sündlosen nur als den Schuldbeladenen, den Auferstandenen nur als den Erniedrigten. Wäre es nicht so, wäre das pro nobis aufgehoben, gäbe es keinen Glauben. Auch die Auferstehung ist nicht die

Durchbrechung des Inkognito. Auch die Auferstehung ist zweideutig. Sie wird nur dort geglaubt, wo das Ärgernis Jesu nicht fortgeschafft wird. Nur die nachfolgenden Jünger sehen den Auferstandenen. Nur der blinde Glaube sieht hier. Als Nicht-Sehende glauben sie, und in solchem Glauben sehen sie. (a.a.O., S. 240f.)

Denkt man dem Geheimnis des Todes und der Auferstehung Jesu nach, so wird man alsbald bemerken, daß man es hier nicht mit zwei verschiedenen Mysterien, sondern von zwei Seiten her mit ein und demselben Geheimnis zu tun hat. Am Ostertage geschieht nicht weniger und nicht mehr als die *Entdeckung* des Geheimnisses des *Todes* Jesu. Nicht weniger, aber auch nicht mehr. Ostern lenkt also die Aufmerksamkeit *zurück* auf den Gekreuzigten, um dann freilich mit dem Gekreuzigten *voran* zu kommen. Man tut gut daran, sich dies ohne jede Abschwächung klarzumachen: Ostern – das ist nichts anderes als die Entdeckung des Geheimnisses des *gekreuzigten* Jesus Christus ... Das ist keine theologische Spitzfindigkeit, sondern Einsicht in den Sachverhalt, daß Jesu Auferstehung nicht aus unserer Welt herausführt, sondern erst recht in unsere Welt hinein. Entsprechend bedeutet die in der Auferstehung Jesu begründete Hoffnung auf unsere eigene Auferstehung keine »Befreiung« *von* unserer Diesseitigkeit, keine »Erlösung« *aus* der Diesseitigkeit, Endlichkeit und Sterblichkeit unserer Existenz, sondern eben die Befreiung und Erlösung dieses unseres diesseitigen, endlichen und sterblichen Wesens. Man kann der Auferstehung Jesu Christi nicht nachdenken, ohne auf seinen Tod und damit auf unser irdisches Leben zurückverwiesen zu werden. Denn Ostern heißt, daß Gott auf Jesu Tod und damit auf unser Leben zurückgekommen ist.
(E. Jüngel, Ostern. Das Geheimnis des Gekreuzigten, in: ders., Von Zeit zu Zeit. Betrachtungen zu den Festzeiten im Kirchenjahr, KT 22, 1976, S. 65f.)

das leere grab / ein grab greift / tiefer / als die gräber / gruben. / Denn ungeheuer / ist der vorsprung tod / am tiefsten / greift / das grab, das selbst / den tod begrub / denn ungeheuer / ist der vorsprung leben.
(K. Marti, Gedichte am rand, 1968[2], S. 64)

Wenn der Gläubige der Gläubige ist und der ist, welcher den Gott deshalb kennt, weil er die Bedingungen von dem Gott selbst erhält, so muß der Spätere ganz und gar im gleichen Sinne von dem Gotte selbst die Bedingung empfangen, und kann sie nicht aus zweiter Hand empfangen – da, falls es sich so verhalten sollte, die zweite Hand der Gott selbst sein müßte, – und solchenfalls ist ja von dieser zweiten Hand überhaupt nichts gesagt ...
Es gibt keinen Jünger zweiter Hand. Aufs Wesentliche gesehen, sind der erste und der letzte einander gleich, nur daß die spätere Generation die Veranlassung (sc. zum Glauben) im Bericht der gleichzeitigen hat, indessen die gleichzeitige sie hat in ihrer unmittelbaren Gleichzeitigkeit, und insofern keiner einzigen Generation etwas schuldet.
(S. Kierkegaard, Philosophische Brocken IV, S. 232 und S. 266)

Paralipomena
Statt von den Versen 1–3 auszugehen, könnte auch der anstößige Schluß der Perikope den Predigtanfang bestimmen: »Liebe Gemeinde, *so* endet nach der ältesten Überlieferung das Markusevangelium. Gar nicht österlich! Nichts von Hoffnungsglück! Kein Halleluja! Die ängstlichen Frauen, sie geben die frohe Kunde *nicht* weiter, ›denn sie fürchteten sich‹. – Das steht nicht etwa mitten in der Geschichte, und

dann käme noch ein gutes, ein frohes Ende. Nein, das *ist schon* das Ende der Ostergeschichte. – Was für eine Zumutung an diesem herrlichen Ostermorgen ...?!« – In diesem Zusammenhang könnte auch die Sprachkraft der Grabes-Metapher zum Tragen kommen: die eifrige Suche nach den »Gräbern« in unserem Alltag. »Da bricht jeder für sich auf: für immer noch ein bißchen mehr Ehre, für immer noch ein bißchen mehr Profit, für immer noch ein bißchen mehr Statussymbol, für immer noch ein bißchen mehr Glück oder auch nur für immer noch ein bißchen mehr Vergnügen. Wie reich und satt, wie ohne Initiative und Wagnis sind wir geworden! Wer kennt nicht den Menschen, bei dem man den Eindruck hat, daß sein ganzes Leben aus Dauerläufen zum leeren Grab besteht?«

Im Rekurs auf Jes 45,15 (»Fürwahr, du bist ein verborgener Gott, du Gott Israels, der Heiland«), wo gerade der *rettende* Gott als deus absconditus prädiziert wird, ließe sich dann der Horizont aufreißen für die präzise Verborgenheit Gottes im Kreuz Jesu Christi, die auch nach Ostern nicht aufgehoben wird. Dem entspricht anthropologisch die Glaubenserfahrung der Anfechtung, die am Ende dieser Predigt zur Sprache kommen könnte: »Ja, wir bleiben trotz Ostern auf dem Weg zur Passion. Jesus geht uns voran, aber die Nachfolgenden fürchten sich und haben Angst ... Aber in unserer Furcht und in unserem Zweifeln, in unserem Nichtverstehen und Nichtbegreifen und sogar in unserem Ungehorsam sind wir aufgehoben bei dem, der uns vorangeht als der leidende und auferstandene Menschensohn, der uns zurufen läßt: ›Erschreckt nicht ...!‹ Das ist der österliche Anruf zum doch noch freudigen Aufbruch. Trotz und inmitten allen Versagens.«

Ostermontag

Predigttext: Lukas 24,13–35
Karl-Behrnd Hasselmann

Theologisch-homiletische Skizze

Es ist ein erheblicher Konsens festzustellen in der theologischen Bewertung unserer Erzählung. Sie ist formgeschichtlich nur grob zur Kategorie der Erscheinungsgeschichten mit dem Skopus des Auferstehungsbeweises charakterisiert – authentisch durchaus als Legende christlichen Glaubens zu bestimmen, der in kritischer Reflexion über sich selbst begriffen ist. Schunack (GPM 33-2, S. 192ff.) entwickelt richtig die Voraussetzungen, mit denen unsere Geschichte arbeitet: mit der Auferstehung selbst als Zitat (Vers 35; vgl. 1. Kor 15,3ff.); dann der Tatsache, daß der unbekannte Wanderer der auferstandene Jesus ist; weiter mit dem Leiden Christi selbst, das notwendig mit der Auferstehung in Zusammenhang gesehen wird; andererseits der Befreiungsgeschichte Israels als Leidensgeschichte des Volkes und seiner Propheten; in dem allen dann noch die Voraussetzung der Schrift, die dies berichtet. Ostern schließt so eine »Weggeschichte der Befreiung und des Leidens« ab, die in der Auferstehung Jesu ihr Ziel findet und weitergeht in der Geschichte seiner Gemeinde, die diese Erfahrung in der Welt und bis in ihr Herrschaftszentrum Rom hinein verkündigt, lebt und in dem Abendmahl feiert (siehe Apostelgeschichte des Lukas). Nur von Ostern her erschließt sich die Geschichte Gottes mit seinem Volk. Ostern läßt das, was bisher nur erzählt und gehört wurde, aufscheinen in einem so neuen Licht, daß zwar der sich selbst verkündigende Christus handgreiflich nicht mehr zur Verfügung steht, sich aber und sein neues Leben der Gemeinde so mitteilt, daß sie – zunächst gelähmt und ohne Hoffnung – jetzt »aufsteht« (aufersteht) und voll Freude erzählt, woher sie selbst ihren Lebensgrund hat, woher sie sich selbst versteht.

Die Geschichte ist so entworfen, daß sie nach einer langen Exposition (13 bis 24) in Vers 24 bis 27 den ersten und Vers 28 bis 32 den zweiten Schwerpunkt hat, der in den Versen 33 bis 35 den Übergang in den Rückweg nach Jerusalem findet. Die Exposition entfaltet in den Auseinandersetzungen mit den Juden die christliche Erfahrung, daß die Befreiungsgeschichte Israels stumm bleibt, wenn ich von Ostern absehe.

Die Befreiung aus dem Sklavenhaus Ägypten und Babylon und die Predigt des Mose und der Propheten führt in die Feststellung der Enttäuschung: »Wir aber hofften, daß er Israel befreien werde.« Thema dieser Geschichte ist: Wer ist der Herr dieser Welt, der in den immer wieder abgebrochenen Befreiungsgeschichten Israels bis an das Kreuz Jesu das Wort nimmt: War und ist nicht alles umsonst, was je gesagt, gelebt und gelitten wurde?

Hier setzt die Predigt des unbekannten und schon auferstandenen Christus ein; sie verbindet, was in den Augen Israels und der Menschen nie zusammenkommt: Leiden, Kreuz und Heil gehören notwendig zusammen.

Da das Wort allein und das Hören die Ohren nicht öffnet, kommt es zu der Begegnung mit den Jüngern, in der Christus im Mahl sich gibt; als sich hier die Erkenntnis seiner lebendigen Gegenwart schlagartig durchsetzt, sind die Jünger zwar nur wieder unter sich, aber der lebendige Christus hat ihre Herzen so entzündet, daß sie aufstehen, auferstehen und sich auf den weiteren Weg machen, den er ihnen zeigt. Diese

Weg-Erzählung zeigt, wie aus toten, hoffnungslosen Menschen, die ihr ganzes Leben in die Befreiungsgeschichte Gottes hineingeben wollten, ohne für sich persönlich einen Sinn darin erfahren zu können, jetzt vollmächtig Berufene und Gesandte werden, die in der Lage sind, österlich zu leben und zu handeln.
Die Predigt muß, auch wenn dieses angesichts dieses vollkommen einfach und klar erzählten Textes fast unmöglich erscheint, versuchen, ihn nicht allzu redselig und allzu penetrant aktualisierend nachzuerzählen, weil sonst »Aufbau und Weg« der Geschichte verlorengehen.

Fürbitte
Jesus Christus, du bist wahrhaftig auferstanden und unter uns. Du sprichst uns dann an, wenn wir selbst verstummen. Wenn uns Trauer niederdrückt und Resignation verzweifeln läßt. Da fragst du uns nach unserem Weg. Da willst du uns begleiten.
Hilf uns und öffne unsere Ohren, wenn du als Fremder unter uns das Wort nimmst und uns die Schrift auslegst. Mache die Buchstaben all dieser alten Geschichten lebendig. Laß sie auferstehen von den Toten und in unserem Herzen ein Feuer anzünden, damit wir wahrnehmen, daß du lebendig bist und lebendig machen willst wie am Anfang. Hilf uns und öffne unsere Augen, wenn sie verklebt sind durch die Illusionen der Bilder, die uns wahres Leben vorgaukeln und uns doch immer weiter von uns und dir wegführen. Laß uns doch dich selbst sehen, wie du uns begegnest in jedem Fremden, der uns die Hand reicht, der uns begleitet, wenn wir den Weg nicht finden, der bei uns einkehrt, wenn wir Angst haben, allein zu bleiben.
Bleibe bei uns, Herr, denn es will Abend werden. Bleibe bei uns und bei deiner ganzen Kirche. Bleibe bei uns am Abend des Tages, am Abend des Lebens, am Abend der Welt. Bleibe bei uns mit deiner Gnade und Güte, mit deinem heiligen Wort und Sakrament, mit deinem Trost und Segen. Bleibe bei uns, wenn über uns kommt die Nacht der Trübsal und Angst, die Nacht des Zeifels und der Anfechtung, die Nacht des bitteren Todes. Bleibe bei uns und bei all deinen Gläubigen in Zeit und Ewigkeit. Schenke uns, daß wir nie aufhören zu glauben, daß du bleibst. Laß uns in dieser Gewißheit mit den Worten bitten, die du uns gelehrt hast: Vater unser …

Lieder
EKG 75, 86 (nach der Predigt)

Predigt
Liebe Gemeinde, so sind sie, diese Wege – weg vom Grabe, nach Hause, zurück in den Alltag. Die da nach Hause gehen, sie bleiben dicht zusammen. Nur jetzt nicht alleinbleiben. Sie können nicht einfach schweigen. Sie müssen sich erzählen, was sie doch beide längst wissen: »Alle diese Geschichten«. Erinnerst du dich – weißt du noch? Sie fallen zurück in das Eingeständnis der Ohnmacht: Ich kann es immer noch nicht glauben – wie war und ist das alles nur möglich? Sie versuchen, zu halten, was bleibt, was

Bestand hat, was nicht mitstirbt mit dem leblosen Körper da draußen. Und fallen wieder zurück in die Resignation und Trauer: Ich hatte so gehofft, daß wir noch …

So ist es, wenn ein Mensch stirbt. Die, die zurückbleiben, müssen sich entschließen, weiterzuleben. Sie müssen die Lähmung abschütteln, die sie überfällt: die vielen Stunden abends am Fenster; vergebliches Warten auf den, der nicht mehr kommt; die Absencen am Arbeitsplatz – Träume, die ins Vergangene führen und einen noch leerer zurücklassen als vorher; das völlige Desinteresse an allem, was um einen herum vor sich geht: Was soll das? Was bringt das? Die Scheu, Menschen anzusprechen oder antworten zu müssen: Können Sie mich nicht in Ruhe lassen? Alle diese Geschichten. Vergangenheit, die immer neu übermächtig wird; die aggressiv sich ins Heute drängt; die alle Kraft absorbiert; die nur die eine Frage immer neu und immer provozierender stellt: Was bleibt – von all dem, was du geliebt hast, was du jetzt denkst und tust, woran du Freude hattest? Was bleibt, was hält stand, was vergeht nicht auf eine so furchtbare Weise, daß einem der bloße Gedanke daran schon den Atem nimmt?

Gehen wir nach Hause, sagen die zwei auf dem Weg nach Emmaus. Gehen wir nach Hause. Es ist vorbei. Gehen wir nach Hause: zu unserer Familie, an unsere Arbeit. Gehen wir zurück in unsere Vergangenheit, in das, was war. Es wird sich nichts geändert haben: die gleichen Wege und Straßen, die alten Gesichter und Namen, dieselben Anweisungen und Handgriffe. Alltag – Routine: das hält vor bis zu der Zeit, wo es uns trifft. Der Weg mit ihm war umsonst. Geben wir es zu. Er ist tot. Gott ist tot. Das Leben geht weiter. Wie anders sollen wir sehen und begreifen, was geschehen ist. All das, was er sagte, was er tat. Was wir hörten und erfuhren: Worte, die Leben brachten, wo alles tot schien; Heilung, die Kranke und Lahme, Besessene und Einsame wieder hoffen ließ; die Gemeinschaft mit den vielen Menschen, die Träume von der gemeinsamen Freiheit. Ihm hatten wir alles zugetraut. Wir hatten in ihm eine Kraft gespürt, von der wir glauben durften, sie könne nie aufhören. Wir hatten eine Revolution erhofft, die das Unterste zuoberst kehrt, die die Armen nach vorne und die Mächtigen an den Schluß bringt. Wir hofften – so sagten sie zu dem Fremden, der ganz beiläufig dazugekommen war – wir hofften, er würde es schaffen, worauf wir immer schon gewartet hatten. Er hätte es gekonnt. Aber jetzt und ohne ihn ist das alles sinnlos geworden.

Liebe Gemeinde, Jesus Christus begegnet uns; ein Fremder, der von weither kommt. Was uns erschrecken muß: Wir sehen ihn nicht – als den Auferstandenen – in jedem Fremden, der uns nahekommen will, der uns nach unserer Trauer, unserer Freude, unserem Weg fragt. Was muß geschehen, damit wir ihn sehen und erkennen, wenn er uns nahe ist?

Einer, der fremd ist, fragt die Jünger; Freunde scheuen das Gespräch. Sie wissen von der lebensgefährlichen Verletzung, die der davongetragen hat, der trauert. Wenn sie ihn auf der Straße kommen sehen, verschwinden sie

in der nächsten Seitengasse. Einer, der fremd ist, fragt anders. Er hat Interesse. Er stellt sich nicht dumm und taub. Er will in Erfahrung bringen, was sie so müde und so resigniert macht. Er will verstehen, was sie so getroffen, so stark verletzt hat. Er kommt ihnen ganz nahe. Er ist dabei ganz unaufdringlich. Er hört nur zu, aber er hört in sie hinein. Er sucht Leben. Er spürt, daß etwas in ihnen krank, anfällig, todessüchtig ist. Erzählt doch alle diese Geschichten! Und sie erzählen: Was, du weißt nicht? Alle Welt ist voll davon. Das ist doch nicht zu fassen: Du hast nie gehört von diesem Mann, von all dem, was er sagte und tat; von der Kraft, die in seinem bloßen Auftreten da war; die die Menschen unwiderstehlich anzog! Von der Energie des Lebens, die auf die überging, die sich längst aufgegeben hatten; von dem so unglaublich einfachen und jedes Gegenargument freundlich und bestimmt und überzeugend beiseite nehmendem Wort, das ihm überall zur Verfügung stand; von der Gemeinschaft, die wir mit ihm hatten, Männer und Frauen und Kinder, Zöllner und Sünder, Gerechte und Verworfene? Wenn du ihn kennengelernt hättest, du wüßtest, wie wenig unsere Worte gegenwärtig machen können, wer er war.
Das Wort des Fremden mengt sich ein in all diese Geschichten. Seltsam, ihr redet von ihm wie von einem, der tot ist. Dabei scheint er in euren Worten und in eurer Haltung höchst lebendig zu sein. Habt ihr einmal überlegt, wie das war mit Mose und den Propheten? Mit all den Geschichten von ihnen und über sie. Was haben sie damals gesagt und getan?
Mir scheint, genau das gleiche wie der, von dem ihr sprecht. Sind sie tot? Hat Mose das Volk aus Ägypten und durch die Wüste bis in das Gelobte Land geführt? Haben die Propheten mit ihrem Wort den Weg Gottes mit seinem Volk richtig gesehen? Wie oft hat man sie totgesagt, wie oft so getan, als ob es sie nie gegeben hätte! Da ist doch etwas in ihrem Wort, was überschießt über ihr Schicksal, da geht doch etwas von dem, was sie sagten und taten, nicht einfach auf in dem Einerlei des Stirb und Werde. Da ist doch etwas, was bleibt und weitertreibt, eine Kraft des Lebens, die hindurchschlägt durch das allgegenwärtige Einverständnis damit, daß alles einmal zu Ende geht! Was sollen diese Banalitäten? Kommt von Mose, kommt von den Propheten Hoffnung auf Befreiung zu einem neuen Leben, warum nicht von ihm, von dem ihr mir da redet? Bleibt doch nicht so allgemein in der Feststellung hängen, man müsse das Leben und den Tod nun einmal so nehmen, wie sie sind; seht doch auf euch selbst! Ist da nicht in der Trostlosigkeit eures Herzens ein Feuer, das lebendig bleibt durch alle diese Geschichten? Und habt ihr so wenig von Mose und den Proheten verstanden, daß ihr nicht wißt, daß Leiden und Befreiung, Tod und Leben ganz tief zusammengehören? Wie könnt ihr glauben, daß das Leben ohne die Erfahrung des Todes, die Freiheit ohne die Erfahrung der Niederlage des Leidens zu haben sind? Mose starb auf dem Berg und setzte seinen Fuß nicht ins Gelobte Land. Jeremia starb in der Verbannung – niemand kennt sein Grab – und sah nicht die Rückkehr des Volkes. Doch lebt und bleibt, was sie sagten.

Liebe Gemeinde, Jesus Christus, der Auferstandene, legt uns – als ein Fremder – die Schrift aus. Er spricht ständig zu uns. Und doch hören und verstehen wir nicht. Was eigentlich muß geschehen, damit wir hören und verstehen, damit wir erkennen, was bleibt?
Jeder gemeinsame Weg geht einmal zu Ende. Jedes Gespräch, jeder Versuch, zu hören und zu verstehen und zu trösten, hört auf. Der Abend kommt. Und mit ihm das Dunkel. Und mit dem Dunkel die Angst, allein zu bleiben. Allein mit all diesen Geschichten, die Märchen immer ähnlicher sehen. Allein mit diesen Erinnerungen, die durch den Druck des Alltags, sein Grau und sein Einerlei vergilben wie Fotos, die zu lange in der Sonne gelegen haben. Der Abend verändert alles, was den Tag, was den Alltag bestimmt. Die Erkenntnis ist plötzlich wieder lebendig, daß ich allein bin und allein bleibe und wohl auch allein sterbe. All diese Geschichten und auch die Begleitung durch mir sonst Fremde hilft da nicht weiter. Ich spüre, daß ich nicht alles wirklich sehe, was mir begegnet, und nicht alles wirklich höre, was mir gesagt wird. Ich lebe ein endliches, ein eingeschränktes, ein armes Leben, für das auch einmal der Abend kommt.
Der Fremde verabschiedet sich, will gehen. Da kommt die Angst und läßt die Jünger sagen: »Bleibe bei uns, denn es will Abend werden, und der Tag hat sich geneigt.« Eine ganz normale Bitte, eine Floskel der Höflichkeit? Oder ein Gebet, ein Ruf aus der Angst, daß nichts bleibt? »Bleibe du bei uns.«
Und plötzlich wird alles ganz einfach. Er bleibt tatsächlich. Sie bitten ihn zu Tisch – und er übernimmt die Rolle des Hausherrn ganz selbstverständlich. Wie der Vater seiner Familie das Brot austeilt, teilt er es aus. Sie hören seine Worte des Dankes, sie sehen seine Geste des Teilens: und plötzlich haben sie verstanden und wirklich gesehen: sie wissen plötzlich, was bleibt, wer bleibt, – auch wenn er in diesem Augenblick des Verstehens nicht mehr unter ihnen ist. Sie wissen, daß er selbst Bleiben und Leben austeilen wird, wo es Nacht und dunkel und einsam wird. Sie werden erfaßt von der alten Kraft seiner Worte und Taten, die sie einst lebendig gemacht hatten von den Toten. Sie selbst spüren, daß sie dabei waren, aufzugeben und zu sterben, sich ins Nichts, ins Grau des Alltags fallenzulassen, nichts mehr zu glauben, zu hoffen und zu lieben über das hinaus, was vor den Füßen liegt. Alle diese alten Geschichten, von Mose und den Propheten, vor allem aber von diesem Jesus werden lebendig. Ihr Leben greift nach ihnen. Sie selbst werden ein Teil dieser Geschichten, der Geschichte vom Leben aus dem Tod, von der Befreiung aus dem Leid, von dem Tag, der aus der Nacht kommt, dem Licht, das aus dem Dunkel, aus der Finsternis herausstrahlt. Alles geschieht, als es dunkel und Abend ist. Aber ihr Herz brennt. Und sie, die dabei waren, sich ins Unabänderliche zu fügen, stehen auf, sie auferstehen, sie geben jetzt weiter – nicht alte Geschichten, sondern die neue Geschichte des lebendigen Christus, der allein verbürgt, daß er bleibt.
Der Herr ist auferstanden, er ist wahrhaftig auferstanden. Amen.

Kontexte

Schwarzer Afrikaner: »So ist es eben: Gewalt brütet Gewalt aus. Am Ende steht die Gruppe von sogenannten Befreiern, die allein der Gewalt trauen, um die Leute ›in ihrer Freiheit‹ zu halten.«

»Diese Liebe kann ihm wohl das ewige Leben erwerben, sie kann aber auf der Erde nichts verändern.« (W.S. Schlamm nach der Ermordung Martin Luther King's)

»Wenn du die Wahrheit suchst, halte dich an den Weg; denn schon der Weg ist die Wahrheit.« (Augustinus)

»Im Grunde glaubt niemand an seinen eigenen Tod.« (S. Freud)

»Mitten im Tode sind wir im Leben.«

»Man kann leben und sterben, ohne sich ein einziges Mal gefragt zu haben, was Leben ist und was Tod.« (G. Flaubert)

Für einen Familiengottesdienst zu Ostern

Auferstehung – für Kinder und Erwachsene denkbar gemacht

Christoph Schmidt-Ehmcke

I. Die Raupe

Wer kennt nicht die Raupe Nimmersatt, die sich in einem bunten Kinderbuch durch die (Buch-)Blätter frißt! Peter Janssens hat ihr ein kleines Lied gewidmet:

Seid behutsam, Leute
Schmetterlingslied

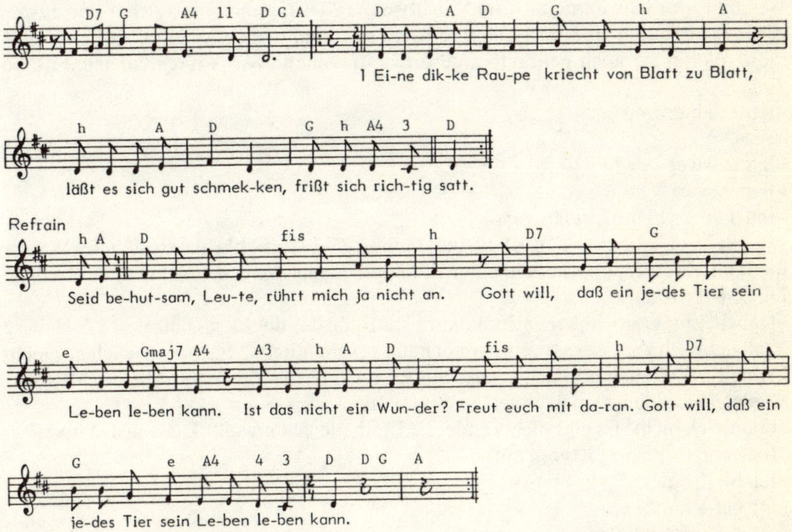

Text: Rolf Krenzer
Musik: Peter Janssens
Aus: Schenk dir einen Sonnenstrahl, 1985

2. Einmal wird die Raupe
satt und müde sein,
spinnt sich ein im Häuschen
und schläft darin ein.

Nun schläft sie. Und etwas Schreckliches geschieht mit ihr: Sie legt sich in eine Puppenhülle, die aussieht wie ein Sarg. Und – löst sich auf! Ihre Raupenorgane verwandeln sich in einen Brei.
Aber darin sind kleinste Keimpunkte, von denen etwas Neues ausgeht. Einige Zeit vergeht, dann öffnet sich die Hülle – und heraus steigt ein wunderschöner Schmetterling!

3. Aus der fetten Raupe
klein und so gering
wird, wenn sie erwacht,
ein bunter Schmetterling.

4. Fliege, kleiner Falter,
du bist wunderschön!
Alle stehn und staunen,
wenn sie dich jetzt sehn.

5. Ich breit beide Arme
weit, so weit jetzt aus.
Seht nur her, ich fliege
in die Welt hinaus.

II. Gespräch im Mutterleib

8 Jahre alt sind wir, oder 12, oder 20, oder 55, oder 72. Machen wir jetzt eine Phantasiereise zurück in die Jahre vor uns! Wir werden jünger und jünger, kleiner und kleiner, noch kleiner ... jetzt sind wir wieder ein Baby.
Und werden noch kleiner ... und finden uns im Mutterleib! Mit uns eine Zwillingsschwester oder ein Zwillingsbruder. Die brauchen wir, damit wir uns unterhalten können ...
Wohlig warm schwimmen wir im Fruchtwasser, das Essen kommt sicher und zuverlässig zu uns durch die Nabelschnur, und wir sind ganz nah mit unserer Mutter zusammen. Wohin sie auch geht, sie muß uns mitnehmen. Was wollen wir mehr? Und doch:
»Ich will hier raus!«
»Was?«
»Ich will weg von hier!«
»Bist zu verrückt?«
»Ich halte es hier nicht länger aus!«
»Weißt du eigentlich, was das bedeutet? Unsere Wasserhöhle platzt auf, alles Wasser fließt ab, du stürzt kopfüber in einen dunklen, engen Gang, die Nabelschnur reißt ... Du bist verloren!«
»Ich will immer noch! Vielleicht kommt am Ende des dunklen Ganges etwas Neues? Vielleicht sehe ich etwas, was ich noch nie gesehen habe? Farben, die ich gar nicht kenne ... Vielleicht höre ich etwas, was ich noch nie gehört habe ... Töne, Musik ... Vielleicht werde ich mich anders bewegen und anders essen ...?«
»Glaub ich nicht! Es gibt nichts anderes. Bleib hier, hier weißt Du, was Du hast!«
»Ich gehe trotzdem! Komm mit!«
»Ich bleibe hier!«
»Ich gehe raus!«
(Nach Kurt Tucholsky)

Geh mit uns, Herr.

Lukas 24, Vers 13 ff.

Weise: Friedemann Gottschick

Text: Anna Martina Gottschick
Aus: Lieder der Zuversicht, Heft 1, Fidula-Verlag
Holzmann GmbH, Boppard/Rhein und Salzburg

Quasimodogeniti

Predigttext: Johannes 20, 19–29
Sigrid Lunde

Theologisch-homiletische Skizze

Zwei Probleme vor allem habe ich mit dem oft gepredigten Text.

1. Wie ordne ich die beiden Erscheinungen des Auferstandenen einander zu: die erste (Verse 19–23), mit der der Sohn die Jünger sendet, wie er vom Vater gesandt ist, und die zweite (Verse 24–29), die auch den »zweifelnden« Thomas überzeugt, der selbst sehen, erfahren will, was die Jüngergruppe als Gesehenes überliefert.

Die Predigt ist in Gefahr, mit dem Doppeltext überladen zu werden. Ich möchte darum die Thomasgeschichte konsequent aus der vorausgegangenen Erscheinungsgeschichte entwickeln, was R. Schnackenburg (Joh III, 1975, S. 390, gegen R. Bultmann) auch für den Verfasser des Johannes-Evangeliums einleuchtend nachweist. Außerdem möchte ich vor allem den Glaubensweg der Jünger aus der Angst (hinter verschlossenen Türen) hin zum Frieden (durch den Anblick des Erhöhten, den die Wundmale nicht schänden, sondern auszeichnen) aufzeigen und ihren »Zeugenstand« thematisieren. »Das Vergeben und Behalten der Sünden« (Vers 23) bleibt dabei in dieser Predigt unangesprochen.

2. Das größere Problem habe ich mit Vers 29 und seiner gängigen Auslegung, für die hier der »Auferstehungsglaube der Jünger aus 2. Hand eröffnet« wird. Auch die, die den Auferstandenen nicht mehr sehen, werden doch »selig« sein in einem Glauben, der dieses Sehen überliefert. Ich möchte jede »Entsinnlichung« des Glaubens vermeiden, die immer auch ein Verlust von Sinn ist. Mit E. Drewermann (»Ich steige hinab in die Barke der Sonne«, 1989^2, u.a. S. 278) neige ich dazu, das Sehen der ersten Jünger, das den Auferstandenen trotz verschlossenen Türen wahrnimmt, nicht in dieser Weise vom Sehen der späteren Zeugen abzuheben. Immer ging es doch wohl und geht es um ein »Sehen der Seele, die in Bildern schaut und in Gleichnissen versteht«.

Ich möchte darum versuchen, die Wahrheit der beiden bildkräftigen Text-Szenen tiefenpsychologisch und theologisch möglichst einfühlsam herauszuarbeiten. Sie sollen am Sonntag nach der Osterverkündigung »Christ ist erstanden von der Marter alle ...!« in ihrer Gültigkeit für die Deutung unseres keineswegs unangefochtenen Auferstehungsglaubens und für die Klärung des eigenen Zeugenstandes fruchtbar gemacht werden.

Vorschläge zur Liturgie

Begrüßung

2000 Jahre Christentum, 2000 Jahre Osterglaube / Aber auch 2000 Jahre immer wieder Fragen, / die an diesen Glauben gestellt werden. / Was hat es auf sich mit diesem Jesus aus Nazareth, / den sie ans Kreuz schlugen / und von dem wir sagen: Er ist auferstanden? / Was hat es auf sich mit diesem Jesus Christus und seinen Zeugen?

Eingangspsalm
Im Wechsel mit der Gemeinde aus Klagelieder 3 – Beiheft '84 zum Evangelischen Kirchengsangbuch, Nr. 784.

Klage- und Bittruf
Die Gott suchen, müssen fürchten, ihn zu versuchen, / ihn zu binden an Bild und Gebärde. / Gott begreifen können wir nur, wie ihn die Erde begreift: durch Wachsen und Reifen. / Herr, erbarme dich unser ...

Gnadenwort
Es gibt viele Weisen, / an Gott und die Auferstehung zu glauben. Nicht die Weise ist wichtig. / sondern die Augenblicke der Gewißheit sind es. Der Herr ist mein Teil, / spricht meine Seele, / darum will ich auf ihn hoffen.

Gebet
Gib uns Stille / Sammle unsere Gedanken / Konzentriere uns auf dein Wort / richte uns aus auf dein Reich / Amen. (W.J. Hollenweger »Geist und Materie«, 1988 – S. 29)

Nach der Predigt
»O Christe, Domine Jesu ...« (Taizé)

Zum Fürbittengebet
Gott, zu dem wir sprechen können wie zu Vater und Mutter. / Laß uns werden, was wir unter der Führung deines Geistes werden können: / Menschen, bei denen das Vertrauen aller Dinge Anfang ist. / Menschen, auf denen der Widerschein Christi liegt. / Öffne die Türen unserer verschlossenen Häuser, Konfessionen, Kirchen und Völker, daß wir wahrhaft leben. / Öffne die Türen zum Frieden, daß die Erde bewohnbar bleibt. / Öffne die Türen zur Freude, daß es schön wird für uns und für dich.
Stille
Vater unser ...

Segen
Herr, wir wollen Zeugen deiner Auferstehung sein – Segne uns. / Du schickst uns in die Welt – behüte uns. / Du gibst uns Aufgaben – laß dein Angesicht über uns leuchten. / Wir versagen oft – sei uns gnädig. / Wir fühlen uns immer wieder allein – erhebe dein Angesicht auf uns / und gib uns und der Welt Frieden.

Lieder
82,1–5; 106,1–3; 735,1–5

Vorschläge zur Predigt

Möglicher Anfang

Meinungsforscher haben herausgefunden, so hörte ich vor einiger Zeit, daß wir Menschen auf Neues – vor allem, wenn dieses Neue uns verunsichert – überraschend ähnlich reagieren. Und zwar reagieren wir – und oft zum Schaden in Politik, Forschung, Familie und zum Schaden für uns selbst – wir reagieren so, daß wir zunächst die Nachrichten, Botschaften leugnen. Wir vermeiden die Auseinandersetzung mit ihnen, indem wir einfach die Boten verdächtigen. Wir ziehen ihre Glaubwürdigkeit in Zweifel, und mit den Boten drängen wir die Botschaft aus unserem Gesichtskreis. Dann kommt die zweite Phase, und in dieser zeiten Phase lassen wir die Nachricht zögernd an uns heran: »Es könnte vielleicht doch etwas dran sein ...« Erst in einer dritten Phase beginnen wir, im Sinne der Mitteilung Veränderungen in unserem Leben zuzulassen, beginnen wir an der Botschaft zu wachsen.

Geht es uns mit der Osterbotschaft nicht sehr ähnlich? Es ist jetzt eine Woche her, daß wir es wieder gehört und gesungen haben: »Der Herr ist auferstanden« und »Christ ist erstanden von der Marter alle ...«. In welcher Phase befinden wir uns heute mit dieser Osterbotschaft?

Zum weiteren Verlauf:

1. Unser Predigttext aus dem Johannes-Evangelium zeigt uns die Jünger zunächst noch in der ersten Phase. Sie wollen nichts hören und sehen. Die Welt ist ihnen mit dem schwarzen Karfreitag unerträglich geworden. Sie sind dem Anblick von Blut und Henkersknechten davongelaufen. An der Seite Jesu hatten sie auf mehr Leben gesetzt, nicht darauf, daß ihnen das Leben in undurchsichtigem religiösen und politischen Machtkampf aus dem Leibe gegeißelt würde. Und so haben sie ihr Leben hinter »verschlossenen Türen« in Sicherheit zu bringen versucht. Die Botschaft vom leeren Grab ist durch diese verschlossenen Türen gedrungen – aber dem Gerede der Frauen haben sie keine Bedeutung beigelegt.

So sitzen die Jünger beisammen, verbunden durch ein Stück nachhaltiger gemeinsamer Geschichte und vor allem jetzt verbunden durch die Angst vor Verfolgung. »Angst vor den Juden« hätten sie gehabt, sagt unser Text. Hier hat das Johannes-Evangelium – so wissen wir heute – die Angst der eigenen Zeit eingetragen. Gegen Ende des 1. Jahrhunderts n. Chr. hatten sich Kirche und Synagoge getrennt – »die Juden« waren für die Christen Feinde geworden. Und doch war auch damals unbestreitbar wahr, daß Jesus, daß seine Jünger, daß unzählig viele Christen Juden waren und kein Volk ohne Henker und Folterknechte ist. Ja, nicht nur jedes Volk hat Verbrecher unter sich, in jedem Menschen lauert Verbrecherisches. Und dieses Böse in uns teilt nicht nur die Schläge gegen andere aus, es schlägt uns selbst. Jeder, der andere verletzt, verletzt auch das eigene Leben. Die Jünger, die sich vor ihren Feinden verriegeln, legen auch den Riegel vor den

Fluß ihres eigenen Lebens. Hinter ihren verschlossenen Türen verelenden sie in der Rolle der Verfolgten. Nichts geschieht mehr, nichts entwickelt sich. Sie hocken da, als wären sie schon tot.
Und dann geschieht etwas, das sehr schwer mitteilbar ist. Er, der schon einmal sie in neues Leben holte, Er ist plötzlich wieder da. Er, der Totgeglaubte, tritt wieder in ihr Leben ein. Luise Rinser läßt in ihrem Buch »Mirjam« (1983) einmal die Jünger laut nachdenken darüber, was eigentlich geschah. Und da heißt es: »Wir haben ihn erlebt. Auf jeden Fall: er lebt. Ob gesehen oder gehört, das ist eine Frage für sich. Haben wir ihn in uns gesehen oder außerhalb unser? Haben wir sein Bild in uns nach außen verlegt, sozusagen? Oder war er tatsächlich eine Wirklichkeit außer uns? Haben wir ihn als ein Außer-uns sehen können, weil er ein In-uns war?«
So eigentümlich die Ostererscheinungen und -erfahrungen der Jünger anmuten, ich denke, viele von uns haben irgendwann und irgendwo schon Vergleichbares erlebt. Ohne solche Erfahrungen hätten die meisten von uns das Leben nicht so lange durchhalten können. Wir sollten ein wenig zu klären versuchen, was hier geschah und geschieht.

Bildkräftig heißt es in unserem Predigttext: »Er zeigte ihnen seine Hände und seine Seite.« Die Wunden, die Einschlagstellen der Henker, die tödlichen Verletzungen, die die Jünger nicht sehen konnten, denen sie davonliefen – der Herr zeigt sie ihnen nun. Und jetzt laufen sie nicht mehr davon, jetzt lassen sie das ganze Elend an sich heran – jetzt, wo es ausgestanden und überstanden ist. Sie können zögernd das Wort »Friede sei mit euch« hören, das der Auferstandene ihnen sagt, wiederholt sagt. Sie spüren, wie darüber wieder Leben in sie hineinkommt, göttlicher Atem, mit dem das Leben schon immer in uns Menschen begann und neu beginnt.
Die Jünger sehen Ihn, ihren Herrn, wieder heil – in seinen und trotz seinen tödlichen Wunden. Das Leben aus Gott ist stärker als alles, was Menschen einander und was 1000 Tode uns antun können. Das Wunder der Auferstehung ist das Geschenk einer neuen Sehweise, ist der befreiende Anblick von überwachsenen, verklärten Wunden. (E. Drewermann) Die Jünger, heißt es in unserem Predigttext, wurden wieder froh.
»Nehmt hin den Heiligen Geist«, hören sie dann. Wie Gott durch den Sohn aus Nazareth sprach, so will der Sohn nun durch die Gestalt der Jünger sprechen. Wie der Vater den Sohn, so sendet der Sohn nun die Söhne, die Geschwister. Es gibt eine Unzahl von verschlossenen Türen – hinter denen Menschen in Angst und Schuld verkümmern – durch die österlicher Friede eindringen soll! Und alle Engpässe, Entmutigungen, Kämpfe auf diesem Weg, das zeigt der Auferstandene den Jüngern, sind weit davon entfernt, das Leben zu zerstören. Selbst die unerträglichsten Schläge und Wunden formen sich noch um zu bleibendem Leben. Und die Angst, die sich weigert, diesen Weg zu gehen – sie will die österliche Zeit zu einem Hebel wandeln, der das ganze Elend unserer Schwerfälligkeit aufzuheben vermag.

2. Thomas – so heißt es nun noch in einem zweiten Abschnitt unseres Predigttextes – Thomas war nicht bei den Jüngern, als der Auferstandene kam. An diesem schwermütigen, schwerfälligen Thomas (vgl. 11,16 u. 14,5), an dieser Geschichte unseres »Zwillings«, so denke ich, könnte die Predigt noch einmal wiederholen, was in der Jüngergeschichte vielleicht zu schnell ging. Sie könnte noch einmal den Weg von der zweiten zur dritten Phase nachzeichnen und vor allem auch die dritte Phase genauer bedenken. Die zweite Phase erreichen die sonntäglichen Gottesdienstbesucher in der Regel. Sie gehören zur Gemeinde, die Gottes Wort an sich heranläßt, wie Thomas zu den Zwölfen gehörte.

Und doch kann bei aller Nähe immer auch die Thomas-Ferne eintreten. »Wenn ich nicht selbst sehe ... es sei denn, daß ich es selbst erfahre ... so kann ich nicht glauben.« Wir machen uns etwas vor, wenn wir nicht zugeben, daß viele unter uns solche Zeiten der Vorbehalte kennen. Es sind Zeiten, in denen wir spüren, wie wenig vom Glauben wir oft einander nur weitergeben können. Wir reden viel vom Glauben für andere und sind ja auch zu Glaubenszeugen berufen – aber wir erleben immer wieder, daß wir füreinander doch nur das tun können, was die Elf für Thomas dann taten. Und vielleicht war und ist das schon viel. Vielleicht ist es schon viel, wenn wir den Thomas unter uns reden lassen, ihn nicht als lästig empfinden, nicht als einen, der unser mühsam gewonnenes Glaubenshoch stört. Nur mit dem Thomas in unserer Mitte bleibt das Suchen und Finden, bleibt Bewegung und Leben in der Gemeinde, in der Kirche. Der Glaube ohne den Thomas wird flach, oberflächlich, wird aus seinem Lebensfluß immer neuer Möglichkeiten und Erscheinungsformen abgedrängt an brache Uferstellen, wo nichts mehr geschieht.

Und dann ist der Auferstandene auch bei diesem Thomas. »Reiche deinen Finger her und sieh meine Hände ...« Und auch Thomas sieht, daß es das gibt: Leben jenseits des für tot Gehaltenen. Er darf sehen, daß die Spuren, die die bestialische Hinrichtung »leibhaftig« hinterließ, den »Erhöhten« nicht schänden, sondern auszeichnen. Und Thomas hört: »Sei kein Ungläubiger, sondern ein Glaubender.« (Vers 27) Thomas hört sich bei seinem Namen gerufen.

Von Jacques Lusseyran gibt es ein immer wieder vergriffenes Buch »Das wiedergefundene Licht« (dtv Klett-Cotta 1989). Darin beschreibt er das Sehen eines Blinden, beschreibt er sein eigenes Schicksal als Blinder, das doch voller Sehen war. Jacques Lusseyran schreibt: »Ich, der ich als Blinder allen Dingen entgegengehen zu müssen glaubte, entdeckte, daß die Dinge es waren, die mir entgegengingen. Ich brauchte immer nur den halben Weg zurückzulegen.«

Der Ausruf des Thomas: »Mein Herr und mein Gott« steht – so sehe ich es – an der Stelle, wo zwei, die einander entgegengingen, sich gefunden haben. Es gibt immer wieder diesen mir entgegenkommenden Gott, diesen gleichsam ganz privaten Gott. Es gibt diesen Gott, zu dem ich beten, den ich rufen, vor dem ich zweifeln und weinen kann – den ich anreden kann »mein Gott«, wie es so viele Psalmen in der Bibel tun. Und wer diese Zone des Respektes vor dem Glauben des einzelnen und der Unvertauschbarkeit seines Gottesverhältnisses zugunsten von »Gemeinde«, »Gemeinsamkeit« zu schnell überspringt, nimmt dem biblischen Glauben viel von seiner Kraft, wenn nicht überhaupt alle Kraft. Allerdings gilt auch das Umgekehrte: Wer nur »seinen« Gott sucht und festhalten will, nimmt ebenfalls dem biblischen Glauben seine Kraft. Hände, die »meinen Gott« umklammern, klammern die Fülle der Gotteserfahrungen aus. Thomas scheint das verstanden zu haben. Wir hören nichts davon, daß seine Hände nach dem Auferstandenen greifen. Er würde schlechter Zeuge seines Herrn sein, wenn seine Hände sich auf diese einzige Erscheinung festlegten. Den Herrn als Auferstandenen begreifen, heißt, den sehen, der alle Tage bei uns sein will, der durch seinen Geist *uns* Tag für Tag in neue und in alle Wahrheit leitet. (Joh 14,26)

Möglicher Schluß

Auf diesem Geist liegt nun auch für Thomas alle Verheißung, auf diesem Widerschein Christi in seinen Jüngern. Und die Menschen hinter den unzähligen verschlossenen Türen werden diesen Widerschein sehen, wo sie die Zeugen einlassen. Aber den Zeugen selbst – die mit ihm die dritte Phase gegenüber der Osterbotschaft voll erreicht haben – ist er verborgen.
So viele Menschen auf der Erde strahlen Gott aus, seinen Frieden, ohne es zu wissen – ja vielleicht ohne daß sie wagen, daran zu glauben. Es gibt keinen Spiegel, in dem wir unsere Ausstrahlung sehen könnten. Spricht das gegen uns und den Widerschein Christi? Der Auferstandene wertet es anders: »Selig sind«, sagt er, »die nicht sehen und doch glauben.« Es gibt die Seligkeit der Zeugen, die sich und was sie von sich wahrnehmen irgendwann loslassen können – die vertrauen, grenzenlos vertrauen lernen. Der Auferstandene lädt seinen Zeugen Thomas, lädt uns alle zu solchem seligen Vertrauen ein. Und es gibt ja keine verschlossenen Türen, auch zum Wunderbarsten nicht, durch die Gott uns nicht weit entgegenkommt, wirklich keine ... Amen.

Kontexte

1. Aus einer Schweizer Schülerzeitung, abgedruckt in »Leben und Glauben« (Bern 16.12.83 – zum Stichwort »verschlossene Türen«): Wir sind die Generation ohne Moral, weil wir ehrlich sind. / Wir sind die Generation ohne Ideale, weil wir nicht mehr glauben können. / Wir sind die Generation ohne Herz, weil man es uns genommen hat. / Wir haben keine Zukunft, wie Eintagsfliegen keine Zukunft haben. / ... / Warum kommt niemand und erlöst uns aus dem Wahn, vergeblich zu sein? Warum kommt niemand und erkennt mit uns, daß zu viele Kriege gewesen sind? / ... / Wir wollen das doch gar nicht, das Verlorensein an die Leere, / das Angstlachen und das Unaussprechliche.

2. Henri J.M. Nouven »Von der geistlichen Kraft der Erneuerung«, 1984 – S. 17f.: »Es ist keine Übertreibung, wenn wir sagen, daß das Leiden, dem wir am häufigsten in unserem Dienst begegnen, ein Leiden an Erinnerungen ist. Es sind die Wunden der Erinnerungen, die nach Heilung verlangen. Gefühle der Entfremdung, Einsamkeit, Trennung, Gefühle der Unruhe, Angst, des Mißtrauens ... / Wenn wir uns weigern, unsere schmerzlichen Erinnerungen ins Auge zu fassen, verpassen wir die Chance, unsere Herzen zu ändern und in der Reue reifer zu werden. / Wenn Jesus sagt: Die Gesunden bedürfen des Arztes nicht, aber die Kranken (Mk 2,17), so bestätigt er, daß nur die für eine Heilung zugänglich werden, die ihren wunden Zustand zu sehen wagen und daß sich nur so eine neue Lebensweise für sie eröffnet. / ... Wenn wir uns einander in Liebe erinnern, dann erwecken wir den Geist des anderen und treten so in eine neue Nähe zueinander, in eine neue geistige Vereinigung miteinander ein.«

3. Eugen Drewermann »Ich steige hinab in die Barke der Sonne« – Meditationen zu Tod und Auferstehung, Walter-Verlag 1989[2] – S. 277f.:
»... es gibt gerade keine Reduktion auf ein ›Offenbarungswort‹, es geht entscheidend um das Gegenüber einer Person, die imstande ist, den Selbsteinschluß der Angst der menschlichen Existenz im Feld der Gottesferne wieder auf Gott hin zu öffnen. Und dann wiederum gibt es keinen Zugang zu der Person eines Anderen ohne die vermittelnden Schemata des Wünschens, Sehens, Hoffens, Vorstellens und Träumens. Es geht weder tiefenpsychologisch noch dogmatisch an, die großen Bilder der Religionsgeschichte der Menschheit als rein zeitgeschichtlich bedingte Interpretamente zu entwerten, es kommt vielmehr umgekehrt alles darauf an, die Wahrheit dieser Bilder tiefenpsychologisch und theologisch einfühlbar und in ihrer Gültigkeit zur Deutung menschlicher Existenz evident zu machen.«

Was man noch hätte sagen können

Von einem Gedanken E. Drewermanns (a.a.O.) fasziniert, hatte ich zunächst den folgenden Predigtschluß für meine Predigt erwogen: ... Was aber, wenn da Menschen sind, die nie gesehen haben, daß Leid sich verwandelt, Wunden sich verklären, daß es Leben gibt jenseits des für tot Gehaltenen. Wenn da Menschen unter uns sind, deren Leben aus nichts als einer endlosen Kette von Unglück und Verlust zu bestehen scheint ... Da steht dann noch das erschütternde Wort des Auferstandenen an Thomas: »Selig sind, die nicht sehen und doch glauben.« Es soll also möglich sein, daß wir selbst nie das Überwachsen von Schmerzen, von tödlichen Verletzungen sehen und doch zum Frieden kommen können. Es soll möglich sein, dann anderen Zeugen zu glauben, daß sie es so erfahren haben. Es soll möglich sein, diesen Zeugen zu vertrauen, die es vermochten – aus welchem Grunde auch immer – mehr zu sehen als wir. Eine lange Jünger- und Thomasgeschichte redet vom Sehen des »Erhöhten« – mit dem letzten Satz aber bleibt auch noch diese andere Möglichkeit offen. Es gibt keine verschlossenen Türen, durch die die österliche Botschaft nicht zu uns dringen will, wirklich keine.

Misericordias Domini

Predigttext: Johannes 10, 11–16(27–30)

Hans Werner Dannowski

Theologisch-homiletische Skizze

Der Predigttext hat eine doppelte Ausrichtung: eine eindeutige christologische Zuspitzung in dem »Ich-bin«-Wort und eine Abgrenzung gegenüber dem Mietling, der die Herde verläßt. Ich bin der gute Hirte, sagt Christus. Und die Abgrenzung macht deutlich, daß dies exklusiv zu verstehen ist und diese Selbstidenfitikation Jesu nicht eine Veränderung, sondern nur eine Bestätigung der anderen »Ich-bin-Worte« ist. »Ich bin das Licht der Welt« (8,12). »Ich bin das Brot des Lebens« (6,35). »Ich bin der Weg und die Wahrheit und das Leben« (14,6).

Zugleich aber wird erkennbar, daß die christologische Exklusivität das Gegenteil von einer Beziehungsstörung ist. Die Bedeutung der Person Jesu ist nur in Relation zu sehen: in der Beziehung zum Vater und in der Beziehung zu der Gemeinde. Im Begriff des Kennens wird dies zusammengefaßt. Diese Zusammengehörigkeit wirkt über Grenzen hinweg: Auch Schafe in anderen Ställen hören und kennen die Stimme. Von diesem christologischen Bezugspunkt ergibt sich die eschatologische Ausrichtung der Gemeinde.

Eine Predigt ist für mich kein Nachsprechen, sondern eine Annäherung an einen Bibeltext. Von daher ist mein Ziel nicht eine Verstärkung der christologischen Prädikation (mit welchem Recht könnte der Prediger das für sich in Anspruch nehmen?). Versucht wird vielmehr ein Einsteigen in den Beziehungszusammenhang: Menschliche Existenz ist auf Vertrauen angelegt und angewiesen. Werden wir die Stimme des guten Hirten erkennen, uns darauf (wieder)einlassen können?

Vorschläge zur Liturgie

Kollekte

Wir nennen dich unseren Hirten,
Herr, unser Gott,
wir vertrauen auf dein gutes Wort.
Manchmal sind wir auf der grünen Aue
und manchmal am Ende unserer Kraft.
Höre uns jetzt in dieser Stunde, Herr,
und laß uns deine Güte erfahren,
durch Jesus Christus, unseren Herrn. Amen.

Fürbittengebet

Herr, unser Gott, wir danken dir
für dein Wort, für deine Stimme, die uns ruft.
Gib uns Ohren, die hören,
und Herzen, die begreifen.
Wir rufen dich an: Herr, erbarme dich.

Wir denken an unsere Kirche.
Laß uns aufeinander hören in deinem Geist.
Laß das Vertrauen das Mißtrauen untereinander besiegen.
Gib Liebe und kämpferischen Geist
und Mut zur Einheit.
Wir rufen dich an: Herr, erbarme dich.

Wir denken vor dir an die Regierungen und Parlamente.
Laß sie Wege zur Wachheit finden
und zur Wohlfahrt für die Menschen.
Bewahre die Erde vor Zerstörung,
uns alle vor unserer Selbstvernichtung,
gib uns den Mut, das die Not Wendende auch zu tun.
Wir rufen dich an: Herr, erbarme dich.

Herr, wir denken vor dir an die Leidenden
in unserem Dorf, in unserer Stadt, in unserer Welt.
Wir denken an die Opfer der Naturkatastrophen,
an die Opfer des Verkehrs, an die Drogenopfer
und an die Opfer der Kriege.
Wir haben die vor Augen, denen andere das Leben zur Hölle machen.
Wir rufen dich an: Herr, erbarme dich.

Du, der du uns nahe bist und uns begleitest:
um Kraft bitten wir dich und um Vertrauen in allem,
was uns widerfährt.
Lenke du die Wege unseres Lebens zu einem guten Ende,
durch Jesus Christus, unseren Herrn. Amen.

Vorschläge zur Predigt

Möglicher Predigtanfang

Vor einigen Tagen, da habe ich sie wieder einmal gesehen: die Schafherde mit dem Hirten und den Hunden auf der Leineaue. Immer wieder überraschend ist das: so mitten in der Stadt eine Herde mit Schafen und der Hirte. Keiner eigentlich geht vorbei, sie stehen alle und schauen. Auch ich habe mich hingestellt und habe auf die spielenden Lämmer geschaut und auf die Hunde, die die Nachzügler heranholen. Manche Spaziergänger verwickeln den Hirten in ein Gespräch, fragen wahrscheinlich nach der Eigenart der Schafe und ob er sie alle kennt. Ob sie alle einen Namen haben. Ich habe mich bisher immer gescheut, mit dem Hirten zu reden. Ich denke immer, ich habe kein Recht, so einfach in das Verhältnis des Hirten zu seiner Herde einzubrechen. Ich möchte doch auch nicht von wildfremden Menschen gefragt werden, wie ich mit meinem Sohn auskomme und ob der pflegeleicht ist oder nicht. Vielleicht ist das ja auch etwas anderes. Jedenfalls habe ich mich bisher immer aufs Schauen beschränkt. Und ich denke, das Geheimnis dieser Beziehungen zwischen Hirt und Herde und Herde und Hirt, das muß man erschauen und erahnen. Das kann man nicht erfragen.

Zum weiteren Verlauf
So ähnlich würde ich beginnen, um das Gleichnismaterial mit eigener Anschauung und Erfahrung zu verbinden und zu hinterfragen. Ich würde dann das »Kennen« thematisieren. Es ist im Johannestext ja fast eine Trinitätslehre des Kennens und Erkennens, eine trinitarische Erkenntnislehre zwischen Vater, Sohn und Gemeinde. Das Kennen ist eine intime Sache. Im griechischen ginoskein schwingt das hebräische jada, das liebende Erkennen mit. »Du kennst ihn doch, rede doch einmal mit ihm«: Aus dem Kennen wird die Zugangsmöglichkeit gefolgert. Das Vertrauensverhältnis kann man von außen beobachten, man kann seine Schlüsse daraus ziehen. Aber man kann nicht einfach in es von außen einsteigen, man kann es sich nicht erfragen. Es sei denn, man gibt sich selbst drauf und dran. Und das ist dann der Glaube.
Es ist schwer, diese Zusammenhänge zu begreifen und zu akzeptieren. Gerade heute morgen ruft mich eine Zeitung an, um meinen Kommentar zu hören zu dem schrecklichen Vorfall, daß ein Vater seine kleine siebenmonatige Tochter im Zuge der Auseinandersetzungen mit seiner Frau mit Benzin angezündet und verbrannt hat. Wie kann Gott so etwas zulassen, ist die Frage des Journalisten. Aus meinem von ihm vermuteten Vertrauensverhältnis mit Gott soll ich ihm Antwort darauf geben. Es ist nicht leicht, mit solchem Ansinnen umzugehen. Es ist so schwer einsehbar, daß es eine objektive und immer gültige Antwort auf die Frage nach dem Wirken Gottes nicht gibt. Ich kann doch nur zurückfragen, ob er die Solidarität hat, mit der Mutter des Kindes zusammen diese Frage zu stellen (und darin auch ihren Umgang mit ihrem Mann einschließen). Oder, wenn er die Frage selbst hat, wie die Fragmente seiner Antwort aussehen würden. Hier kann nur ein Bettler dem anderen sagen, wo es das Brot zu essen gibt.
Ich müßte dann als nächstes die Infragestellung der Selbstverständlichkeit des Glaubens thematisieren. Die Gleichnisrede von Hirte und Schafen birgt ja die Gefahr eines vorrationalen, eines unmündigen Glaubensverständnisses. Wie im menschlichen Entwicklungsprozeß die Selbstverständlichkeit des Vertrauensumgangs zwischen Kindern und Eltern pubertär in die Krise kommt, so auch hier. Ich muß begreifen: Das Kennen, das Sichanvertrauen, das Sichverlassen, das erfahre ich nicht nur als Kind (als Schaf) von dem Eltern-Über-Ich Gottes (dem Hirten) und von Jesus Christus her. Das Kennen, das ist ein Handeln auf Gegenseitigkeit, oder es wird in den Strudeln des Zweifelns versinken. Das Sichverlassen, das ist auch ein aktives Handeln. Das kann nicht heißen, die Hände in den Schoß zu legen. Das wird heißen: Vertrauen einsetzen, um Vertrauen kämpfen. Das kann heißen: Gott und Christus zu sagen: Es verletzt mich, wenn Du mich ver-

gißt. Das kann heißen zu sagen: Es macht mich krank, wenn Du mich zu eng bindest. Um Vertrauen, um Verläßlichkeit kann man kämpfen, muß es einsetzen und einfordern, wie im zwischenmenschlichen Bereich, so auch im Bereich des Glaubens. Ja, das, worauf ich stehe, das kann aus Niederlagen kommen. Auch das wird es immer wieder geben: daß die Hoffnungen des Lebens versickern, daß man nicht weiß, wie es eigentlich weitergehen soll. Wie ein Wunder dann die Kraft, auch in den Niederlagen zu kämpfen, auf einmal wieder festen Boden unter den Füßen zu haben, zu wissen, worauf man trotz allem steht. Worauf willst du dich verlassen? Auf das kleine Leben, das du dir selber schaffst? Oder auf das große Leben, das alle Menschen umschließt, das eine Welt der Gerechtigkeit und Güte, der Versöhnung und des Friedens schafft? Lassen wir uns doch unser Leben auch hier in seinem innersten Kern nicht privatisieren! Gründen wir unser Leben in einer Verheißung, die der ganzen Welt gilt und darin dann auch mir und Dir und Ihnen!
Ich denke, daß sich diese Herausforderung an mein Vertrauenspotential auch auf den berühmten Satz bezieht, daß die Schafe auch aus den anderen Ställen Jesu Stimme hören werden, »und es wird *eine* Herde und *ein* Hirte werden«. Wie eine Beschwörungsformel wird dieser Satz oft in der ökumenischen Diskussion gebraucht, als überfiele uns die Einheit der Christen über Nacht und wie im Schlaf. Das mag am Ende wohl so sein. Aber was man bei uns auf allen Seiten zu Recht vermißt, ist die Ausrichtung auf diese Verheißung. Ist die Leidenschaft für die Einheit der Christen, die Vertrauen nicht nur empfängt, sondern auch gibt. Die Gewißheit einer Lebens- und Einheitsbejahung kann als eine Wirklichkeit in Christus so groß werden, daß sie weder durch protestantisch-regionale Kleinkrämerei noch durch päpstlichen Medienpopulismus zu erschüttern ist.

Möglicher Schluß

Das Wichtigste habe ich mir für den Schluß aufgehoben. Jedes Vertrauen braucht eine vertrauenswürdige Basis, braucht ein Gegenüber. Was könnte mir größeres Vertrauen geben, als wenn der, auf den ich mich verlasse, sein Leben für mich einzusetzen bereit ist? Und es getan hat! »Der gute Hirte läßt sein Leben für die Schafe.« Schauen wir am Ende noch einmal auf den Mann von Nazareth. Er hat nicht das moralische Gesetz wie eine Peitsche über die Menschen geschwungen. Er hat nicht die Schwachheit der anderen ausgenutzt. Er war stark genug, die Schwachheit der Menschen zu akzeptieren. Er hat die Sünder zu sich gerufen, obwohl die sogenannten Starken ihre Zungen wetzten. Er hat die Verleugner und Verräter an seinem Tisch versammelt und hat sie in die Welt gesandt. Ja, er ist für sie gestorben. Hören wir doch auf die Stimme dieses guten Hirten! Sie macht Mut allen, die sich für Versager halten. Sie nimmt die Angst denen, die mit dem Leben nicht zurechtkommen. Sie macht aufmerksam auf die leisen Fragen auch derer, die nur noch wenig Hoffnung haben. Sie ist geduldig, freundlich, auch zornig gelegentlich, aber nicht vernichtend. Es ist die Stimme des guten Hirten, die mein Vertrauen sucht. »Und ich lasse mein Leben für die Schafe.« Und es packt mich die ganze Unbegreiflichkeit des Glaubens: Wo gibt es einen Gott, der unter solchem Einsatz um die Menschen ringt! ?!

Kontext

Die rabbinische Anekdote: In Tomaschew ist Überschwemmung. Als das Wasser das Haus des Rabbiners erreicht, kommt der Gemeindevorstand zum Rabbi: »Rav, ihr müßt hier weg, das Wasser steigt.« Der Rabbiner lehnt ab. »Gott wird helfen.« Als das Wasser kurz darauf durch die Fenster ins Haus stürzt, kommen ein paar Schüler des Rabbi in einem Boot angefahren. »Rav, ihr müßt hier weg, das Wasser steigt.« Der Rabbiner lehnt wieder ab. Das Wasser hat schließlich das Haus überflutet, der Rabbi sitzt auf dem Dach und schaut betend zum Himmel. Ein Hubschrauber fliegt heran, eine Strickleiter fällt herunter, der Pilot schreit: »Rav, ihr müßt hier weg, das Wasser steigt und steigt.« Der Rabbiner lehnt ab: »Gott wird helfen.«
Es dauert nicht lange, und der Rabbiner kommt in den Himmel. Er ist wütend und läßt sich sofort zu Gott führen. »Ich habe immer nach deinem Wort gelebt«, schimpft er, »ich war immer dein treuer Diener, und wie hast du es mir gedankt?!« Da schaut Gott ihn mitleidig an und sagt: »Ich habe dir den Gemeindevorstand geschickt, ich habe dir das Boot geschickt, und ich habe dir den Hubschrauber geschickt. Was hätte ich denn noch tun sollen?«

Jubilate

Predigttext: Johannes 15,1–8

Wolfgang Lück

Theologisch-homiletische Skizze

Die Exegese (Band 4) verweist auf die zentrale Rolle, die das »Bleiben bei Jesus« in diesem Text spielt. Tatsächlich kommt dieses Wort im Mittelteil des Textes siebenmal vor. Was hat es damit auf sich? Für Henning Paulsen fallen in diesem Begriff Zusage des Heils und Bewährung in der Welt zusammen. Zum Wortfeld ›menein‹ gehören nach Auskunft des Wörterbuchs deutsche Vokabeln wie weilen, sich aufhalten, wohnen, logieren, verbleiben, verharren, eine Sphäre nicht verlassen. Alle haben einen positiven Klang. Wörter wie wohnen oder weilen zeigen ähnlich wie das Bild vom Weinstock einen lebensvollen Zusammenhang an. Wenn zwischen Ostern und Pfingsten von Bleiben geredet wird, dann geschieht das in der Spannung zwischen schmerzvollem Abschied und Hoffnung auf den kommenden Tröster. Bleiben bedeutet dann einerseits, sich nicht von den heilvollen Erfahrungen abbringen lassen, auch wenn gegenwärtig nicht viel davon zu spüren sein mag. Andererseits bedeutet bleiben, sich nach neuen Hoffnungen ausstrecken. Die Erfahrungen und die Hoffnungen beziehen sich auf Jesus. Er wird in den Abschiedsreden und auch in diesem Text mehrfach qualifiziert: Ihr sucht den lebendigen Weinstock? – Ich bin es. Ihr fragt nach Gebetserhörung? – Bei mir findet ihr sie. Der rechte Weg? – Ich bin's. Wahrheit? Brot des Lebens? Licht der Welt? Der gute Hirte? – Alles bin ich. In der Predigt wird man versuchen müssen, diese Qualifizierung Jesu einerseits und das Bleiben andererseits erlebbar oder nachvollziehbar zu machen. Dabei kann es nicht nur um ein Nachsprechen der alten Vokabeln gehen. Vielmehr wird man sich darüber im klaren sein müssen, daß zu den Erfahrungen der Jesus-Jünger in 2000 Jahren weitere hinzugekommen sind und daß jeder und jede ihre eigenen Erfahrungen buchstabieren muß.

Der Charakter des Sonntags ist bestimmt einerseits durch den Rückblick auf die Auferstehung Jesu, andererseits durch den Ausblick auf die Gabe des ewigen Heils. Im Wochenlied (81) klingt dies an in den Stichworten »Das ewig Heil wird uns zuteil, denn Jesus Christ erstanden ist« und »zum neuen Leben gedrungen ... desgleichen Sieg zu erlangen«. Sieg ist auch das Motto in der Epistellesung: »Unser Glaube ist der Sieg, der die Welt überwunden hat« (1. Joh 5,1–4). In dem Text der dritten Reihe taucht das Motiv der Erhörung auf: »Wenn ihr den Vater etwas bitten werdet ...« (Joh 16,16–20a). Die Verheißung ewiger Herrlichkeit angesichts zeitlicher Trübsal findet sich hier ebenso wie in dem Text der vierten Reihe: 2. Kor 4,16–18. Die alttestamentlichen Texte (1. Mose 1,1–4a; 26–31; 2,1–4a und Ps 66,1–9) sowie die Apostelgeschichte (17,22–28a) thematisieren den lebenschaffenden Gott. Auch diese Bekenntnisse zum heilvollen Handeln Gottes angesichts der Erfahrung von nicht nur frohen, sondern auch von schmerzhaften Erlebnissen wird man danach zu befragen haben, wie sich so etwas heute ausdrücken läßt bzw. wie die Christenheit im Wandel durch die Jahrhunderte diese Bekenntnisse jeweils neu formuliert hat. In der Predigt wird es darauf ankommen, daß durch den Rückblick hindurch neue Hoffnungen formulierbar werden, die in der Form ins Heute passen und doch in der Kontinuität (im Bleiben) an dem Einen stehen.

Vorschläge zur Liturgie
Als *Eingangswort* schlage ich den Wochenpsalm 66,1–9 »Jauchzet Gott, alle Lande« vor. Er nimmt den Namen des Sonntags auf.

Sündenbekenntnis
»Lobet, ihr Völker, unsern Gott, laßt seinen Ruhm weit erschallen, der unsere Seelen am Leben erhält und läßt unsere Füße nicht gleiten«, so sangen sie im Volk Israel, so sangen unsere Vorfahren im Glauben. Viele unter uns meinen, sie könnten so nicht mehr singen. Zu groß ist der Unfrieden unter uns und den Völkern; noch immer nicht schweigen alle Waffen, wird überall abgerüstet. Zu groß ist die Ungerechtigkeit zwischen Nord und Süd, arm und reich, schwarz und weiß. Zu groß ist auch die Zerstörung der Umwelt, der guten Schöpfung Gottes. Klage und Anklage sind in vieler Munde. Herr, laß uns nicht blind sein für das, womit du uns segnest; vergib, wo wir das Loben und Preisen verlernt haben. Vergib auch, wo wir tatenlos zusehen, wenn Zerstörung sich naht. Verantwortung zu tragen lehre uns für das, was du uns anvertraut hast. Halte uns an deiner Hand! Herr, erbarme dich unser!

Das *Gnadenwort* nimmt das Motiv von der Hand wieder auf:
Auch wenn wir noch so kleingläubig und abtrünnig sind, Gott läßt uns nicht von seiner Hand. Wir dürfen mit dem Psalm sagen: Führe ich gen Himmel, so bist du da; bettete ich mich bei den Toten, siehe, so bist du auch da. Nähme ich Flügel der Morgenröte und bliebe am äußersten Meer, so würde auch dort deine Hand mich führen und deine Rechte mich halten. Ehre sei Gott in der Höhe!

Kollektengebet
Glocken haben uns gerufen. Singen und Beten vereint uns vor dir, Herr. Nun bitten wir dich um deinen Geist, daß er unsere Herzen und Gedanken öffne für dein Wort. Sammle uns um deine Worte und Taten, um deinen Sohn Jesus Christus.

Als erste *Lesung* nehme ich 1. Joh 5,1–4, die Epistel des Sonntags. Wo zwei Lesungen üblich sind, kann der Predigttext als Evangelium gelesen werden. Es ist aber vielleicht auch reizvoll, an seiner Stelle den früheren Evangeliumstext für diesen Sonntag zu nehmen: Joh 16,16–20 und 23a (Über ein kleines).

Die *Fürbitten* entnehme ich den »Liturgieentwürfen für das Kirchenjahr, Materialheft Nr. 36 der Beratungsstelle für Gestaltung von Gottesdiensten, Frankfurt/M. (S. 155):
Jesus Christus, wir danken dir, daß du uns Bruder und Freund bist, daß wir mit dir und untereinander verbunden sind. / Wir bitten dich: Schenk uns

deinen Geist, damit wir bereit sind, dein Wort zu beherzigen, denn nur so können wir bei dir bleiben. / Wir wollen hören und handeln. Deshalb bitten wir: – daß wir für die Einsamen nicht nur beten, sondern sie auch besuchen; – daß wir an die Hungernden nicht nur denken, sondern ihnen auch zu essen geben; – daß wir das Schicksal der Kranken und Alten nicht nur bedauern, sondern auch etwas für sie tun; – daß wir unsere Kinder nicht nur versorgen und erziehen, sondern sie auch lieben; – daß wir von unserem Glauben nicht nur reden, sondern ihn auch leben.

Lieder
EKG 346,1–4 / EKG 81,1–3 (Wochenlied) / SC 662,1–3 / EKG 279,1.

Vorschläge zur Predigt
Anfang der Predigt
»Liebe Gemeinde, wer von Ihnen in Verwaltung oder Geschäftsleben bewandert ist, kennt eine besondere Art von Brief, der sich selbst Kurzbrief nennt. Damit man nicht viel schreiben muß, sind auf diesem Brief Sätze vorgedruckt, die man als Absender nur ankreuzen muß. Da steht z.B. »mit der Bitte um Antwort« oder »zur Bearbeitung«. Es steht da auch »zum Verbleib«. So ein Kurzbrief wird nicht allein verschickt, sondern immer zusammen mit einem anderen Schriftstück oder einer Akte. Wenn nun ein Absender »zum Verbleib« ankreuzt, dann meint er, daß die mitgeschickte Sache beim Empfänger des Schreibens genau an der richtigen Stelle ist, daß sie dorthin gehört, daß sie an der richtigen Adresse ist. Und das ist ja wichtig, daß Schriftstücke an der richtigen Adresse sind. Andere Leute können womöglich nichts damit anfangen. Die Schriftstücke ergeben oft erst einen Sinn, wenn sie im richtigen Zusammenhang stehen. »Zum Verbleib« heißt deshalb: Dieser Zusammenhang macht Sinn.
Was so von Schriftstücken gesagt wird, kann man von Menschen nicht ganz so sagen. Auch wir können allerdings an der richtigen Adresse sein und können an etwas dran bleiben. An etwas dran bleiben heißt, daß wir den Zusammenhang mit einer für uns wichtigen Angelegenheit nicht aufgeben wollen, daß wir viel Energie einsetzen, um die uns wichtige Verbindung zu behalten. Bleiben heißt in diesen Vorgängen, daß etwas Sinn macht, wichtig ist, vielleicht sogar lebenswichtig ist.«
Nach einer solchen Meditation des Wortes »bleiben« könnte der Predigttext verlesen werden, indem darauf hingewiesen wird, daß eben das Wort »bleiben« dort auffällig häufig vorkommt. Der Text ist eine Aufforderung zum Bleiben. Verbindung soll gehalten werden. Das sagt das Bild vom Weinstock. Es geht um die Verbindung zwischen Jesus und den Seinen. Vielleicht kann man auch noch das Wortspiel anbringen: Jesus spricht vom *rechten* Weinstock. Was soll das anderes heißen als »Bei mir seid ihr an der *richtigen* Adresse«?

Im *Mittelteil* der Predigt sollte überlegt werden: »Wer ist der eigentlich, an dem zu bleiben empfohlen wird? Was können wir von ihm haben? Was ist das für eine Adresse? Unser Predigttext nennt ihn den rechten Weinstock. Andere Stellen im Johannesevangelium sind genauso berühmt: Ich bin der Weg, die Wahrheit und das Leben; ich bin das Brot des Lebens; ich bin das Licht der Welt; ich bin der gute Hirte; ich bin die Auferstehung und das Leben. Das wird uns versprochen: Leben die Fülle. Ich lebe, und ihr sollt auch leben. Tolle Versprechungen sind das. Wie soll man sie verstehen?«
Im weiteren Verlauf sollte ausgeführt werden, daß die Christen sich zu verschiedenen Zeiten und in verschiedenen Situationen unterschiedliche Vorstellungen davon gemacht haben, wer dieser lebenspendende Jesus ist, in welcher Gestalt er ihnen begegnet. Ziel der Überlegungen müßte sein, daß die Predigthörer ihrerseits zu einer Aussage über Jesus kommen, die ihre Vorstellung wiedergibt.
»Christen und Christinnen haben im Laufe der Geschichte nicht nur immer neue Bekenntnisse zu Jesus formuliert, sie haben auch Bilder von ihm entworfen, die sagen, was sie gerade an Jesus wichtig für sich fanden. Wir wollen uns einmal ein paar davon vor Augen führen«:
Hier kann man im Gottesdienst Dias zeigen. Da die Motive, die zur Sprache kommen sollen, weithin bekannt sind, kann man aber auch wohl mit einer Beschreibung auskommen.
»Ich denke z.B. an Mosaiken in ganz alten Kirchen in Italien oder Griechenland. Da ist Jesus als ein strenger Herr mit einem Buch in der Hand zu sehen. Ein Kreis umgibt ihn. Hinter seinem Kopf leuchtet ein Kreuz wie ein Strahlenkranz. Auch auf Ikonen gibt es diese Darstellung. Da hebt er oft den Zeigefinger. Dieser Jesus ist der Weltenherrscher, der Allesbeherrscher. Er ist der wahre Kaiser. Wir kennen diesen Jesus auch in unseren Liedern: Jesus Christus herrscht als König, alles wird ihm untertänig, alles legt ihm Gott zu Fuß. Aller Zunge soll bekennen, Jesus sei der Herr zu nennen, dem man Ehre geben muß.« Man kann noch ausführen, was dieses Jesus-Bild vermittelt: die Gewißheit, daß er der Herr der Herren ist. Kein anderer behält letztlich die Oberhand usw.
Als zweites Bild wäre der »Schmerzensmann« zu charakterisieren, das Bild des geschundenen Gekreuzigten, wie es im Mittelalter der Kreuzzüge aufkam: »O Haupt voll Blut und Wunden voll Schmerz und voller Hohn; o Haupt, zum Spott gebunden mit einer Dornenkron ... wenn mir am allerbängsten wird um das Herze sein, so reiß mich aus den Ängsten kraft deiner Angst und Pein«. Das Bild des Schmerzensmannes tröstet und richtet auf in leiblicher wie in seelischer Not. Jesus ist der Vorkämpfer im Leiden und das Opfer der Versöhnung für die Sünden.
In der Neuzeit wurde vielen noch ein anderer Jesus wichtig: der Freund der Kinder, der Tischgenosse am Mittagstisch der Familie, der Wegbegleiter, der Vertraute auf der »Lebensbahn«. Jesu, geh voran auf der Lebensbahn, und wir wollen nicht verweilen, dir getreulich nachzueilen. Man stellte ihn

gern dar, wie er die Kinder segnet oder an den Familientisch tritt. Er ist der den Alltag Segnende. Jesus ist schöner, Jesus ist reiner – so heißt es in einem anderen Lied, das Jesus mit der Frühlingszeit vergleicht. Er erfreut unser Herz.«

Auch ein letztes Motiv in der Jesus-Darstellung sollte nicht fehlen. Angesichts einer Fülle von Jesusdarstellungen im 20. Jahrhundert sollte hingewiesen werden auf einen neuen Zug, der so noch nicht in der Geschichte vorkam: Jesus den Revolutionär. Expressionistische Künstler stellten ihn als den Zornigen, den Ungeduldigen, Umstürzler und Befreier dar. In der Kunst der DDR findet man das Motiv, daß sich Jesus vom Kreuz losreißt. »Sonne der Gerechtigkeit, gehe auf zu unserer Zeit; brich in deiner Kirche an, daß die Welt es sehen kann. ... Zu verschiedenen Zeiten haben Menschen an Jesus Lebenspendendes gefunden, und sie drückten das aus mit ihren Bildern, sei es als Herrscher, sei es als Schmerzensmann, Freund oder Befreier. Wer ist er für mich? Als was begegnet er mir? Eher als schützende Hand, als liebender Freund oder als Durchbrecher aller Bande? In einer Seminargruppe haben Leute einmal für sich Jesus zu vergleichen versucht. Sie sagten: Jesus ist für mich wie ein Schmetterling im Winter, das Wasser aus der Quelle, ein tiefer Brunnen, eine Sonne, die wärmt und erhellt, ein hüllender Mantel, eine Einladung, ein Kumpel, der mit mir durch dick und dünn geht.«

Im dritten und abschließenden Teil der Predigt wäre zu sagen, was es eigentlich bedeutet, wenn von Jesus so unterschiedlich geredet wird. »Wir sollen uns nicht einem Fremden anvertrauen, der mit unserem Leben nichts zu tun hat, sondern einem, der in unserem Leben vorkommt, der da ist wie der Kaiser, wie die Not, wie ein Freund oder auch wie ein Befreier, wie Wasser und Sonne. An Jesus bleiben heißt nicht, einem Fremden in die Fremde folgen, sondern ihn in eigenen Lebenserfahrungen erkennen und wiederfinden. Wir dürfen und können unser eigenes Bild von ihm malen.« Hier läßt sich u.U. von Erfahrungen aus einer Konfirmandengruppe oder einem Seniorenkreis in der Gemeinde berichten, die so etwas versucht haben.

An den Schluß der Predigt würde ich gern ein Gedicht stellen, in dem dichterisch ausgedrückt wird, wie Jesus mitten im Leben erfahren und entdeckt werden kann:

Wilhelm Willms

In der Autoschlange

es war am freitag / gegen drei uhr / mitten in köln / auf einer ausfahrtsstraße / in einer autoschlange / die sich langsam / vorwärtsbewegt / ich bin nicht ganz bei der sache / plötzlich ein stoß / da bin ich dem vor mir / fahrenden vw aufgefahren / die autoschlange steht / ich steige schnell aus / sehe nach / der stelle / wo mein und sein wagen / aufeinanderstießen / mir ist nichts passiert / sein wagen / hat eine kleine beule / ich gehe zum geschädigten / der dreht die wagenscheibe runter / und lächelt mich an / ein junger mann / um

die dreißig / ich entschuldige mich / er sagt / was ist denn / ich sage / ihr wagen hat eine beule / macht nichts sagt er / freuen wir uns doch / daß wir uns nicht weh getan haben / ich schreibe ihnen / meine adresse auf / sage ich / und krame meinen paß heraus / ich bin versichert / sage ich / steigen sie ein / sagt er / freundlich / es ist doch nichts / er sieht sich den schaden / nicht einmal an / er sieht nicht wohlhabend aus / ich bin hilflos / geben sie mir ihre adresse / sage ich / wozu lächelt er / ich möchte … / das gibt es doch nicht / sage ich / doch doch / sagt er / steigen sie ein / die autoschlange setzt sich wieder / in bewegung / hinter mir hupt schon einer / noch einer / noch einer / ich merke mir die autonummer / meines vorfahrers / IN - RI 33 / die nummer / kommt mir bekannt vor / ich überlege / woher kennst du die nummer / IN / ingolstadt / muß wohl sein / ingolstadt / ingolstadt / da kennst du nur / die … / und die haben keinen wagen / ich habe versucht / herauszubekommen / wie der besitzer / dieser nummer heißt / ich bekomme auskunft / diese nummer gibt es nicht / später / fällt mir ein / diese nummer gibt es nicht mehr / es gab sie einmal / diese traumnummer / IN - RI 33
aus: Karl Josef Kuschel (Hg.), Der andere Jesus, München 1987, S. 392-394

Als abschließendes Gebet auf der Kanzel könnte ich mir vorstellen: Jesus / wenn ich mit dir spreche / strenge ich mein denken an / meine phantasie / mein gefühl / damit ich dich / kennenlerne / wie du sein könntest / wie ich sein könnte / hilf mir
(aus: Ernst Eggimann, Jesus-Texte, Zürich 1972, S. 9)

Kontexte

Auf die Idee mit den Jesus-Bildern hat mich gebracht:
Welchen Jesus meinen wir? Laetare-Schriftenreihe Nr. 276, Laetare-Verlag, 8405 Stein bei Nürnberg

Für die literarische Darstellung Jesu im 20. Jahrhundert sind zwei Texte von Kästner und Cox interessant:
Erich Kästner: Dem Revolutionär Jesus zum Geburtstag
Zweitausend Jahre sind es fast, seit du die Welt verlassen hast, du Opferlamm des Lebens! Du gabst den Armen ihren Gott. Du littest durch der Reichen Spott. Du tatest es vergebens! Du sahst Gewalt und Polizei. Du wolltest alle Menschen frei / und Frieden auf der Erde. Du wußtest, wie das Elend tut / und wolltest alle Menschen gut, damit es schöner werde! Du warst ein Revolutionär / und machtest dir das Leben schwer / mit Schiebern und Gelehrten. Du hast die Freiheit stets beschützt / und doch den Menschen nichts genützt. Du kamst an die Verkehrten!
Du kämpftest tapfer gegen sie / und gegen Staat und Industrie / und die gesamte Meute. Bis man an dir, weil nichts verfing, Justizmord, kurzerhand, beging. Es war genau wie heute! Die Menschen wurden nicht gescheit. Am wenigsten die Christenheit, trotz allem Händefalten. Du hattest sie vergeblich lieb. Du starbst umsonst. Und alles blieb / beim alten.
(aus: Kuschel, S. 186 f.).

Harvey Cox: Von Christus dem Clown

Haltet den Kerl! Den geschminkten Gaukler mit dem blöden Grinsen / und diesem ganzen Narrenlärm / der Harlekine und der fetten Weiber und der Feuerschlucker – es sind doch nichts als Schwindler, finde ich, Eindringlinge jedenfalls, unerwünscht in unserer wohlvermeß'nen Welt, die keine Überraschungen mehr kennt. Haben wir nicht gelesen, er sei tot? Man darf doch nichts mehr glauben, was man liest! Und trotzdem taten wir's, trotz Lilien, Chören und so fort. Ach ja, wir wußten doch, daß etwas uns in unsere Nase stach / mit diesen Rosenkränzen, Mantras und dem Weihrauch. ER aber war so grau, so unzugänglich, einbalsamiert von Kirchen und vom Staat / zum Zweck der Schaustellung bei freudelosem Anlaß. Soll dieser Bänkelsänger wirklich wieder da sein – der unbedarfte Troubadour, der sich mit seinen Taschenspielertricks / politisch ahnungslos / dem kaiserlichen secret service / selbst ans Messer lieferte? Der soll zurück sein? Ganz unmöglich! Gewiß hört man so mancherlei Gerüchte, doch stammen sie aus jenen ja auch sonst / ganz unzuverläßlichen Nachrichtenquellen, von Leuten, denen keiner trauen kann – Damen von zweifelhaftem Ruf und Gauner / voller Fingerfertigkeit.

Die haben angedeutet, daß er wirklich lebe – wie Liebe, Lachen und Leichtgläubigkeit, der Menschen alte Fehler. Wer aber mag denn solchen Leuten glauben? Nur Kinder tun das oder blöde Narren, und dann vielleicht noch ein paar harmlose Mädchen. Wer aber sonst? Wer sonst?

(aus: Kuschel, S. 242 f.).

Kantate

Predigttext: Matthäus 11,25–30

Ernst Öffner

Theologisch-homiletische Skizze

Ich besuche eine Vikarin meines Predigerseminars in ihrer Gemeinde. Vorort einer größeren Stadt. Eigentlich ein Villenvorort. Dann aber wurden »Obdachlosenquartiere« dazugebaut, schnell hingestellte, triste Häuser für Aus- und Übersiedler, ein Roma-Standquartier, Wohnkasernen mit den entsprechenden sozialen Problemen, in der Schule besonders spürbar. Ich aber merke: Die Gemeinde stellt sich diesen Problemen, versucht Lösungen. Der Pfarrer ist Vertrauensperson, Seelsorger, Sozialarbeiter, sein Pfarramt oft überfüllt mit Problemfällen, die bei ihm Rat und Hilfe suchen. Auf dem Weg zur Kirche erzählt die Vikarin von ihren Schwierigkeiten in der Schule. Ein Junge kommt vorbei, lacht sie an und erzählt von seinen beschissenen Noten heute. Einer ihrer »Problemfälle«, wie sie sagt, und ich merke, wie sie auch die mag (und die es merken). Dann kommen wir zur Kirche. Mittendrin in diesem heterogenen Viertel: die alte Dorfkirche. Die Tür weit offen. Innen, vor dem Altar, brennen eine Kerze und kleine Teelichte. Gebete an der Wand (Bitte um Arbeit, für die kranke Frau ...). Ein Ort der Zuflucht für alle, die es nötig haben, ein Ort der Stille, der Ruhe, des Aufatmens. »Kommt her zu mir *alle*, die ihr mühselig und beladen seid: ich will euch erquicken! Aufatmen sollt ihr und frei werden.«
Ich lese den Text Mt 11,25–30 als gebündelte Erfahrung der Gemeinde: als Beschreibung der frühchristlichen (Mt-?)Gemeinde (Vers 25 f.: »Unmündige« bzw. unmündig Gemachte), ihres Glaubens (Vers 27: Gott zeigt in Jesus sein wahres Wesen) und ihrer Botschaft (Vers 28 ff.: Kommt, laßt euch erquicken) – und das im Spiegel der Erinnerung an Jesu Selbstverständnis und Jüngerschaft: »Christus als Gemeinde existierend« (Bonhoeffer), konkret werdend. Es ist »österliche Christuserfahrung der Gemeinde in die Erdentage Jesu zurückgespiegelt« (G. Voigt), Summe des Evangeliums: »In diesen Worten wird das ganze Evangelium ausgesprochen« (Joh. Busch). Auch die Predigt über diesen Text sei, was am Eingang einer alten Dorfkirche in der Lüneburger Heide steht: »Hic porta coeli«! Evangelium. Ich frage: *Für wen ist der Text Verheißung?*
1. An die »Marginalisierten«, an die Entrechteten und Unmündigen wendet sich *Jesus*, selbst ein »outcast«, ein Außenseiter der Gesellschaft (G. Theißen, Soziologie der Jesusbewegung). Ihnen zuerst, den »Verlorenen« (Lk 19,10), bringt er Gott nahe, Gottes uneingeschränkte Liebe. Sie, die »Schwerarbeiter und Lastträger« (J. Jeremias), die unter den für sie unerfüllbaren Verpflichtungen der Tora und darum unter ihrem Ausgestoßensein leiden, sie sind seine ersten Nachfolger, Empfänger der Verheißung. Das war Jesu Auftrag, so wollte es der Vater (Vers 26). Damit läßt sich freilich kein Staat machen. Obwohl in der Sache begründet, ist es doch verwunderlich, daß Jesus für sein »Scheitern« (lesen Sie Mt 11,1–24!) Gott lobt (Vers 25).
2. Das Evangelium von dem Gescheiterten und am Ende Gekreuzigten und von seinem Gott spricht offenbar jeden Menschen auf eine ihm eigentümliche Marginalität an. So ist es kein Wunder, daß vor allem die im öffentlichen Bewußtsein als marginal Angesehenen sich von dieser Botschaft angesprochen und gemeint, erkannt und geliebt fühlen. So waren es neben einigen religiös offenen und einflußreichen Per-

sönlichkeiten (»Gottesfürchtige«) aufs Ganze gesehen Menschen der unteren Schichten, Existenzen am Rande der dominanten Machtstruktur der Gesellschaft, die man *in den frühchristlichen Gemeinden* findet (vgl. 1. Kor 1,26–31; Jak 2,5; G. Theißen, Studien zur Soziologie des Urchristentums; vgl. die Aussagen über Jesu Niedrigkeit Vers 29b: »prays« und »tapeinos«!).

3. Sprechend wird unser Text, wenn er (geschrieben nach der Eroberung Jerusalems, der Vertreibung der Jerusalemer Christengemeinde und den ersten Pressionen gegen Christen) als *Text einer »Untergrundkirche«* gelesen wird, die gleichwohl und gerade deshalb eine Gemeinde ist, die »das Evangelium der Liebe und Hilfeleistung« (A. v. Harnack, Die Mission und Ausbreitung des Christentums) lebt und missionarisch ausbreitet: »Kommt her ...!« (D. Nestle, Neues Testament elementar). Hier, in der Gemeinde, fanden die Christen Geborgenheit trotz Anfeindungen der Umwelt, eine neue Identität. Das harte Joch (nun nicht mehr nur des »Gesetzes«) wurde »leicht« in der Gemeinschaft der Christusfreunde. Aber es wurde nicht unredlich darüber hinweggetäuscht: Es war und blieb eine Last. Nur war die Verheißung real: Ihr bekommt hier die Kraft, die Last tragen zu können. Und andere Christen tragen mit. Diese Erfahrung wird jemand nicht machen, dem alles gelingt, dem es immer gut geht, der keine Grenzen spürt. Daß die Last leicht wird, ist die Glücks-Erfahrung der »Mühseligen und Beladenen«, der Marginal-Existenzen, ihre und zunächst nur ihre Glaubenserfahrung.

4. So ist es nicht verwunderlich, daß unser Text aufs neue und in direkter Weise sprechend geworden ist in den *»Gemeinden der Armen«* im Kontext der »Theologie der Befreiung«. Sie, die unmündig Gemachten und Gehaltenen, lernen die Einladung Jesu als Verheißung an sich zu buchstabieren, werden durch seine Worte befreit zum »aufrechten Gang«. (Vgl. E. Cardenal, Das Evangelium der Bauern von Solentiname, s.u. Kontexte Nr. 2.)

5. Wer heute einen Gottesdienst vorzubereiten hat, wird immer wieder von der Dürftigkeit des Gottesdienstbesuches angefochten, fragt sich: *»Wer kommt schon in den Gottesdienst?«* Wieder sind es vorwiegend die Marginalisierten, das »Ensemble der Opfer« (E. Lange): »Es sind die alten Frauen, die ihr Defizit an Gemeinschaft und Geborgenheit in der Gemeinde abdecken ...; es sind die Kinder und Jugendlichen, die mehr oder weniger kommen *müssen*; und es sind Angehörige jener Gruppen in der Gesellschaft, über die die gesellschaftliche Entwicklung mehr und mehr hinweggeht ...!« Es ist »die ständig wachsende Gruppe der Schlechtangepaßten, der Außenseiter, der gesellschaftlich und psychisch Kranken: Einsame, berufliche Versager, Ehegeschädigte, Deklassierte, die Geltung und Anerkennung suchen, Nestwärme, Zugehörigkeit ... Auf dem inneren Weg in die Sekte oder zum Psychotherapeuten, auf der Flucht in den Alkohol oder in die Krankheit machen sehr viele Menschen noch einmal Station in ihrer örtlichen Gemeinde.« E. Lange münzt diese hart klingende Situationsbeschreibung von Gemeinde um in Selbstverständnis und Auftrag der Kirche, die gerade hier verheißungsgemäß, christusgemäß, auftragsgemäß (Vers 25!) zur Stelle ist und handelt: willig »Sammelplatz der Verwundeten und Verwundbaren« zu sein. »Natürlich ist die Feststellung, daß die Ortsgemeinde ein Ensemble der Opfer sei, nicht die ganze Wahrheit über diese Position der Kirche. Aber ist es eigentlich eine schlechte Wahrheit? Sind die Alten und die Kinder, die, die ins Leiden der Zeit aufbrechen, und die, die an ihm zerbrochen sind, ein unangemessenes Forum für die Predigt der Verheißung? Ist die Rolle des Lückenbüßers eine unzumutbare Rolle für die Gemeinde Jesu, oder ist sie ihr nicht längst schon von Jesus zugemutet, ehe sie ihre jeweilige Zeit wahrnimmt? Gibt es eine sachgemäßere Weise für die Kirche, an der Zeit teilzuhaben, als die, an ihren Leiden teilzuhaben?« (E. Lange, Chancen des Alltags, EEL 4, S. 292 ff.)

Und gerade so wird Kirche auch der *»Sammelplatz der Beunruhigten«*, »Versammlung der ernstlich Angefochtenen« *aller Schichten (auch der Eliten)*, die sich der Grenzen ihres Tuns und ihres Lebens bewußt geworden sind und die angesichts von Tschernobyl etwa den Satz nicht mehr so ungebrochen sagen können: »Wir haben das schon im Griff. Wir haben das Wissen.« Sie sind sich ihrer Un-wissenheit, ihres begrenzten und gefährdeten Wissens erneut bewußt geworden, sie sind oft die eigentlich »Mühseligen und Beladenen« der Gesellschaft: wissend um ihre Macht und zugleich Ohnmacht, Verantwortliche und dadurch Atemlose, Gehetzte vom Zwang zu Leistung und Erfolg (auch Abrüstung und eine gerechtere Weltwirtschaftsordnung bedarf unermüdlicher Arbeit, der Risikobereitschaft und des Erfolgs: Gorbatschow!). Und gerade so sind sie auf der Suche nach Ruhe – wirklicher Ruhe und Erquickung –, um aus diesem Atemholen heraus verantwortlich handeln zu können. Das suchen sie wirklich im Gottesdienst, sie als Christen: aufatmen zu können und frei zu werden – frei von Schuld und frei zur Verantwortung im Sinne Jesu. Auch in solchen Menschen trifft der »Pfeil der Verheißung« auf Menschen von heute. Ihnen beiden, den Verwundeten und den Beunruhigten, gilt die Einladung Jesu, seine Verheißung heute: »Kommt her ...!« – mithin meine Predigt, die ganz und gar Evangelium sein soll, Einladung, Verheißung: »Hic porta coeli.«
Danach mag ich mich dann mit dem Dê vǎn Nguyêñ (Matthäus auf der Reise nach Vietnam) selbstkritisch fragen:

Hast du den Menschen
wirklich Erquickung geschenkt?
Ich sehe
die vielen Menschen
die zu dir gekommen sind
und doch keine Erquickung gefunden haben.

Vorschläge zur Liturgie

Kyrie und Gloria

Psalm 98,1.4–9

Gott loben: Ja, wir möchten es, aber es fällt uns nicht immer leicht. Zu vieles belastet uns, macht uns das Herz schwer. Wir bringen es vor Gott und bitten um sein Erbarmen: Kyrie (wie üblich oder ein Kyrie aus Taizé)
Gott loben, trotz allem, was uns belastet und uns das Herz schwer macht: Wir können es, weil er uns hilft, uns erquickt und aufatmen läßt – durch sein Wort, durch Jesus, unseren Bruder, durch diesen Gottesdienst und die Menschen, die mit uns singen: Gloria (wie üblich oder »Gloria tibi Domine« aus Taizé)

Gebet

Lebenschaffender, menschenfreundlicher Gott, du bist unter uns. Durchdringe und erfülle uns wie unser Atem –
unseren Mund und unser Herz, daß wir zu singen anfangen von deiner Liebe; unsere Gedanken, Worte und Taten, daß die Gestalt unseres ganzen Lebens dich lobt, jetzt und in Ewigkeit.

Fürbittengebet

Wir danken dir, Gott, für die Musik, die uns froh macht, die uns hilft, dich zu loben. Du weißt, daß uns ein frohes und dankbares Lied nicht immer leicht fällt. In unser Danken bricht oft die Klage, in unsere Freude die Sorge. Aber deine Treue ist alle Morgen neu, du bist bei uns auch in Tagen der Not und der Hoffnungslosigkeit. Darum preisen wir deine Barmherzigkeit und singen dein Lob.

Wir denken auch an die Menschen, denen Leid und Sorgen den Mund verschlossen haben; die nicht singen, sondern seufzen; die nicht loben, sondern weinen. Wir denken an die Mutlosen, die Einsamen, die Kranken, die Trauernden. Wir bitten dich, barmherziger Gott: Laß auch sie wieder einstimmen in das Lied des Glaubens und der Hoffnung.

Segne den Dienst der Organisten, der Kantoren und der Chöre. Laß ihr Singen und Musizieren mithelfen, dein Rufen zu hören, deine Liebe zu verstehen, deine Gnade zu verherrlichen und dein Evangelium zu verkündigen. (Burkhard Heim)

Meditationstext

Ich sehne mich
nach einer Oase
einem Ort
wo ich ruhen kann
einer Stille
in der die Hoffnung erwacht
einem Herz
das neuen Mut schenkt
einer Quelle
die mich blühend macht
(Elmar Gruber / Günter Krüger)

Ein Lied aus Taizé

Gemischte Stimmen

Meine Hoffnung

(El Senyor és la meva força) Isaias 12

Vorschläge zur Predigt

Möglicher Predigtanfang

Alternative 1, die auf den Sonntag Kantate Bezug nimmt:
So oder so ähnlich mag es manchem, mancher unter Ihnen auch schon ergangen sein: Ich komme in die Kirche. Mußte mich sputen, um nicht allzu spät zu kommen. Etwas außer Atem setze ich mich in die Bank. Die Orgel spielt: Aha, noch das Vorspiel. Ich merke, wie ich allmählich zur Ruhe komme. Schlußakkord. Jetzt hoffentlich kein Pfarrer, der ans Lesepult tritt und meint, mich herzlich begrüßen zu müssen, wo ich jetzt doch anfangen will zu singen. Denn dazu – auch und nicht zuletzt dazu – bin ich in diesen Gottesdienst gekommen: um Gott zu loben und ihm singend die Ehre zu geben. Um dadurch selbst zur Ruhe zu kommen, auszuatmen und aufzuatmen für die kommende Woche.
Wie gut das tut: durchatmen, aufatmen! Die Belastungen der Woche abgeben, loslassen. So fange ich zu singen an, stimme ein in den vielstimmigen Gesang der anderen, die auch zu diesem Gottesdienst gekommen sind. Ja, Singen ist gesund.
Das ist nicht nur am Sonntag Kantate so, sondern immer, wenn im Gottesdienst gesungen wird. Überhaupt im Gottesdienst. Von solch einem Aufatmen, einem ganz tiefen, gesunden Aufatmen redet Jesus, von einem Aufatmen und Freiwerden, das uns gut tut und nach dem es sich dann um so besser singen läßt. – Lesung des Predigttextes.

Alternative 2, die gleich mit der Einladung beginnt:
Lesung des Predigttextes. – Diese Worte, liebe Gemeinde, haben eine natürliche Anziehungskraft. Wer wirklich »mühselig und beladen« ist, wer wirklich unter der Last seiner Verantwortung seufzt, unter der Last seiner Geschäfte nicht mehr zur Ruhe kommt oder aber umgekehrt von allen in Ruhe gelassen unter der gespenstischen Last der Einsamkeit leidet, der horcht wohl auf, wenn er so etwas zu hören bekommt: Einladung und Erquickung für die Mühseligen und Beladenen. Hat nicht eine ganze Welt, hat nicht jeder von uns Veranlassung, aufzuhorchen und da hinzugehen, wo denen, die sich abmühen und Lasten tragen, Erquickung angeboten werden soll? (Eberhard Jüngel, Predigten) »Kommt her zu mir alle, die ihr mühselig und beladen seid; ich will euch erquicken – aufatmen sollt ihr und frei werden!« Das ist, kurz zusammengefaßt, das ganze Evangelium. Davon, und nur davon, soll heute die Rede sein.

Alternative 3 – ein meditativer Einstieg
mit dem Meditationstext von E. Gruber/G. Krüger (s. S. 80). Wer sich so nach Erquickung sehnt, dem gilt die Einladung Jesu: Lesung des Predigttextes.

Zum weiteren Verlauf
Alternative 1: Wem gilt eigentlich diese Einladung? Wer sind die »Mühseligen und Beladenen«, die Jesus zu sich ruft und denen er Erquickung verspricht? Und warum scheinen gerade sie Jesus besonders gut zu verstehen? Ich erzähle nach, was ich oben in der theol.-homilet. Skizze geschrieben habe: »Für wen ist der Text Verheißung?«

Alternative 2: Wie hören unterschiedliche Menschen die Einladung Jesu? (Etwa: In einem Vorbereitungskreis haben sich einige Gemeindeglieder mit mir überlegt, wie wir und wie andere Menschen in unterschiedlichen Situationen das hören: »Kommt her – ich will euch erquicken!«) Ich konkretisiere die Gruppen, von denen Ernst Lange schreibt, z.B.:
– Da ist eine alt gewordene Frau, der Mann vor Jahren schon gestorben, viel zu früh, die Kinder mit Mühe großgezogen, haben es zu was gebracht, leben irgendwo sonst. Die Mutter allein zuhause, leidet unter Depressionen. Wartet auf Briefe, Besuche, auf Liebe, erwartet freilich immer zu viel. Das stößt ab. Sonntag für Sonntag ist sie im Gottesdienst, weint beim Abendmahl, das ihr doch so gut tut, wie sie sagt. Macht in vielen Gemeindegruppen mit, sucht Geborgenheit, Heimat. Ihr gilt das: »Kommt her zu mir ...« Wohlgemerkt: ihre Last kann ihr nicht genommen werden, aber sie kann leichter werden – wie? wodurch?
– Ich hörte von einer jungen Frau, sportlich, agil, gut aussehend, fröhlich. Man könnte sie sich eher auf dem Tennisplatz vorstellen als in der Gemeinde, im Gottesdienst. Dann aber erzählt sie: von ihrer Kehlkopfoperation, wie sie unterschreiben mußte, daß sie weiß: die Stimme kann verloren gehen bei der Operation. Die Ängste. Die ersten zaghaften Annäherungen an den Glauben. Der Halt, den er gab (»er« – wer?). Die Mitarbeit in der Gemeinde und wie ihr das Spaß macht und Sinn gibt ... »Kommt her zu mir ...«
– Ein Konfirmand, »gezwungen in die Kirche zu gehen«, erzählt von dem Druck und dem Spott, wenn er in die Kirche geht. Wie gut, daß da auch welche da sind, mit denen er sich gut versteht. Wie hilft die Gemeinde ihm und seinesgleichen, daß das »Kommt her zu mir« einladend klingt und daß Kirche, Gottesdienst, Gemeinde schön ist für ihn, »erquickend«?
– Ein Unternehmensberater verzichtet auf seinen Spitzenlohn, ist bereit, für viel weniger Geld in die DDR zu gehen, um dort Firmen beim Aufbau zu helfen. Er ist einer der »Beunruhigten«, von denen E. Lange schreibt. Seine Frau ist Kirchenvorsteherin, sehr engagiert, er eher distanziert. Aber manchmal ist er voll dabei: bei einer Aktion der 3. Welt-Gruppe; wenn's um Gäste aus der DDR geht; ums Know-how in organisatorischen, wirtschaftspolitischen Fragen. Manchmal ist er mit seiner Frau im Gottesdienst. Was sucht er? »Die Ruhe, die Kraft gibt ... nicht die kraftlose Ruhe des Endes, nach der man sich vielleicht auch sehnt, wenn die Kräfte schwinden und die Lasten immer noch wachsen ... Diese Ruhe (die Jesus verheißt) ist Kraft zum Leben.« (E. Jüngel)

– Eine Frau, um die 60. Der Mann hatte sie früh verlassen. Vielleicht, weil sie noch nie so recht mit Geld umgehen konnte. Vielleicht einer anderen Frau wegen. Der Sohn, inzwischen Bankdirektor, will nichts mehr von ihr wissen. Woche für Woche kommt sie ins Pfarrhaus, um 10 DM abzuholen und zu reden, lang und viel. Das Geld vertrinkt sie oder verschenkt es. Nach außen noch immer die »rheinische Frohnatur«, im Herzen tut die harte, steinerne Stelle der enttäuschten Lebenshoffnungen immer mehr weh. So sucht sie Zuflucht im Alkohol – und in der Kirche. Geht ihren Mitmenschen auf die Nerven – und hat's doch so bitter nötig: »Kommt her zu mir« – wie ihr seid!
– Jemand sagte: Was Jesus da von seinem »Joch« sagt, sieht auf den ersten Blick gar nicht verlockend aus. Da ist von Abhängigkeit die Rede, und Abhängigkeit wird heute in jeder Form negativ bewertet. Dabei gibt es Situationen, wo Abhängigkeit, zumindest eine Zeitlang, die Rettung ist: Bei Alkoholkranken, die frei, »trocken« werden wollen, wird die Abhängigkeit vom Alkohol eingetauscht gegen die »Abhängigkeit« von der Gruppe (so die Therapiemethode der AA, des Blauen Kreuzes). Das ist dann ein positiver Tausch: die alte Stütze (der Alkohol) wird eingetauscht gegen eine neue Stütze (die Gruppe), die nicht immer mehr abhängig, sondern immer mehr frei macht. Das ist dann ein wechselseitiges Halten, Lasttragen, Helfen, frei zu werden. Meint es Jesus so? »Kommt her, nehmt mein Joch auf euch und lernt von mir ...«
– »Kommt her zu mir *alle*«: Wir, die Christen, sind es, die die Einladung zu überbringen haben. Die Pfarrfamilie in Lobetal in der DDR hat das den Honeckers gegenüber wahrgemacht: »alle«!
– Alle: »Ludwig Erhard, zur Zeit als der große Sieger der Weltgeschichte von den christlichen Parteien gepriesen, hat sich über die Folgen des menschlichen Grundrechts auf Konsumfreiheit für Natur, Umwelt und Mitmenschen keine Gedanken gemacht. Seine Parole ›Wohlstand für alle‹ war nicht in dem Sinne gemeint, daß auch Inder einbezogen werden müßten. Die Forderung ökumenischer Versammlungen, es solle niemand seinen Wohlstand vermehren, solange andere nicht einmal ihre Grundbedürfnisse befriedigen können, gilt in politischen Kreisen für unerfüllbar.« Christoph Ziemer, Superintendent an der Kreuzkirche in Dresden, aber »hält daran fest, daß es ›schlicht ein Skandal ist, wenn einige ihren Überfluß vermehren, während andere verhungern‹. Diese Wahrheit bedürfe eines Anwalts, und der sei die Kirche. Sie habe die Pflicht, die Wahrheit auszusprechen, wenn politische Realisierungsmöglichkeiten noch lange nicht in Sicht sind.« (Südd. Zeitg. v. 2.8.1990)

Gemeinsame Fortsetzung
Daß Evangelium etwas mit »Aufatmen und Freiwerden« zu tun hat, mit Entlastung finden, das haben offenbar zu allen Zeiten die »Beladenen« und »Belasteten« besonders gut verstanden und empfunden. Darum haben sie

ein Heimatrecht, »Asyl«, kommen zur Sprache in unseren Gottesdiensten und Gemeinden. Wo kann das denn unter uns geschehen, daß das harte Joch leicht wird? Wo wird Jesu Einladung konkret? z.B.:
– in der Seelsorge (Beispiel: Telefonseelsorge, ein Anruf in der Nacht: »Ich kann nicht mehr!«; Beichte, wirklich als Entlastung verstanden)
– im Gottesdienst und im Abendmahl, wenn wir in ihnen denn noch die Einladung Jesu zur Erquickung sehen und nicht nur die Aktion oder den Lernprozeß: »Gottesdienst ist nicht Befehlsausgabe für die kommende Woche, wie es eine zeitlang praktische Theologie meinte lehren zu müssen, sondern ist die Einkehr in das Rasthaus. Ins Rasthaus eingekehrt, genießen wir die Ruhe und schütteln den Staub von den Füßen. Wehe uns aber, wenn wir im Rasthaus bleiben wollen! Die Stärkung im Rasthaus ist die Voraussetzung für den Weg hinaus auf die offene Straße.« (Hans-Joachim Thilo)
– im »Beten und Tun des Gerechten« (Bonhoeffer): im konkreten Klage- und Fürbittgebet für die Bedrängten und Entmündigten, Sprachlosen und Ohnmächtigen, und im konkreten Entlastungsschaffen für sie. Diakonie als Entlastung für besonders Belastete.

Möglicher Schluß
Eine Einladung habe ich Ihnen heute überbracht, die auch Ihnen gilt. Die jedem – wie auch immer – »Mühseligen und Beladenen« Erquickung verspricht, Aufatmen und Freiwerden. Wir haben bedacht, wie das konkret geschehen kann. Der, der einlädt, ist Jesus selber.
Da kommt in Jesus kein ferner Herr oder König oder Richter zum Vorschein, sondern einer, der aus der Nähe zu Gott kommt, den er Vater nennt, und der unsere Nähe sucht, ganz nah herantritt zu denen unten, zu den Niedergeschlagenen, Deprimierten, Angefochtenen, zu den von der Fülle ihres Wissens und ihrer Macht und ihrer Verantwortung Beunruhigten, Sensiblen. Seine Nähe tut wohl.
Ihn habe ich kennen- und liebengelernt in den Liedern der Kirche, alten und neuen. Im Gute-Nacht-Lied der Mutter zuerst (»Breit aus die Flügel beide, o Jesu, meine Freude, und nimm dein Küchlein ein …«). Dann im Kindergottesdienst: »Weil ich Jesu Schäflein bin, freu ich mich nur immerhin über meinen guten Hirten, der mich wohl weiß zu bewirten, der mich lieb hat und mich kennt und bei meinem Namen nennt.« Heute lächle ich ein wenig darüber: Ich – ein kleines Schäflein. Aber mein Jesus ist eben mit mir gewachsen, und auch seine Einladung. In den Festzeiten des Kirchenjahres vor allem bin ich ihm begegnet, in Liedern wie »Macht hoch die Tür« oder »Vom Himmel hoch«. Was wäre Advent oder Weihnachten ohne diese Lieder und ohne den Duft, der in ihnen mitschwingt! In Taizé bin ich ihm begegnet, in den Zelten voller Jugendlicher, in den Gottesdiensten voll beglückender Stille und in den Liedern aus Taizé (»Meine Hoffnung und meine Freude«). Und dann wieder singend in verschiedenen Chören und Kantoreien: »Jesu, meine Freude …«

Jesus – der einladende, Erquickung versprechende Jesus – das ist die Musik, die in mir klingt, im Auf und Ab der Töne, im Wechsel von Moll und Dur, von Klage und Lob das Ganze meines Lebens umgreifend, alle Höhen und Tiefen menschlicher Existenz zum Klingen bringend. Liedverse, in denen ich Jesus begegne. Gesungener, musizierter, verdichteter Glaube, Herz und Gemüt ergreifend. Evangelium, reines Evangelium, erquickend und labend. Ich wollte Sie heute einladen – zu nichts anderem, als die Einladung Jesu »Kommt her zu mir« als an sich selbst adressiert zu hören, und Sie dann einladen, mit Jesus in das Lob Gottes einzustimmen, der die Mühseligen und Beladenen erquickt und ihnen Ruhe gibt, Ruhe zum Leben. Der sie aufatmen läßt, daß sie dann singen können, vielstimmig, »mit Herz und Mund«: »In dir ist Freude« (EKG 288, fünfstimmiger Satz von G.G. Gastoldi, oder »Jesu meine Freude« EKG 293, oder »Ich singe dir mit Herz und Mund« EKG 230).

Kontexte

1. Ernesto Cardenal, Das Evangelium der Bauern von Solentiname Bd. 2 (1980):
Felipe: – ... alle, die sich für klug und gebildet halten, gehören zur Oberschicht. Sie können es sich leisten, klug zu sein, das Abitur zu machen, zu studieren, Ingenieur zu werden – was weiß ich. Aber in Wirklichkeit nützt ihre Weisheit nur ihren Geschäften. Sie ist der Grund für die herrschende Ungleichheit.
Ich sage: – Zur Zeit Jesu war es genauso. Die Weisen und Gebildeten gehörten der Oberschicht an, die ihn nicht anerkannte. Alle, die im folgten, waren dagegen einfache Menschen, die weder lesen noch schreiben konnten. Aber sie verstanden seine Botschaft ...
Felipe: – Die wirkliche Weisheit, das ist, wenn einer gelernt hat, seinen Nächsten zu lieben, wenn er gelernt hat, mit ihm zu teilen. Alles, materielle und auch geistige Güter ...
»Kommt her zu mir alle, die ihr mühselig und beladen seid; ihr sollt Ruhe bei mir finden.«
Felipe: – Ich glaube, hier hat er vor allem die Leiden des Volkes im Sinn, die Last des ausgebeuteten Volkes ... Ich glaube, es ist hauptsächlich diese Mühe und Last, von der Jesus hier spricht und von der er uns befreien will.
Der Lehrer: – Ganz ohne Zweifel ruft er nicht die Reichen und Mächtigen zu sich, sondern alle, die eine Last tragen. Es ist ein Ruf an alle Ausgebeuteten der Welt, weil er sieht, daß sie ihrer Arbeit müde sind. Zu jener Zeit war die Welt voller Sklaven, und auch heute ist es nicht viel anders, obwohl die Sklaven heute Arbeiter heißen. Sie alle sollen sich bei ihm ausruhen.
Carlos: – Aber dieses Ausruhen ist nicht für morgen, also in einem anderen Leben, sondern für heute gemeint. Das soll nicht heißen, daß die Armen wie Reiche leben sollen, nein, es handelt sich um einen ganz neuen Sinn des Lebens, den alle, die an ihrem Reichtum hängen, nicht kennen.

2. Dê văn Nguyêñ, Matthäus auf der Reise nach Vietnam (1979):
Vor einem Jahr
besuchte ich eine ältere Dame.
Sie bewohnte ein großes Haus.
In dem schönen Garten

blühten und dufteten die Pflanzen.
Wunderbare Goldfische
schwammen in einem herrlichen Teich.
Doch die ältere Dame
weinte
und sagte:
»Ich bin sehr verzweifelt
und möchte sterben.
Meine Tochter,
die mich pflegte,
hat sich von ihrem Mann scheiden lassen.
Mein Schwiegersohn arbeitet oft im Ausland
und ist selten zu Hause.
Ich bin sehr allein.
Können Sie mir helfen?«
Da dachte ich plötzlich
an die glücklich spielenden Kinder
in dem armen Elendsviertel der Großstadt.

3. Gebückt von der Last – auch ein Predigtanfang

Als Kind war ich oft bei meinen Verwandten auf dem Land. Ich erinnere mich an meine Großmutter, an andere alte Frauen im Dorf, die von dem lebenslangen Lastenschleppen ganz klein und gebeugt geworden waren, sich nicht mehr gerade aufrichten konnten. Manchmal begegne ich heute noch in fränkischen Dörfern solchen verkrümmten alten Bauersfrauen. In Istanbul begegnete ich einem Lastenträger, einem alten Mann, der fast bis zum Boden gebückt Koffer für andere trug. Ein Bild für mich, wie Lasten Menschen drücken, zu Boden drücken, verkrümmen können. Auch seelische Lasten! »Krummes Holz und aufrechter Gang«?

Rogate

Predigttext: Johannes 16,23b–28(29–32)33

Wolfram Braselmann/Rainer Bungenstock

Theologisch-homiletische Skizze

Der Text spricht von der Gewißheit, daß der Offenbarer die Macht des Kosmos überwunden hat. Die christliche Gemeinde hört dies in der Spannung zwischen den Konflikten in der Welt und der Hoffnung auf endgültige Überwindung des Kosmos in der Wiederkunft des Offenbarers.

In der Gegenwart wird diese Spannung aufgehoben im Gebet; aufgehoben dadurch, daß die Gemeinde ihre Angst und ihre Sehnsucht vor ihrem Herrn ausspricht und im Hören auf sein Wort gewiß wird, daß ER lebt und als der Lebendige schon jetzt die Herrschaft über die Welt ausübt.

Die Predigt wird deshalb im ersten Teil diese Spannung zwischen Verheißung und Erfüllung beschreiben.

In einem zweiten Teil wird sie – dem Text und dem Sonntag Rogate gemäß – nicht über das Gebet reden, sondern selbst zum Gebet werden: Die Sehnsucht angesichts beängstigender Lebenserfahrungen wird ins Gebet genommen.

Der dritte Teil schließlich leitet zum Hören an. In einer gelenkten Meditation wird Vers 33b als Antwort des Auferstandenen gehört.

Vorschläge zur Liturgie

Zum Kyrie

Gott wartet auf unser Gebet, auf unsere Klage, unsere Bitte und unseren Dank. Und wir lassen ihn warten. Wir haben oft keine Lust, keine Kraft, kein Vertrauen. Wir sind angewiesen auf seine Geduld und sein Erbarmen: Kyrie eleison …

Zum Gloria

Gott hat Geduld mit uns. Er erbarmt sich über unsere Unlust, unsere Müdigkeit und unsere Zweifel. Er wartet auf unser Gebet, noch immer. Mit allen, die an ihn glauben, ehren wir ihn:
Ehre sei Gott in der Höhe …

Kollektengebet

Gott unser Vater, du wartest auf unser Gebet. Wir aber wissen oft nicht, was wir beten sollen. Hilf unserer Schwachheit auf durch deinen Geist. Wir bitten dich im Glauben an Jesus Christus, der mit dir und dem heiligen Geist lebt und regiert von Weltzeit zu Weltzeit. Amen.

Fürbittengebet

Jesus, Sohn Gottes. Du sagst, was uns trägt und was wir nötig haben. Du zeigst uns, wie einer zum anderen reden kann. Dich bitten wir für uns und andere Menschen: Herr, erbarme dich.

Du hast uns geboten einander zu lieben. Wir sollen Zeit und Verständnis haben für Menschen, die uns brauchen, dem jeweils Nächsten uns zuwenden im Hören und im Reden. Hilf uns, hilf Mann und Frau, hilf Eltern und Kindern, Worte zu finden, die gut tun: klärende, entlastende, ermunternde Worte. Wir bitten: Herr, erbarme dich.
Du hast uns aufgetragen, deine Zeugen zu sein, dein Wort weiterzusagen, zu reden, wie du geredet hast. Hilf uns, hilf Pastorinnen und Pastoren, Bischöfen und Lehrern, jeder Schwester und jedem Bruder, verständlich und glaubwürdig zu sprechen. Laß das Evangelium laut werden in allen Sprachen und verschaffe ihm Geltung in aller Welt. Wir bitten: Herr, erbarme dich.
Du hast frei und öffentlich geredet vor aller Welt, ohne Scheu, ohne Furcht vor den Folgen. Hilf uns und allen, die in der Öffentlichkeit reden, die Wahrheit zu sagen, auch wenn es unbequem ist, aussichtslos scheint oder gefährlich wird. Wir bitten: Herr, erbarme dich.
Du hast geschwiegen, wo Worte nichts mehr ausrichten können. Hilf uns und den vielen, die zum Schweigen verurteilt sind, die nur noch leiden können: Gib ihnen Geduld und Hoffnung und laß ihr Opfer nicht vergeblich sein. Wir bitten: Herr, erbarme dich.
Du hast uns ermutigt, in deinem Namen zu beten, allein und in Gemeinschaft mit anderen. Hilf uns und allen, die nicht beten können, die zu beten verlernt haben, daß sie vor Gott bringen, was sie belastet und was sie beglückt: Angst, Schuld, Hoffnung und Freude. Wir bitten: Herr, erbarme dich.
Herr Jesus, du bist das Wort, das im Anfang war und das nicht vergehen wird. Auf dich, der du die Welt überwunden hast, hören wir, dir vertrauen wir uns an, heute und alle Tage.
(Gebete nach: Gottesdienstbuch. Gebete, Lesungen, Lieder für die Sonn- und Feiertage des Kirchenjahres. Hg. von C. Zippert. Gütersloh 1990, S. 80f. und 93)

Lieder

EKG 105 (1.5–8.13) »Du bist ein Geist, der lehret, wie man recht beten soll ...« – EKG 241 (Oder eines der anderen neueren Vater-Unser-Lieder) – EKG 294 – EKG 42.

T: Ps. 31,15 ff.; M: M. Warrington

(aus: Sein Ruhm unsere Freude. Notenbuch. Hg. von Pfr. Dr. J. Cochlovius, Krelingen, Selbstverlag)

Predigtvorschlag

Liebe Gemeinde! »An jenem Tage werdet ihr mich nichts mehr fragen«, so hören wir in diesem Bibelabschnitt. Und noch mehr hören wir: »Bittet, so werdet ihr nehmen, daß eure Freude vollkommen sei.« Und dann sogar noch: »Seid getrost, ich habe die Welt überwunden.«

Das ist gut zu hören. Das klingt mutmachend und zuversichtlich.

Manchmal geht es mir anders, und ich denke, manchmal wird es auch Euch anders gehen. Und dann möchte ich den Herrn Jesus fragen: Du hast gesagt: »Ihr werdet mich sehen.« Aber wo sehe ich dich denn? – »Die Freude soll niemand von Euch nehmen.« Aber es kann ja auch sein, daß ich mal traurig bin. – »Gott wird geben, was ihr in meinem Namen bittet.« Aber wie oft stehe ich mit leeren Händen da. – »Ich werde nicht mehr in Bildern zu euch reden.!« Aber was habe ich mehr als deine Bilder, und auch die verstehe ich nicht immer. – »Seid getrost, ich habe die Welt überwunden.« Doch es gibt Tage, da bin ich trostlos, wenn ich mir den Lauf der Welt ansehe.

(Überleitung)

Ostern, da war das anders. Ostern, da war das wirklich so. Staunend hören wir von den Zeugen der Auferstehung, daß sie seine Verheißungen, wie sie im Text stehen, als erfüllt erlebt haben. Sie haben die Gegenwart des Auferstandenen erfahren. (Maria Magdalena und Thomas: Sie haben gesehen; sie haben sich gefreut; sie haben empfangen; sie wurden nicht mehr nur in Bildern angesprochen; sie waren getrost.) (Dieser Abschnitt sollte in Anknüpfung an die Ostergottesdienste in der jeweiligen Gemeinde formuliert werden.)

(Hauptteil)

So etwas möchte ich auch erleben. Ich möchte wie Maria – wie Thomas – den Auferstandenen als den »Weltüberwinder« sehen. Ich möchte, daß

Ostern wird in mir, und spüre in mir die Sehnsucht danach.
Rogate! Betet! – Ich werde meine Sehnsucht ins Gebet nehmen. Ich werde auch meine Erfahrungen ins Gebet nehmen und mit beidem der Verheißung trauen: »Seid getrost. Ich habe die Welt überwunden.«
So will ich bitten, um zu nehmen:
Herr, ich gehe über den Friedhof, der um diese Kirche ist. Ich sehe all die Gräber und was vor Augen ist: Tränen, Schmerz, Schuld, an der ich nichts mehr tun kann. Zerstörte Hoffnungen, Krankheit und Tod. Dann bitte ich dich: Sprich zu mir dein Wort, sprich es ganz tief in mich hinein: »Frage mich nichts mehr. Laß überwunden sein. Laß heil sein, was zerstört war. Laß aufgehoben sein, die hier sind, aufgehoben in meinem Reich.«
So will ich bitten, um zu nehmen:
Herr, ich gehe durch unsern Ort und betrachte die Häuser und denke daran, was in ihnen geschieht. Der Krach in der Ehe dort, und die Mutter wußte nicht einmal, ob sie zur Konfirmation der Tochter kommen sollte. Und der Vater dort ist ohne Arbeit und hat schon seit einem Jahr nichts Neues gefunden. Und dort ... der Junge ist im Landeskrankenhaus. Und die Frau hat Krebs, und der Mann trinkt noch immer. Dann bitte ich dich: Sprich zu mir dein Wort, sprich es ganz tief in mich hinein: »Ja, in der Welt hast du Angst, Angst um dich und um die Menschen, die um dich sind. Aber sei getrost. Ich habe die Welt überwunden. Ich bin größer als deine Angst. Lege sie bei mir ab, laß dich nicht lähmen von ihr.«
So will ich bitten, um zu nehmen:
Herr, ich betrachte das Geschehen in unserm Land und in der Welt. So vieles ist zu entscheiden und zu tun: Wie soll das weitergehen in unserem Land: die Interessen der Wirtschaft, die Sorgen der Menschen, der Ruf nach Gerechtigkeit für alle, das Zusammenwachsen der Menschen in Europa. Dann bitte ich dich: Sprich zu mir dein Wort. Sprich es ganz tief in mich hinein: »Laß dich aus deiner Angst reißen, denn ich bin größer als die Sorgen dieser Welt.«
(Der Prediger ist natürlich gehalten, in diesem Teil Ereignisse aus seiner Gemeinde und aus dem aktuellen Geschehen zu benennen.)
So habe ich dies alles ins Gebet genommen. Dies alles und was noch dran hängt.
Und jetzt?
Was wird die Antwort sein? Was wird er mir sagen?
Wie wird er mir entgegentreten, daß Ostern wird auch bei mir?
Er wird mir entgegentreten, und ich werde hören, hören wie ein Jünger hört; wie ein Jünger, der gesagt hat, was zu sagen ist, und nun wartet. Und mir scheint: Zum Beten gehört das Reden von dem, was *mir* wichtig ist. Und dann gehört dazu das Hören auf das, was *ihm* wichtig ist. Beides und beides ganz.
So laßt uns hören auf das, was er sagt. Laßt uns hören, was er sagte damals der Maria und dem Thomas und durch die Zeiten fort auch uns:

(Die folgenden Sätze sollen als gelenkte Meditation gesprochen werden. Es soll viel Zeit zum Hören bleiben. Pausen. Ruhe.)
Er sagt: »In der Welt habt ihr Angst.«
Ja, das ist so. … Manchmal ist diese Welt zum Angsthaben. … All das, was ihr nicht beeinflussen könnt und doch euer Leben bestimmt. … All die Forderungen, die an euch gestellt werden. … All die Nackenschläge, die ihr einsteckt. … All das, was schiefgeht im Leben.
Er sagt: »Aber seid getrost.«
Ich spreche zu euch, um euch Mut zu machen. … Ich spreche zu euch als einer, der zu euch steht. … Ich habe dich lieb, der du jetzt hörst: Ich, Christus, der Gekreuzigte und Auferstandene.
Er sagt: »Ich habe die Welt überwunden.«
Das zählt nun, und darauf kannst du bauen. … Ich bin der Herr und Meister dieser Welt. … Und ich, der Herr, sage dir: Laß mich auch dein Herr sein. … Vertrau dich mir an. … Sag mir, was dir fehlt. … Höre, was ich dir sage. … Mein Vater wird dir alles geben in meinem Namen.

Himmelfahrt

Predigttext: Lukas 24,(44–49)50–53

Reinhard Kramm

Theologisch-homiletische Skizze

1. Wenn der Exeget fordert: »auf Verse 44–49 des Predigttextes (kann) nicht verzichtet werden« (Weigandt, Band 4) – dann gerät der Prediger ins Schwitzen! Wie soll man diese Fülle der Themen in einer einzigen Predigt unterbringen? Das »Muß« der Schrifterfüllung (Vers 44) / den speziellen Hinweis auf das Alte Testament (Vers 44) / die christologische Schriftauslegung (Vers 44–47) / Die Ankündigung der Verheißung (Vers 49)? Der Exegese zum Trotz: Ich denke, daß der Prediger bereits in den Versen 50–53 mehr als genug Material finden wird für diese eine Predigt. Und vermute, daß ihm der Hörer dankbar ist: Besser *etwas* verstanden zu haben – als *alles* gehört, aber ...

2. »Abschluß der Zeit Jesu und das Ende des Evangeliums« (Weigandt) – das sei die Eigenart *dieser* Himmelfahrtserzählung im Kontext des Lukasevangeliums. Warum nicht diese Beschreibung beim Wort nehmen? Um »Abschluß« und »Ende« geht es also! Jesus »entschwindet« (Vers 51) den Jüngern endgültig. Sie aber bleiben zurück! Und wie es ihnen, den »Zuschauern« (Weigandt), nach der Trennung ergeht, wie sie weiterleben und weiter glauben, davon berichten Vers 52 und 53.
Abschluß und Ende ... Eine Erinnerung an Karfreitag und Sterben läßt sich kaum unterdrücken. Und mancher Hörer wird an seine Erfahrungen mit dem Tod denken. Bilder von einer »Himmelfahrt« der Seele geben ja für manchen Zeitgenossen eine Deutungshilfe, wie es nach dem Tode weitergeht.

3. Aber eben: Zwischen Karfreitag und Himmelfahrt liegt Ostern. Oder noch pointierter: Himmelfahrt *ist* Ostern, denn »hier im Evangelium fallen sie ... auf einen Tag« (Weigandt). Verweist diese Erkenntnis nicht auf die »Theologie« des Textes? *Es geht um Ende, in dem ein Anfang enthalten ist!* Denn anders als bei denkbaren Analogien aus unserer Erlebniswelt, wo ein echter Abschied wohl nicht ohne Tränen vor sich gehen wird, herrscht hier kein Bild des Jammers!

4. Mit zwei Ereignissen im Text läßt sich diese Theologie begründen:
a) *Der Abschiedssegen* (Vers 50). »Jemanden segnen bedeutet, ihn mit lebensfördernder Kraft zu begaben« (Reclams Bibellexikon, 461). Und interessanter Weise stiftet Jesus diesen Segen nicht bevor, sondern *während* er entschwindet (Vers 51). So erscheinen Segen und Himmelfahrt wie die zwei Seiten einer Medaille, wie Ende und Anfang in einem. Jesus verschwindet. Aber bei seinem Entschwinden werden die Jünger erfüllt mit lebensfördernder Kraft.
Gibt es so etwas? Ein Abschied, der zum Segen wird? Nicht an das Klischee der Schwiegermutter werde ich denken, bei der es »ein Segen« ist, wenn sie endlich geht. Sondern an den Abschied von einem geliebten Menschen. Und ein *Segen* kann dieser Abschied von ihm werden: Wenn er neuen Raum schafft! Der Jugendliche, der sein Elternhaus verläßt, könnte voller Zuversicht sein: Der Abschied schafft Lebensraum. Die vergangene Beziehung aber, wenn ein Segen in ihr ruht, gibt zuversichtliche Kraft.
b) *Die Freude* (Vers 52). Wie zur Bekräftigung, daß der Segen gewirkt habe, ist von der Freude der Jünger die Rede. »Allezeit« (Vers 53) sind sie im Tempel. Und wie

Jesus sie segnete, so preisen (= segnen) sie: Gott. Der Segen gebiert – Segen! Und das wäre das zweite Merkmal der Himmelfahrt: Die Freude aus dem Abschied bleibt nicht individualistisch bei sich. Sondern der Gesegnete wird zum Segensspender: Für Gott. Und damit auch für Gottes Schöpfung, den Mitmenschen.

Vorschläge zur Liturgie

Eingangsspruch

Psalm 67,2–3

Eventuell auch: Gen 26,3: »Ich will mit dir sein und dich segnen«.

Lesung

Eine Auferstehungsgeschichte, die ebenfalls in Bethanien stattfand, findet sich in Johannes 11. Ich wähle die Verse 17–26a als Lesung.

Lieder

Neben den speziellen Liedern zur Himmelfahrt stoße ich auf: »Nun freut euch, liebe Christen gemein« (EKG 239, Vers 9+10); »Ich weiß, woran ich glaube« (EKG 278,1,5+6); »Unsern Ausgang segne Gott« (EKG 141,3).

Gebet vor der Predigt

Jesus Christus, laß uns heute nicht traurig in den Himmel starren, sondern unsere Kraft und unseren Einsatz auf das konzentrieren, was du uns hier auf der Erde aufgetragen hast. Hier, wo du uns Aufgaben stellst, dürfen wir auch Deiner Nähe gewiß sein.

Wir feiern an diesem Tag, daß du Himmel und Erde miteinander verbunden hast. Nicht allein sind wir, sondern du willst bei uns sein alle Tage. Dafür sind wir dir dankbar! (Nach: B. Heim, Beten im Gottesdienst, Neue Folge, S. 85, verändert.)

Gebet nach der Predigt

Gott, viele Dinge und Mächte um uns haben eine solche Höhe erreicht, daß sie alles in den Schatten zu stellen scheinen. Oft verleiten sie uns auch zu glauben, sie seien das Höchste und unser Heil sei in ihnen.

Bewahre uns davor, daß wir uns von ihnen einnehmen lassen. Hilf uns, daß wir heute und immer neu zu deinem Sohn aufschauen.

Herr, du Gott der Höhe und der Gnade, habe Erbarmen und erniedrige dich, um uns zu dir zu ziehen. Sei uns gnädig und schenke uns, daß wir leben und uns deiner freuen. (Nach: Bündner Liturgie, Hg. Synode der evangelisch-reformierten Landeskirche Graubünden, gekürzt.)

Vorschläge zur Predigt

Möglicher Predigtanfang

Scheiden tut weh! Und das wird für die Jünger nicht viel anders gewesen sein als für uns heute.

Das letzte Mal bei einem Menschen sein ... Noch einmal ihn ansehen. Seine Stimme hören. Seine Eigenheiten bemerken: Wie er mich anschaut, was für eine Kraft in ihm steckt. Und dann geht man auseinander. Und weiß: Wir sehen uns nie wieder! Weh tut das allemal – zu scheiden!
Und schmerzhaft stelle ich es mir vor, wenn es in trockenen Worten heißt: »Und er führte sie aber hinaus bis in die Nähe von Bethanien und erhob seine Hände und segnete sie. Und es begab sich, während er sie segnete, entschwand er ihnen..« Das war's von Jesus auf der Welt. Und das Lukasevangelium *endet* mit dieser Geschichte aus Bethanien.
Ausgerechnet das kleine Dorf Bethanien! Schon einmal gab es hier einen Abschied. Von Bethanien erzählten sich die Leute jene unglaubliche Geschichte des Lazarus. Selbst in den Tod, so sagte man, hätte der Glaube ihm noch Leben gebracht. Und was nach Abschied aussah, wurde für die glaubenden Herumstehenden – ein Neuanfang.
Ob es am Ort liegt? Denn auch bei uns nimmt dieser Abschied eine überraschende Wendung: »Und sie kehrten mit großer Freude nach Jerusalem zurück. Und sie waren allezeit im Tempel und priesen Gott.« Kein Wort von Tränen und Trauer. Kein Wort von Trennung und Resignation.
Ist denn nicht – alles vorbei?
Zumindest ein Segen, so hörten wir, der bleibt den Jüngern. Ein Segen – als Jesu letztes Wort. Und nachdem er fertig gesprochen ist, ist Jesus verschwunden.
Ich frage mich, ob es das gibt: einen Abschied, der zum Segen wird? Eine Trennung, die Freude und Leben schafft? Was steckt in diesem Segen zum Schluß?

Zum weiteren Verlauf
Ein Jugendlicher fällt mir ein, der sein Elternhaus verläßt. Auch da haben wir einen Abschied! Gegen zwanzig Jahre wird man zusammen gelebt haben. Oft Wand an Wand. War sich nah. Und dann wieder nicht. Hat sich aneinander gewöhnt. Und vermutlich auch lieb gewonnen, den anderen mit seinen Eigenheiten, den Vorlieben und Unsitten ... Und nun der Abschied. Fort vom Elternhaus. Scheiden tut weh!
Tut es wirklich weh? Dem Zwanzigjährigen jedenfalls eröffnet sich die Welt ganz neu! Jetzt könnte er Raum gewinnen – nicht nur äußerlich! Denn all das kann nun gelebt werden, was man zwanzig Jahre gelernt hat und nur unter Aufsicht der Eltern ausprobieren konnte. Jetzt könnte das Leben beginnen – noch einmal ganz neu!
Auch für die Jünger könnte mit der Himmelfahrt ein neuer Abschnitt des Lebens beginnen. Die Zeit mit Jesus ist vorbei. Und ob sie Früchte getragen hat, diese Zeit, und ob sie die Zeit überhaupt wert war – all das wird sich jetzt zeigen. Es könnte sich zeigen ...
Aber: Wollten die Jünger den Abschied überhaupt? Es sind ja nicht sie, die sich von Jesus lösen, quasi aus dem Elternhaus heraus. Sondern es ist Jesus,

der von ihnen geht. Und gerade das Scheiden tut weh, das ungewollt ist. Der andere geht – nicht ich!
Beängstigende Erinnerungen kommen dem Mädchen, dem der Freund eines Abends ›Lebewohl‹ sagte. Und mit Schmerzen wird der Mann zurückdenken, dessen Frau eines Tages starb. Wie will man von neuem Leben reden, wenn der Abschied ungewollt ist?
In solchem Moment wird die Versuchung groß, von jetzt an nur noch rückwärts zu denken! Der schmerzlich Verlorene und die gemeinsame Zeit mit ihm – die werden in den Himmel gehoben! Das Gestern war Himmel – aber mein morgiger Tag?
Als Jesus von den Jüngern geht, läßt er ihnen den Segen! Ein Segen, so sagt mein Lexikon, ist eine »lebensfördernde Kraft«.
Geheimnis ist diese Kraft wohl allemal! Denn woher kam sie, wenn sie einer erfährt? Die Kraft, eine Trennung zu überstehen? Die Kraft, ja zum Leben zu sagen – trotz aller Schmerzen des Abschieds? Es gibt Menschen, denen ist erst im Rückblick bewußt geworden, daß in ihrem schmerzlichen Abschiednehmen – wohl doch ein Segen lag. Unter Tränen wird bisweilen die Kraft geboren, die dann hält – ein Leben lang. Ist solche Kraft nicht – Gottes Kraft? Denn plötzlich ist sie da – und kommt doch nicht von mir ...
Wenn die Jünger sich »freuen«, dann geht ihrer Freude die Geschichte des Abschieds voraus. *Nun* aber zeigt die Freude, daß im Abschied von Jesus ein Segen lag! Denn aus der Beziehung zu ihm wuchs eine Kraft. Und mit dem Abschied kann zu blühen beginnen, was in den Jahren der gemeinsamen Beziehung entstand. Freude heißt, daß es eine gute Beziehung war. Deshalb entstand in ihr segnende Kraft zum Leben.

Möglicher Schluß
Ein Abschied, in dem Segen liegt, der wäre manchem irdischen Abschied zu wünschen! Denn täglich nimmt einer Abschied. Und manchmal für immer. Ob er nun ausgesprochen wird, der Segen, so wie von Jesus – oder ob er still wirkt aus der geheimnisvollen Kraft einer glücklichen Beziehung – das dürfte eher nebensächlich sein.
Die Jünger jedenfalls preisen Gott im Tempel. Und eigenartig ist es schon: Im Griechischen ist das Wort ›preisen‹ das gleiche wie ›segnen‹. Sie ›segnen‹ also Gott im Tempel. Was sie von Jesus empfangen haben, das geben sie weiter in die Öffentlichkeit. Segen, der nicht bei mir bleibt! Segen, der neuen Segen gebiert! Eigentlich etwas, das aus jedem guten Abschied entstehen müßte.
Der Herr segne uns und behüte uns! Amen.

Kontexte

Himmelfahrt ist Abschied ...
Leute von Orphalese, der Wind gebietet mir, Abschied von euch zu nehmen. Ich habe es minder eilig als der Wind, doch ich muß gehen. / Wir Wanderer, die wir stets

den einsameren Pfad suchen, beginnen keinen Tag, so wir den Tag vorher beendigt; und kein Morgenrot findet uns, wo uns das Abendrot verließ. / ... / Wir sind der Samen der beharrlichen Pflanze, und in der Reife und Fülle unseres Herzens sind wir dem Winde preisgegeben, der uns zerstreut. / Kurz waren meine Tage unter euch, und noch kürzer die Worte, die ich gesprochen. / Doch sollte meine Stimme in eurem Ohre verklingen und meine Liebe in eurem Gedächtnis entschwinden, so werde ich wiederkommen. / ... / Wahrlich, ich werde wiederkehren mit der Flut; / Und möge auch der Tod mich verbergen und das größere Schweigen mich verhüllen, so werde ich dennoch wieder euer Verstehen suchen. / Und mein Suchen wird nicht vergeblich sein. (Kahlil Gibran, Der Prophet, Walter-Verlag, CH-Olten, S. 61f.)

Himmelfahrt ist Neuanfang ...
Nehmen wir die Geschichte zur Hand, so finden wir, daß die Jünger Jesu unmittelbar nach dem Aufhören der Erscheinungen von ihm noch einen Augenblick der Ungewißheit, der bangen Erwartung und des Zagens durchmachten. Jetzt erst schien er ihnen recht gestorben und genommen. Nach wenigen Tagen aber fühlten sie seine Nähe, seine Gegenwart wieder, lebhafter als nie zuvor. Das stimmt ganz mit einer Erfahrung, die wir selber machen, wenn uns jemand, den wir sehr lieben, stirbt. In den ersten Zeiten erscheint er uns viel mehr tot, fern, für uns verloren, als dann später. Da wacht der liebe Tote gleichsam wieder für uns auf, wir haben ihn, wir pflegen eine Gemeinschaft der Seele mit ihm. Mehr noch: wir erkennen gar oft liebe Menschen, einmal gestorben, besser, als da sie noch am Leben waren; die Hülle ist gefallen, wir schauen in ihre Seele hinein, ihr Innerstes geht uns auf, ihr Geist ist uns so nahe, daß wir uns mit ihm unterhalten können. (Albert Bitzius d.J., Predigten 6. Band 1897, S. 153f.)

Himmelfahrt ist Leben in Verheißung ...
Von einem jüdischen Lehrer, einem Rabbi, ging die Sage, daß er jeden Morgen vor dem Frühgebet – zum Himmel aufsteige. Ein Gegner lachte darüber und legte sich vor Morgengrauen auf die Lauer. Da sah er: Der Rabbi verließ, als Holzknecht verkleidet, sein Haus und ging zum Wald. Der Gegner folgte von weitem. Er sah den Rabbi Holz fällen und in Stücke hacken. Dann lud der Rabbi sich das Holz auf den Rücken und schleppte es in das Haus einer armen, kranken, alten Frau. Der Gegner spähte durch das Fenster, und er sah den Rabbi auf dem Boden knien und den Ofen anzünden. Als die Leute später den Gegner fragten, was es denn nun auf sich habe mit der täglichen Himmelfahrt des Rabbi, sagte er: »Er steigt noch höher als bis zum Himmel.« (Nach: W. Hoffsümmer, Kurzgeschichten 2, S. 152)

Exaudi

Predigttext: Johannes 15,24–16,4

Gabriele Suck

Theologisch-homiletische Skizze

Wem ein Tröster zugesagt wird und wer sich eine solche Zusage gefallen läßt, ist ganz offensichtlich trostbedürftig. Für den Evangelisten Johannes resultiert die Trostbedürftigkeit derer, für die er schreibt, aus dem Widerstand, den die Existenz der Gemeinde Jesu Christi in der Welt hervorruft. Die »Welt« und ihre Repräsentanten hassen die Gemeinde, wie sie zuvor die Jünger und Jesus haßten, weil diese sie mit der Wahrheit über ihr Wesen konfrontierten. Die Gemeinde hat diese Wahrheit angenommen, ihr wurde der Friede Gottes zuteil, der als Liebe zueinander sichtbar wird. Die »Welt« hat die Wahrheit nicht angenommen, sie erlebt die Geschlossenheit der Gemeinde weiterhin als Herausforderung, gegen die sie sich wehrt. Dem Haß der »Welt« ist nun nicht mit irgendwelchen Taktiken und Tricks beizukommen, auch nicht, indem die Gemeinde nun etwa ihre Solidarität mit der der Rettung bedürftigen Welt demonstriert oder gar ihre Glaubensinhalte als positiven Beitrag zu einer gerechten Weltgestaltung, als Programm zur Rettung der Welt, ausgibt. Vielmehr ist der Haß der »Welt« als notwendige Folge der Offenbarung auszuhalten, zu ertragen und zu dulden. Dazu aber bedarf die Gemeinde des zugesagten Trösters, des Beistandes. Die johanneische Gemeinde hat sich also auf Konfrontation mit der Welt einzustellen, wenn sie in Wahrheit Gemeinde Jesu Christi sein und bleiben will. Sie kann das, weil alles, was ihr widerfährt, in den Worten Jesu bereits gesagt ist und nur der Erinnerung an ihn und an die Situation des Anfangs bedarf.

Wo aber, an welcher Stelle, erfährt sich die Gemeinde Jesu Christi heute bei uns als eine gehaßte und verfolgte Größe? Ich habe dort, wo ich als Christin lebe und arbeite, eine derartige Erfahrung bisher noch nicht gemacht, wenn ich von manchen Unannehmlichkeiten in der Folge von nicht gewährten, volkskirchlich vielleicht berechtigten Ansprüchen absehe. Heißt das etwa, daß ich keine richige Christin bin? Daß mein Zeugnis nicht echt ist? Daß ich feige bin?

Was ich von mir persönlich sage, ist auch auf die Gemeinde übertragbar. Sie ist bei uns so sehr mit der Gesellschaft verflochten, daß von einem echten Gegenüber oder gar einem Gegensatz kaum zu reden ist. Hier sehe ich denn auch den Ansatzpunkt für eine Predigt über diesen Text. Sie hat nicht über Verfolgung von Christen in anderen Teilen der Welt, die es in der Tat ja gibt, zu reden, sondern Mut zu machen zu seinem Leben, das sich nicht auf die Zustimmung der Gesellschaft und der Welt verläßt, sondern der Nähe und der Zustimmung des Offenbarers vertraut, der identisch ist mit dem leidenden und erhöhten Herrn und dem zugesagten Tröster. Die Predigt hat also die Aufgabe, einer Gemeinde, die derart in die Gesellschaft eingeflochten ist, wie es die unsrigen sind, die Augen für die Notwendigkeit des Leidens in der Nachfolge Jesu zu öffnen und die Kraft zu geben, dieses Leiden auf sich zu nehmen und auszuhalten. Die Scheu, mit Andersdenkenden in Widerspruch zu geraten, anzuecken und diffamiert zu werden, muß überwunden werden, soll das Zeugnis der Gemeinde wirklich authentisches Zeugnis von Jesus sein. Der Trost, den der zugesagte Tröster gibt, kann nicht Beschwichtigung, sondern muß Zuversicht sein, eine Zuversicht, die sich aus der Gewißheit herleitet, mit dem Geist der Wahrheit ausgerüstet zu sein.

Angelpunkte, an denen sich die Gabe des Geistes der Wahrheit zu bewähren hat, wären etwa unser Umgang mit den Schwachen in der Gemeinde, den Fremden unter uns, die Verwendung kirchlicher Gelder, der Verzicht auf Ausübung unterdrückender Macht zugunsten einfühlsamen Teilens anvertrauter oder erworbener Gaben.

Vorschläge für die Liturgie

Eingangsspruch

Siehe, um Trost war mir sehr bange. Du aber hast dich meiner Seele herzlich angenommen, daß sie nicht verdürbe. Denn du wirfst alle meine Sünden hinter dich. (Jesaja 38,17)

Gebet (aus: Jörg Zink, Wie wir beten können, Kreuz Verlag, Stuttgart 1970)

Herr, du hast gesagt,
wer mit dir leben wolle, werde mit dir sterben.
Das ist ein tiefer Trost in einem harten Wort.
Du willst, daß ich mich trenne
von meinen Lebenshoffnungen und Lieblingsgedanken.
Du willst, daß ich es mir gefallen lasse,
daß die Menschen mich mißverstehen.
Daß ich es ertrage, einsam zu sein.
Daß ich mich vor Schmerzen nicht fürchte
und die Angst vor dem Tod überwinde.
Du willst mich begleiten auf diesem Weg.
Du willst mir meine Schuld abnehmen,
damit ich die Schuld anderer trage,
als wäre es die meine.
All ihre Last. Ihre Verlassenheit,
ihre Eigensucht, ihre Gier und ihren Neid,
ihre Rücksichtslosigkeit und Bosheit.
Du willst, daß ich einsam hinausgehe,
wohin man die Schuldigen ausstößt,
damit ich lerne, mich an dich zu halten.
Mein letzter Weg wird ohnedies einsam sein,
wenn ich dich nicht habe.
Du willst, daß ich mein Teil trag
an dem Fluch, der über den Menschen liegt.
Hilf du mir tragen.
Ich danke dir, daß du mich trägst.

Gnadenspruch

Dem Erbarmen Gottes können wir vertrauen. Wir können guten Mutes sein in Schwachheit, in Mißhandlungen, in Nöten, in Verfolgungen und Ängsten um Christi willen, denn so spricht der Herr: Laß dir an meiner Gnade genügen; denn meine Kraft ist in den Schwachen mächtig.

Lesung
2. Korinther 6,1–10 (von der Bewährung des Apostels in seinem Dienst)

Kollekte
Du willst dein Licht entzünden in uns, deinen heiligen Geist eingießen in uns. Wir bitten dich, daß wir, getrieben von diesem Geist, die Wahrheit suchen mögen und dein Wort achten und Jesus finden, deinen Knecht, deinen Sohn, dein Leben, unseren Weg. (nach Huub Oosterhuis)

Lieder
Wir bitten, Herr, um deinen Geist, 622 im badischen »Anhang 77« – Komm in unsere stolze Welt, 851 im »Anhang 77« – Jesus lebt, mit ihm auch ich, EKG 89

Vorschläge für die Predigt
Eine Gemeinde feiert ihr Gemeindefest, zwei Tage lang. Kaffee und Tee, Kuchen und Torten werden den Besuchern angeboten. Es gibt gegrillte Wurst und gegrillte Steaks, wahlweise mit Brot oder Brötchen, pommes frites oder Kartoffelsalat, belegte Brote, Salate und sonntags mittags Eintopf mit Dampfnudeln; Bier vom Faß, trockenen Wein, Alkoholfreies und nachts eine Sektbar. Ein Flohmarkt lockt Kauflustige an, eine Tombola mit mehreren hundert Gewinnen winkt, eine amerikanische Versteigerung. Auf der Bühne laufen verschiedene Vorführungen ab, eine Kapelle spielt zum Tanz auf. Dutzende von Mitarbeiterinnen und Mitarbeitern sind tage-, ja, wochenlang vor dem Fest, während des Festes und danach mit der Vorbereitung, der Durchführung und dem Abschluß beschäftigt. Der Erlös geht, das ist ein eindeutiger Beschluß des Ältestenkreises, in eine gemeinsame Kasse. Verwendungszweck: ein Teil für die eigene Gemeinde, ein Teil für notleidende und bedürftige Menschen außerhalb der eigenen Gemeinde.
Eine Gruppe, die sich mit umwelt- und dritteweltbewußter Ernährung befaßt, will Vollkornwaffeln backen und den Erlös durch den Verkauf dieser Waffeln »Brot für die Welt« zugute kommen lassen. Die Gruppe möchte auch einen Dritte-Welt-Verkaufsstand aufstellen. Das geht nicht, denn: Alles beim Gemeindefest eingenommene Geld soll in die Gemeindekasse. Wir sind doch eine Gemeinde, heißt es. Wohin soll das führen, wenn jede Gruppe ihre eigenen Interessen vertritt?
Später Manöverkritik: Es war ein harmonisches Fest, gut besucht, allen hat es gefallen. Alle Erwartungen wurden erfüllt, der Erlös wie jedes Jahr eine stattliche Summe. Herzliches Dankeschön an alle und bis zum nächsten Jahr! Eine zaghafte Stimme: Woran war zu erkennen, daß es ein Fest der Gemeinde war? Wodurch hat sich dieses Fest von einem Fest der freiwilligen Feuerwehr oder des Turnvereins unterschieden? Welchen Akzent haben wir gesetzt? Welche Chance hatten die Bewohner des Notwoh-

nungsgebietes, die doch auch zu unserer Gemeinde gehören, welche die Alleinstehenden, die nicht in einer Clique kamen, welche die Fremden, die niemand von uns kannten?

Die Fragen sitzen! Da wird an das Selbstverständnis der Gemeinde gerührt. Wodurch unterscheidet sich denn das Fest einer Gemeinde vom Fest einer beliebigen gesellschaftlichen Gruppe? So wie das beschriebene laufen ja viele Gemeindefeste ab. Die Leute wollen das so, sie sind es so gewohnt, es wird so erwartet, heißt es. Ich kenne auch andere Gemeindefeste, sagt jemand. Da wird kein Alkohol ausgeschenkt, kein Fleisch gegrillt, keine Unterhaltung konsumiert. Da spielen die Gäste miteinander und singen. Das geht bei uns nicht, da kommt doch keiner, das bringt doch nichts ein.

Gedanken zum weiteren Predigtverlauf

Ich würde der Frage nachgehen, warum es uns so schwerfällt, uns zu unterscheiden. Ist es mangelnde Fantasie, oder fehlt es am Bewußtsein, was Gemeinde ihrem Wesen nach ist? Die Gemeinde paßt sich an, reagiert auf Erwartungen, pflegt Traditionen. So ist sie Teil der Welt geworden und nicht mehr ihr herausforderndes, aufrüttelndes Gegenüber. Sie will viele erreichen, alle ansprechen, niemanden vor den Kopf stoßen, Geld einnehmen und verliert darüber ihre eigenes Profil. Das war nicht immer so.

Der Predigttext hat eine andere Gemeindesituation vor Augen. Da ist von Nachstellungen, Anschlägen und massiven Bedrohungen die Rede, die die Gemeinde durch die erfährt, die nicht zur Gemeinde gehören.

Jetzt sollte nicht darüber reflektiert werden, wer denn nun heute dazugehört und wer nicht. Jetzt muß herausgestellt werden, daß das Dazugehören zur Gemeinde in einen unversöhnlichen Gegensatz zur Welt führt, weil Jesus eben nicht die geltenden Gesetze der Welt bestätigt, sondern das Gebot der Liebe gelebt, eine Umkehrung der Maßstäbe also vorgenommen hat.

Diese umgekehrten Maßstäbe zu leben bedeutet, Zeugnis von Jesus geben, und das macht das Wesen der Gemeinde aus. Jesus hat mit seinem Leben gezeigt, was Liebe ist, die Gemeinde zeigt mit ihrem Leben, was Liebe ist, weil sie Zeugnis von Jesus gibt. Aber sie kann das nicht aus eigenem Vermögen und mit eigener Kraft. Sie braucht dazu den Geist, der von Gott kommt, den Geist der Wahrheit, den Tröster. Eine Gemeinde, die mehr danach trachtet zu lieben, als geliebt zu werden, wird sich unausweichlich als trostbedürftig erfahren.

Dafür können Beispiele angeführt werden, etwa: Eine Gemeinde, die den finanziellen Erlös ihres Gemeindefestes für den Ausbau eines Frauenhauses statt für die Modernisierung einer veralteten Gemeindeküche ausgibt, muß mit Unverständnis und Fortbleiben einiger Mitarbeiter rechnen.

Eine Gemeinde, die ihre Räume Asylanten unentgeltlich für Familienfeiern überläßt, von Einheimischen aber eine Miete verlangt oder ihnen die

Räume gar verwehrt, muß ebenfalls mit Protest, Ärger und dem Fernbleiben gekränkter Menschen rechnen.
Eine Gemeinde, die in ihren diakonischen Einrichtungen Jugendlichen eine Arbeitschance gibt, die sie auf dem freien Arbeitsmarkt nicht hätten, muß auf Konflikte gefaßt sein, wenn etwas nicht klappt.
Eine Gemeinde, die etwa zu Rassendiskriminierungen, Fremdenfeindlichkeit und Arbeitsregelungen nicht schweigt, ruft Widerstand hervor.
Das alles ist nur auszuhalten, weil Jesus solche Folgen des Eintretens für die Wahrheit vorausgesagt hat und weil Liebe immer irgendwie willkürlich und nie aufrechnend handelt und auf Zustimmung nicht angewiesen ist.
Das ist das Wesen der Gemeinde: Als Zeuge von Jesus tritt sie ein für die Menschen, die des Beistandes, der Fürsprache, Ermutigung, des Trostes und der Unterstützung bedürfen, und schont sich dabei nicht, sondern hält alle Verunsicherung, allen Protest und jeden Konflikt aus, weil sie weiß: Ein Tröster ist ihr gewiß.

Möglicher Schluß
Vielleicht träumen Gemeindeglieder von einer Gemeinde, die ein Ort der Ruhe und der Harmonie, der Geborgenheit und des Trostes ist. Sie wünschen sich einen konfliktfreien Raum, der offen ist für alle, die sich von den Konflikten draußen erholen möchten. Jesus aber sagt Anstoß, Bedrohung, Verfolgung für die Gemeinde voraus. Der Geist der Wahrheit wühlt auf. Er kratzt an den Verkrustungen bei liebgewordenen Traditionen. Er will erneuern, nicht bewahren.
Jesus, der uns solches vorausgesagt hat, hilft, es durchzustehen. Er sagt: »Solches habe ich zu euch geredet, damit ihr, wenn die Stunde kommt, euch erinnert, daß ich es euch gesagt habe.«
Tröstet der Umstand, daß Jesus Konflikte vorausgesagt hat? Ist der Anstoß dadurch beseitigt, daß man weiß, welches Risiko die Gemeinde mit ihrem Zeugnis eingeht? Tröstet nicht viel mehr das Wissen und die Erinnerung an die Worte, die Jesus sagte, daß Leid und Verfolgung nötig sind, um die Geister zu scheiden, nämlich die, die den Vater und den Sohn kennen, von denen, die beide nicht kennen?
Komm, Geist der Wahrheit, komm, nicht daß wir Ruhe finden, sondern daß wir zu wahren Zeugen werden.

Kontext

Trefflich sorgt
hierorts die Kirche
für einige Nebenbedürfnisse
des Mittelstandes.

Gefragt sind:
ein Hauch heiler Welt
mit Dias und Filmen
bei Kuchen und Tee.

Ist dafür
einer
einst aufgehängt
worden?

(Kurt Marti)

Pfingstsonntag

Predigttext: Johannes 14,23–27

Claus Altrock

Theologisch-homiletische Skizze

Mit Henning Paulsen (Band 4) halte ich die Abgrenzung der Predigtperikope für »wenig glücklich«. Ich kann auf die Frage nur schlecht verzichten, die diese Argumentation Jesu hervorruft. Da ich in meinem Entwurf die Friedensfrage nach Basel und Seoul nicht beiläufig behandeln möchte, entscheide ich mich drum für die Abgrenzung, die Nestle-Aland 26. Auflage anbietet, und beziehe Vers 22–26 in meine Vorüberlegungen ein.

Mit Henning Paulsen sehe ich in Vers 26 das Charakteristische dieses Parakletspruches: »Seine (des Parakleten) eigentümliche Aufgabe liegt im Eingedenken der Worte des Scheidenden und in ihrer Vermittlung mit der gegenwärtigen Welterfahrung.« Ich möchte darüber hinaus den Vers 16 mit meditieren, wo Jesus sich ja selbst als den »einen Parakleten« bezeichnet, dem der andere folgt und zuarbeitet. Offen ist für mich, ob ich von Vers 23 und 24 (»wer mich liebt, wer mich nicht liebt«) die Konsequenzen für die »Handlungsorientierung« der Glaubenden« ziehen kann. Ernst Käsemann (Exegetische Versuche und Besinnungen, Band 1 Seite 258f.): »Er (der Glaubende) kann den Christus nicht lieben wie einen anderen Menschen und schon gar nicht den Christus imitieren oder repräsentieren. Er kann nicht einmal so zu seinem Herren flüchten, daß er der Verantwortung und der eigenen Entscheidung überhoben wäre …«

Hilfreich ist mir der Hinweis von Jürgen Becker (Oekum. Kommentar zum NT, Band 4/2 Exkurs Paraklet Seite 473), daß wir »in den Zusammenhang derjenigen urchristlichen Geisttradition, die den Geist verstehbarer Rede zuordnet, also wort- und traditionsbezogen versteht«, eintreten.

Weil beim Frankfurter Kirchentag der Lernprozeß im Umfeld der charismatischen Bewegung sich an der »Halle der Stille« festmachte, habe ich mich entschieden, von daher den Zugang zum Text zu suchen.

Zur Liturgie

Lieder

EKG 108,1–4; 101,1–5; 104,1–4 – 97,1+2 – 107, besonders 2 und 6 – »Das ist des Herren Wort an uns …« (Text von Gerhard Valentin – ganz nahe bei dem Predigttext – Quelle: Gottes Volk geht nicht allein, Wittig Verlag Hamburg 1975, abgedruckt auch: Singe Christenheit Kassel 1981 Nr. 642)

Lesungen

Ezechiel 37,25 bis 28 – oder 36,22a, 23–28
Apostelgeschichte 2,1–18

Eingangspsalm

Psalm 118,24–29

Aufforderungen zu Bittruf und Lobpreis
Frei möchten wir sein, wahrhaftig, leben –
wie oft sind wir unsere eigenen Feinde, gebunden an Vorurteile und Lüge, Schuld und Todesangst. Auf Gottes Erbarmen angewiesen, rufen wir: ...
Den Frieden lasse ich euch, meinen Frieden gebe ich euch, euer Herz erschrecke nicht und fürchte sich nicht.
Laßt uns ihm danken und in den Lobpreis einstimmen ...

Kollektengebet
Tröster, heiliger Geist, der du größer und weiter bist, als unsere Herzen fassen können, führe uns über uns hinaus in die Weite des Glaubens und gib uns Lebensraum in deiner Kirche, der du uns dem Vater liebgemacht hast und in der Einheit mit Jesus Christus, unserem anderen Tröster, unter uns wirkst in Ewigkeit, wir beten dich an. Amen.

Credo
Nicänum

Gebet
Tröster, Heiliger Geist, du hast uns zugesagt, bei uns zu sein, uns in der Liebe zu Gott zu üben, uns das Wort Jesu Christi zu vergegenwärtigen, unsere Hoffnung auf das kommende Reich zu erneuern, uns an deinen Gaben Anteil zu geben, uns im Glauben kritische Distanz zu unserer Welt zu ermöglichen;
wir bitten dich, befreie uns von der Sorge um uns selbst und schenke uns das Vertrauen, daß du bei uns bleibst und für uns sorgst. Gib, daß wir uns nicht so wichtig nehmen, erneuere unsere Geduld und unseren Humor, mach uns fähig, zu teilen und uns zu freuen. Nimm unsere Freude, unseren Dank und unseren Lobpreis an.

Zur Predigt
Möglicher Einstieg
In wenigen Tagen ist Kirchentag im Ruhrgebiet. Manche von uns haben sich angemeldet, andere überlegen, ob sie für einen Tag hinfahren sollen. Was könnte uns dort erwarten? Das Motto »Gottes Geist befreit zum Leben« zeigt in eine Richtung, in die viele aufgebrochen sind, zu suchen. Die »Halle der Stille«, Informationsangebote vieler Schwestern/Bruderschaften bzw. Aktionsgruppen werden zu Erfahrungen mit einer Spiritualität einladen, die der Gegenwart des Geistes Gottes mehr Aufmerksamkeit schenkt, als wir gewohnt sind.
Unser Schriftwort führt uns in diese Zusammenhänge ein. Vielleicht ermöglicht uns dieses Wort, genauer zu benennen, was wir für uns suchen, oder einige der Antworten zu hinterfragen, mit denen wir uns bisher ausgeholfen haben.

Skizze weiterer Überlegungen
Johannes gibt dem Geist Gottes einen Namen: Jesus sagt: Der Paraklet, der Tröster, der Stellvertreter, das ist der Heilige Geist, der wird euch auf den Weg helfen. Laßt euch auf ihn ein, geht mit ihm mit, dann seid ihr auf dem Wege, den ihr mit mir begonnen habt, und seid geborgen in der Liebe des Vaters.
Ich höre in diesem Pfingsttext eine klare Aussage und stoße in seinem Sachzusammenhang auf eine einleuchtende Begründung.
1. Die Ansage des Parakleten ruft uns in eine andere Geisttradition, die charismatisch ist, aber nicht auf Krafterweise des Geistes angelegt ist, sondern auf die Gegenwart des Geistes im Wort.
Die geistliche Gemeindeerneuerung berührt viele Menschen in unserem Lebensraum: Katholiken, Baptisten wie Gemeinden der evangelischen Landeskirche. Da begegnen mir Menschen, die suchen lebendige Gottesdienste, in denen geschieht, was angesagt wird, alle Sinne und Hoffnungen angesprochen werden: Wenn fröhlich gesungen, vielleicht geklatscht und getanzt wird, wenn wirkliche Stille und Freiräume zur Anbetung befreiend wahrgenommen werden, wenn schlichte Menschen ihre Freude am Glauben und ihre Lösungsversuche in Konflikten benennen dürfen, wenn verschiedene Charismen (Gnadengaben) und Personen zu Wort kommen, dann erleben manche eine innere Zustimmung (einen Widerhall) in sich, den sie als Zeichen der Gegenwart des Geistes Gottes deuten, dann suchen sie weiter nach Stunden und nach Gemeinschaften, in denen diese Wirklichkeitsdeutung sie berührt und trägt.
Ich kenne eine katholische (charismatische) Gemeinde, in der sich viele dieser Erfahrungen und Sehnsüchte bündeln, in deren Versammlungen prophetische Rede und Zungenrede/Sprachensingen (durchaus im Sinne von 1. Kor 12) praktiziert werden. Bei meinem letzten Besuch spürte und hörte ich, daß eine andere Geisttradition an Gewicht gewinnt: Nicht der Erweis der Kraft stand im Mittelpunkt, sondern die Vergewisserung durchs Wort und die persönliche Indienstnahme des einzelnen.
Diese sich dort ankündigende »andere Geisttradition« steht für mich in einem erkennbaren Zusammenhang zu diesem Johanneswort: »Der Paraklet wird euch alles lehren und euch an alles erinnern, was ich euch gesagt habe.« Damit werden dem Geist Gottes zwei elementare Funktionen zugeschrieben: Er *erinnert* Christen an die Worte Christi, er macht die Tradition klarer, deutlicher, elementarer, er bringt sie zum Leben. Und: Der Geist Gottes kann uns *lehren*, er schärft den Blick für unser Leben miteinander und in dieser Gesellschaft, er hilft uns, die Welt, in der wir leben, zu durchschauen und zu entdecken, wie Gott die Zukunft der Welt bestimmt und welche Entscheidungsspielräume uns der Glaube eröffnet.
Viele von uns kennen Christen, die ihnen ein Stück weitergeholfen haben, die sie z.B. vollmächtig an Jesu Worte erinnert haben – oder die ihnen zu einem Durchblick durch ihre Welt geholfen, sie so gelehrt haben. Das

Wunder des Geistes ist, daß er uns ganz und überzeugend in die Sache Gottes hineinzieht, daß er uns *alles* lehrt und *alles* erinnert, daß er aufblitzen läßt, was wir am Ende als Gewißheit leben dürfen (1. Kor 13,12).
2. Der Sachzusammenhang einer trinitarischen Begründung unseres Kircheseins wird mir an diesem Johanneswort verstehbar.
Einer der vier anderen Parakletsprüche lautet: Jesus sagt: »Ich will den Vater bitten, und er wird euch einen anderen Tröster geben, daß er bei euch sei ewiglich«. Daraus erschließt sich für mich: Jesus ist der eine Paraklet, der Geist der andere.
Jesus hat verbindlich und mit Vollmacht (Mat 7,29) die Schrift, die hebräische Bibel, ausgelegt. Er hat den Jüngern den Reichtum der Liebe Gottes erschlossen und sie so auf den Weg der Nachfolge gerufen, indem er die Schrift erinnert und vergegenwärtigt (Mark 10,17ff.: »und er liebte ihn«). Jesus handelt aus der Kraft des Geistes und widersteht den Versuchungen und gebraucht die Schrift, um seinen messianischen Auftrag zu bezeugen (Lukas 4,1–13 u.ö.). In Jesus erfüllt sich die Schrift, und es geschehen die Zeichen der angesagten messianischen Zeit, Kranke werden gesund, und die gute Nachricht dringt zu den Armen und Ausgestoßenen, in ihm wirken die Charismen, nach denen sich Gemeinden und Gruppen heute sehnen.
Der eine Paraklet hat das Werk begonnen, und der andere setzt es fort. Das versucht Johannes mit einer Art »trinitarischer Begründung« zu verdeutlichen:

Der Vater sendet den Geist im Namen Jesu.
Wer sich auf das vom Paraklet/Geist gedeutete Wort Jesu einläßt, lebt in der Liebe des Vaters.
»wir« werden zu ihm kommen und bei ihm Wohnung machen«
der eine und der andere Paraklet kommen in der Gemeinde zur Wirkung und machen Wohnung in ihr.
Wo die beiden Parakleten wirken, da wohnt Gott mitten in seinem Volk (Ezech 37,26f.)

Wer sich auf den in der Gemeinde wirksamen Geist einläßt, hat teil am Geheimnis Gottes, das die Väter mit dem Gedanken der Trinität zu denken und anzubeten versuchten.

Schlußbemerkung
Ich kann in solchem Zusammenhang nur persönlich reden und jede Ermahnung zurücknehmen hinter das Eingeständnis, daß ich auf dem Wege bin.
Darum: Ich fühle mich eingeladen, an der ganzen Schrift zu arbeiten und sie von Jesus her zu lesen und zu meditieren.
Ich weiß mich gehalten, weil ich an dem inneren Dialog mit der charismatischen Bewegung teilnehmen darf, der in der Ökumene läuft und meine Kirche manchmal erreicht.
Ich kann mich ohne Furcht Bewegungen und Menschen nähern, die sich auf den Geist Gottes berufen und mich einladen, mit ihnen Erfahrungen zu machen.

Kontexte

Otto Weber, Grundlagen der Dogmatik, Neukirchen 1955, Band 1, Seite 435:
»Nur wenn wir die Einheit Gottes auch in seinem Werk stets im Auge behalten, können wir einer isolierten ›Theologie des ersten Artikels‹, einem isolierten ›Christozentrismus‹ oder einer isolierten ›Spiritualisierung‹ der Theologie entgehen. Ja, man kann sagen, daß hier die Trinitätslehre ihren unmittelbaren Bezug auf die Frömmigkeit gewinnt: es ist unschwer zu sehen, daß mit dem Zerfall oder dem Zurücktreten der Trinitätslehre im Bewußtsein der Gemeinde dann auch allemal die Frömmigkeit einseitig wird, und gemessen an der Lebendigkeit und am Reichtum des biblischen Zeugnisses, verarmt... sie wird auch zur ›geistlichen Haltung‹, die keinen Halt hat und an ihrer Substanzlosigkeit zugrundegeht.«

Derselbe, Band 2, Seite 286:
»Der Geist übt auch die intercessio, die nach dem überlieferten Schema zum munus sacerdotale Christi gehört, besagt die Adoption, daß wir contra naturam auf Gottes Seite stehen, so besagt die intercessio, daß Gott und Christus contra naturam auf unserer Seite stehen, heute, hier, und trotz allem.
Es ist von Belang, daß Johannes den Geist als den anderen Tröster (Anwalt) bezeichnet (Joh 14, 16 und 26). Wieder ist an Römer 8,26f. zu denken. Der Geist steht auf unserer Seite, das ›Gott für uns‹ hat in ihm eine punktuelle Zuspitzung.«

Pfingsten
(Gebet aus einem russ. orthodoxen Abendgottesdienst)

Wir verehren Dich, Christus,
Du bist die Quelle des Lebens. Wir verehren Deinen heiligen Geist,
den der Vater auf Deine Jünger ausgießt.
Wir haben das wahre Licht gesehen,
wir haben den Heiligen Geist empfangen,
wir haben den wahren Glauben gefunden,
wir beten die unteilbare Dreieinigkeit an:
Du hast uns erlöst!

Die Kraft, die heute herabkommt,
ist der Geist der Güte,
der Geist der Weisheit Gottes,
der Geist, der vom Vater ausgeht
und sich durch den Sohn uns Gläubigen offenbart,
in ihnen Wohnung nimmt,
so daß Er sichtbar wird.

Heiliger Geist,
Licht und Leben,
lebendige Quelle der Erkenntnis und des Verstandes:
Geist der Wahrheit,
Geist der Gotteserkenntnis,
der Güte,

der Gerechtigkeit,
der Klugheit:
Nimm Besitz von mir,
reinige mich.
Gott, von dem Feuer ausgeht:
Sprich, handle, teile Deine Gnadengaben aus.
Du bewirkst alle Weissagungen
und krönst Apostel und Märtyrer.
Seltsame Kunden, seltsame Schau:
Im Feuer werden die Gaben ausgeteilt!

Pfingstmontag

Predigttext: Matthäus 16,13–19

Gerda Storck

Theologisch-homiletische Skizze

Die redaktionelle Verschmelzung zweier Erzählungen mit ursprünglich verschiedenen Bekenntnissen ließ diesem Text die Höhepunkte: Beantwortung der Frage nach der Autorität des Jesus von Nazareth und das Christus-Bekenntnis des Petrus mit der Erwiderung des Auferstandenen an ihn. Die dogmatischen Implikationen legen die Wahl eines Themas nahe. Im Blick auf die Predigtsituation an Pfingsten entscheide ich mich für das nachösterliche.

Nicht nur innerhalb seines Gesamtkonzeptes (16,16 = 14,33; 16,19 = 18,18), sondern auch durch das Zitat des der Gemeinde vertrauten Bekenntnisses erreicht Matthäus eine Nivellierung der Sonderstellung des Petrus bei gleichzeitiger Unterstreichung seiner Bedeutung für die Kirche. Diese Dialektik halte ich für wichtig. Die gegenseitige Durchdringung von persönlichem und gemeindlichem Bekennen und Leben möchte ich aufnehmen, indem ich von Petrus als einem Typos für alle Christen erzähle. Besser als der Predigttext mit seinem Passions-Kontext (16,21ff.) eignet sich dafür der Zusammenhang von Gal 2. Er ist unbekannt, spiegelt dieselbe Ambivalenz der Persönlichkeit des Petrus wider und ergänzt die Lesung (Apg 2).

Für die Gemeinde Jesu Christi ist konstitutiv, daß sie – anders als die vorösterliche Jüngerschar – keine Volksgemeinschaft ist. Die multinationale und multisoziale Zusammensetzung stellt von Anfang an eine Herausforderung an die Konflikt- und Toleranzfähigkeit der Christen dar. Bei uns in Gießen wird die Mannigfaltigkeit zunehmend als bedrückende Last empfunden. Das Bekenntnis zur weltweiten Gemeinschaft der Glaubenden ist aber nichts anderes als die anthropologische Seite des Bekenntnisses zum auferstandenen Herrn, das Matthäus auf Gott selbst zurückführt (17). An Pfingsten liegt nahe, dieses Wirken pneumatologisch zu deuten. Ich versuche lieber, die christologische Bindung des Bekennenden und des zum Lösen und Binden Beauftragten herauszuarbeiten und damit die »kritische Instanz« (Exegese Band 4) und das Abbildhafte am Empfang des Schlüssels zum Himmelreich (Offb 1,18; 3,7), mit dem ich didaktisch den Text aufschließe.

In einem derartigen Festgottesdienst ist unerläßlich, Menschen aus verschiedenen Rassen, sozialen Schichten und Altersgruppen an der Gestaltung zu beteiligen und der Freude an der Gemeinschaft, an der Bereicherung und an der Chance zur Erweiterung des Horizontes Ausdruck zu verleihen. Nicht nur von ihrer Gründung, sondern auch vom Ziel der Geschichte her liegt auf der vielfältigen Gemeinde Jesu Christi Verheißung, so daß sie jetzt schon selig zu preisen ist.

Vorschläge zur Liturgie

Lesung

Apg 2,1–13

Lieder
186,1–3; 104; 206,1–3,5 oder 218; 233,1–3,5. Aus »Singe, Christenheit«, Bärenreiter Verlag: Wir bitten, Herr, um deinen Geist! (644); Herr, laß uns hören, was du sagst! (680)

Zum Eingang
Ihr Mädchen und Jungen, Ihr Männer und Frauen, freut Euch! Ich sage es noch einmal: Freut Euch! Gott lädt Euch ein in sein Haus. Ihr seid nicht nur Gäste, nein, Ihr gehört dazu als seine große Familie.
Wir haben alle Grund, fröhlich zu sein und Gott zu loben.

Schuldbekenntnis/Gnadenzusage
Manchmal können wir uns nicht freuen. Da weinen wir. Da haben wir Trauer, einen Verlust erlitten, eine Enttäuschung erlebt. Manchmal können wir uns nicht freuen. Da fürchten wir uns vor dem, was geschehen kann, und verlieren das Ziel aus den Augen, sehen weder nach rechts noch nach links und versäumen die Chance der Begegnung mit anderen, die unser Leben bereichern könnten oder denen wir Hilfe schuldig bleiben. Manchmal können wir uns nicht freuen. Da leben wir, als wärest Du nicht, als wären wir allein. Darum bitten wir: Herr, erbarme Dich!
Wenn die Zeit da ist, werdet Ihr es spüren. Da wird kein Leid mehr sein, keine Krankheit, kein Tod. Gott wird die Tränen abtrocknen von Euren Augen. Wenn die Zeit da ist, werdet Ihr es sehen. Da zählt nicht mehr, woher einer kam und was er leistete. Da werdet Ihr mit Gott zusammen sein, an ihm und aneinander Freude haben, Ihr werdet lachen und tanzen. Bis die Zeit da ist, seid Ihr nicht heimatlos. Schon jetzt seid Ihr Söhne und Töchter Gottes. Schon jetzt ist Jesus Christus unter Euch. Er verbindet Euch zu seiner Gemeinde. Für Euer Denken und Handeln habt Ihr ein Vorbild, das zukünftige Miteinander. So habt Ihr Zugang zu Gottes Haus. Glücklich seid Ihr!

Fürbitten
Aus allen Erdteilen, aus Ost und West und Nord und Süd, aus allen Stämmen und Nationen sammelst Du, Gott, Deine Gemeinde. Wir freuen uns, daß wir dazugehören. Laß uns wie Petrus erkennen, daß wir vor der Welt zu bezeugen haben, woher das Heil kommt für alle Völker und für jeden Menschen, und laß uns trachten nach dem, was unserem Land und im Verhältnis der Staaten untereinander dem Frieden dient.
Aus Männern und Frauen, aus Jungen und Alten, zu allen Zeiten vor uns und nach uns sammelst Du, Gott, Deine Gemeinde. Wir freuen uns, daß wir dazugehören. Laß uns wie Petrus die anhören, die andere Erfahrungen gemacht haben als wir, daß wir sie ernst nehmen und tolerant sind. Laß uns auch von Kindern lernen, die alten Menschen in unser Leben einbeziehen und die Toten bei Dir geborgen wissen.

Aus Arbeitnehmern und aus Arbeitgebern, aus mündigen Bürgern und aus Regierenden, aus Studenten und Professoren sammelst Du, Gott, Deine Gemeinde. Wir freuen uns, daß wir dazugehören. Laß uns wie Petrus Arbeit und Verantwortung mit anderen teilen, unsere Fehler eingestehen, um Vergebung bitten und sie auch anderen gewähren können. Laß uns in Auseinandersetzungen und Konflikten Kompromisse finden, Wege, die alle mitgehen können. Aus Kranken und Gesunden, aus geistig Behinderten und Intellektuellen, aus Schwachen und Starken sammelst Du, Gott, Deine Gemeinde. Wir freuen uns, daß wir dazugehören. Laß uns wie Petrus jedem Menschen ohne Ansehen der Person offen begegnen, daß niemand isoliert und heimatlos bleibt. Laß uns auch in entstellten, verängstigten Menschen unsere Brüder und Schwestern erkennen. Führe uns aus unserer Gleichgültigkeit in die Liebe.

Vorschläge zur Predigt

Möglicher Predigtanfang

»An meinem 21. Geburtstag befand ich mich gerade in Wales. Und meine Gastgeber schenkten mir zu diesem Fest, wie es in ihrem Lande Sitte war, einen großen Schlüssel. Er war aus Pappe, aber hübsch mit Silber überzogen und verziert. Sein materieller Wert war gering, aber er hatte eine große Bedeutung. Er war das Symbol meiner Freiheit, meiner Selbständigkeit. Ich war mündig geworden. Ich konnte für mich selbst sprechen. Ich durfte ein- und ausgehen, ohne Erlaubnis einzuholen. Ich konnte selbst entscheiden. Ich hatte Rechte. Ich konnte mich freuen.

Auch meine Eltern waren stolz, daß ich so weit war. Dennoch bewegte sie die Frage, wie sich nun das Verhältnis ihrer Tochter zu ihnen gestalten würde. Hatten sie mich für diesen Zeitpunkt gut genug vorbereitet? Würde ich meinen Schüssel recht gebrauchen? – Inzwischen bin ich in dem Alter, in dem ich Menschen loslassen, Aufgaben delegieren, Verantwortung teilen muß, und ich kenne die Sorgen, die damit verbunden sind. Ich weiß, daß Freiheiten, die man anderen einräumt, sich eines Tages gegen einen selbst richten können, denn Güte kann für Dummheit gehalten, Vertrauen ausgenutzt, Macht mißbraucht werden – im Großen wie im Kleinen.«

Zum weiteren Verlauf

Danach führe ich zum Predigttext, in dem eine Schlüsselübergabe ganz anderer Dimension erfolgt, die uns die Größe Gottes vor Augen stellt, die auch uns aus der Engherzigkeit unseres Daseins löst und unserem Denken und Handeln eine ungeahnte Weite eröffnet, so daß wir singen und jubeln und Pfingsten feiern. »›Ich will dir des Himmelreiches Schlüssel geben.‹ Das ist das Wunder: Ein Mensch hat Hausrecht bei Gott, darf sich bewegen in seiner Wohnung. Gott erklärt ihn zu seinem Vertrauten, macht ihn zu seinem Mitarbeiter und Partner – ohne Angst um seine Ehre. Wie der Schöpfer mit seinem Lebensodem Adam belebte und ihn beauftragte, seinen Garten, die Schöpfung, zu hüten und zu bewahren, so belebte er mit seiner Auferweckungskraft Petrus und beauftragte ihn, sein Haus, die Gemeinschaft der Glaubenden, zu schützen und zu fördern. Es ist der Schöpfer aller Dinge, der die Gemeinde Jesu Christi ins Leben rief und in ihr und mit ihr wirken will zum Heil der Welt.«

Dann komme ich über die Frage, wie es möglich ist, daß Menschen als Gottes Söhne und Töchter frei und mündig handeln, ohne selbstherrlich zu werden oder sich gar zu verabsolutieren, zu der Erzählung von Petrus, der in der bildenden Kunst als Apostel mit dem Schlüssel dargestellt wird und die Schlüsselfigur für unser Verständnis von göttlichem Auftrag und menschlicher Erfüllung sein kann. Ohne ihn ist Kirche undenkbar. Sein Name ist im Auferstehungscredo festgehalten (1. Kor 15,3f.). Er hatte nach dem Tode Jesu die schon zerstreuten Gefolgsleute wieder gesammelt, die dann ebenfalls eine Vision des Auferstandenen erlebten. Sie alle und die später hinzukamen bildeten die Gemeinde von Männern und Frauen, die Jesus Christus in ihrer Mitte glaubten und seine Auferstehung verkündigten. Zweifellos ragte Petrus unter ihnen hervor. Mit allen Fasern seines Seins wollte er anderen zum Heil verhelfen und hatte dabei Erfolg. »Petrus war im Besitz eines Schlüssels, der aufschließt.«

Kenner der frühesten Kirchengeschichte rühmen, wie ein von Haus aus ungebildeter Mensch die Fähigkeit entwickelte, in aller Öffentlichkeit aufzutreten und frei zu reden. Im Zusammenhang meiner Erzählung ist wichtiger, daß er in der wachsenden Gemeinde keinerlei Privilegien daraus ableitete, daß er ihr erster, ihr Gründer, ihr »Fels« war. Er teilte sich vielmehr sehr früh die Verantwortung für das Leben und für die Verwaltung der Gemeinde mit anderen. Als Paulus zum ersten Konvent in Jerusalem war (ca. 49 n.Chr.), hatten die Leitung Petrus, Johannes und Jakobus als gleichberechtigte Sprecher. Und das finde ich bemerkenswert. Aber das Erstaunlichste ist der gemeinsame Beschluß, der die Ebenbürtigkeit von Heiden- und Judenchristen und damit auch von Männern und Frauen, Freien und Sklaven in der Kirche besiegelt.

Nach einer erneuten Anrede der Gemeinde arbeite ich heraus, wie schwer diese Entscheidung dem Petrus gefallen sein muß, ja daß sie eigentlich eine Überforderung darstellte. Und ich zeige, wie er später an diesem Grundsatz der Gleichberechtigung in der Praxis in Antiochien gescheitert ist, als er es – mit Rücksicht auf reaktionäre Judenchristen – nicht fertigbrachte, gemeinsam zu essen mit den dort versammelten Christen, die sich ohne die für Juden selbstverständlichen Waschungen an den Tisch setzten. Ich schließe diesen Teil ab: »Paulus hat ihn vor allen getadelt und einen Heuchler gescholten. Und Petrus hat das ertragen, und er hat dazugelernt. Und darin zeigt sich nun wirklich seine Größe. Nicht auszudenken, wenn er damals die Tür zugeschlossen hätte mit seinem Schlüssel!«

Nach der transparenten Erzählung komme ich zum Transfer. Ich denke, die Leistung des Petrus kann am besten ermessen, wer heute dafür arbeitet, daß Fremde – Aussiedler, Gastarbeiter und Asylsuchende – in seiner Gemeinde Fuß fassen, daß die mit den älteren Rechten die Neuankömmlinge akzeptieren und integrieren und ihnen zu dem verhelfen, was sie zum Leben brauchen, wer heute dafür eintritt, daß niemand auf Grund seiner Rasse, seiner sozialen Herkunft, seines Geschlechtes oder seines Alters benachteiligt wird, in der Gesellschaft nicht und erst recht nicht in der Gemeinde Jesu Christi. »Daß Gott sie für die ganze Menschheit ins Leben rief und ruft, hat revolutionäre Wirkung, läßt Unterschiede belanglos werden, stellt Letzte den Ersten an die Seite, bedeutet zugleich eine ungeahnte Bereicherung für die Gemeinschaft insgesamt und erweitert den Horizont des einzelnen und hilft ihm zur Toleranz.«

In einem meditativen Abschnitt reflektiere ich die Schwierigkeiten, die ein Engagement für zu kurz Kommende, für Heimatlose, für Kranke und Behinderte heute bereitet. Wenn wir spüren, daß wir dabei selber Einschränkungen und Einbußen hinnehmen, daß wir Freunde damit vor den Kopf stoßen, gegen eigene Vorurteile angehen müssen und uns dabei schwer tun, sind wir keineswegs ungeschickt oder unfähig, sondern in der Gesellschaft des Petrus, der auch nur im Gespräch mit anderen, ja durch Konflikte und Zurechtweisungen hindurch der wurde, den wir lieben und dem wir so viel verdanken. »Er hat begriffen: Nicht an ein Ziel gekommen ist, wer einen Schlüssel anvertraut bekommt, sondern er steht an einem Anfang, am Anfang schwerer, verantwortungsvoller, aber lohnender Arbeit, nicht zuletzt an sich selbst.«

Dann räume ich ein, daß jeder in der Erfüllung seines Auftrags Fehler machen wird und der Vergebung bedarf, und komme zum seelsorgerlichen Schwerpunkt: »Wenn aber jemand seinen Schlüssel allein gebrauchen wollte und ohne Kritik und Korrektur auszukommen gedächte, schlösse er sich selbst ein. Wie sollte er andere zur ewigen Gemeinschaft führen, wenn er ihnen die jetzt mögliche verweigert? Nein, einer allein, ein Volk, eine Rasse, eine Konfession, ein Geschlecht allein hätte den Schlüssel verloren. Vor diesem Verlust und vor Selbstherrlichkeit bewahrt die Gemeinschaft. So versteht es auch Matthäus, wenn er zwei Kapitel später schreibt: ›Was *ihr* auf Erden binden und lösen werdet, soll auch im Himmel los oder gebunden sein.‹ Der Kirche insgesamt ist anvertraut, was Petrus empfangen hat. Nur war er der erste, nicht mehr, aber auch nicht weniger.«

Die Zusage, daß menschliches Binden und Lösen ewig gültig sein sollten, muß jedoch kritisch geprüft werden. Mag sein, daß sie sich aus Kompetenzstreitigkeiten früh entstandener christlicher Gruppen erklären läßt. Sie ist in ihrem jetzigen Wortlaut auf jeden Fall mißverständlich. Das, denke ich, ist klar: Das Auf- und Zuschließen, zu dem wir ermächtigt werden, kann nicht Mitmenschen bevormunden oder gar entmündigen durch Forderungen, die als allgemeingültig ausgegeben werden, und erst recht nicht kann es Gott festlegen oder zu irgendeinem Tun zwingen. Beim menschlichen Lösen und Binden ist vielmehr auszugehen von dem, was im Himmel gebunden oder gelöst sein soll, im Sinne der Bitte: »Dein Wille geschehe wie im Himmel so auf Erden.«

Möglicher Schluß
»Es ist das zukünftige Reich mit der herzlichen Gemeinschaft unter Männern und Frauen aus allen Völkern, aus allen sozialen Schichten und aus allen Konfessionen, das uns den Maßstab gibt für unser Handeln in der Gegenwart. Gottes eigene Werke, seine Weitsicht, seine grenzenlose Liebe sind Vorbild für das Tun seiner Söhne und Töchter. Die Befähigung dazu stammt aus ihrer Verbindung mit Jesus Christus. Das ist das Geheimnis: Der Auferstandene hat die Schlüssel zu allem. Er ist selbst der Schlüssel zu allem. Er ist der Weg zum Vater. Er ist die Wahrheit und das Leben. Und er nimmt uns in seine Auferstehung mit hinein wie in seine Leiden. Er läßt uns teilhaben an seinem Sein. Deshalb sind wir, was wir sind. Wir sind es von ihm her. Er ist mitten unter uns. Das können wir in unserer Zeit und an unserem Ort bezeugen wie Petrus damals.
Der Schlüssel zum Himmelreich ist dafür eines von vielen Symbolen wie etwa auch das Wehen des Windes und das Züngeln der Feuerflammen aus der anfangs verlesenen Pfingstgeschichte oder wie Jesu bildhafte Anrede an seine Hörer: »Ihr seid das Licht der Welt, das Salz der Erde.« Sie alle bedeuten: Wir haben teil an Jesus Christus. Wir spiegeln seine Herrlichkeit wider. Wir haben seinen Geist. Wir sind mündig geworden und untereinander Geschwister. So haben wir den Schlüssel zum Himmelreich. Ja, wir werden selbst zu einem solchen Schlüssel. Lassen Sie uns fröhlich sein und Pfingsten feiern! Wir haben Grund, uns zu freuen: Der Himmel ist offen. Er ist uns offen. Er ist allen Menschen offen.

Kontexte
Dritter Artikel des Apostolischen Glaubensbekenntnisses samt Luthers Erklärung.

Märchen »Der goldene Schlüssel« der Brüder Grimm.

Zeichenhandlungen und Meditationen:
Pantomime oder Tanz mit großem Schlüssel.
Verknüpfung aller Gemeindeglieder mit bunten Bändern.
Aufbauen des geistlichen Hauses aus großen Kartons.
Mit den Bildern »Stein«, »Band«, »Schlüssel« das Werk Christi umschreiben, in sein Auferstehen, Zusammenfügen, Aufschließen die Gemeinde einbeziehen, mit sparsamen Erklärungen deklinieren: Er ist ein lebendiger Stein (lebendiges Band, lebendiger Schlüssel). Wir sind lebendige Steine. Du bist ein lebendiger Stein. Ich bin ein lebendiger Stein.

Kanon und Liedstrophe zu Pfingsten

Friedemann Gottschick '86

Trinitatis

Predigttext: Johannes 3,1–22
Holger Harrack

Theologisch-homiletische Skizze

1. Anknüpfungen an exegetische Einsichten: »Wie kann dies geschehen?« Im Exegesenband versteht Jens-W. Taeger den Nikodemus als »Repräsentanten des nicht (bzw. nicht recht) verstehenden Judentums« (S. 102). Dem möchte ich die Worte Hinrich Stoevesandts zur Seite stellen: »Des Nikodemus Erscheinen auf der Szene ist ein schlüssiger Beweis a maiore ad minus dafür, daß kein ›Fleisch‹, auch wenn es schon von der Annahme der Offenbarung des wahren Gottes herkommt, für den Empfang der Gabe dieses Gottes als Vermittlung in Betracht kommt.« (GPM 68/5/268)

Die Begegnung, das Gespräch, die Beziehung haben paradigmatische Bedeutung – zwischen dem fragenden Menschen, dem Gottsucher, dem Weisen, dem Sehnsüchtigen, sogar dem Lehrer Israels mit dem »Lehrer«, »der vom Himmel herabgestiegen ist« – »dem Menschensohn« (Vers 13). Die Begegnung kreist um des ersteren Täuschungen und des letzteren ent-täuschende Worte! Das Evangelium verhüllt und enthüllt sich in dieser Beziehung zwischen Mensch und Jesus. Das Gespräch sprengt logische und kausale Denkgewohnheiten. Jedes Gespräch mit Jesus führt an die Grenze des Sagbaren, des Begreifbaren; denn die Begegnung selbst ist Grenzerfahrung, weil sie Gott sucht.

Der Dialog wird zum Monolog (Vers 11). Frage und Antwort werden aufgehoben in die Offenbarungsrede hinein, schließlich auslaufend in soteriologischen Reflexionen um Erniedrigung und Erhöhung. Der Monolog birgt das Gespräch des Evangelisten mit der Gemeinde. Der Predigttext wird mittendrin absetzen, um den Rückzug des Nikodemus und das weitergehende Wort Jesu zu dokumentieren, andererseits die Begegnung im Auge zu behalten (nicht Vers 8, nicht Vers 15, sondern Vers 12). Die Rede Jesu bleibt in jeder Phase an der indirekten Eingangsfrage »Wer bist du?« – »Rabbi, wir wissen, du bist ...« orientiert.

Mit Vers 10 scheidet Nikodemus aus, er taucht unter: Es geht nicht um *einen* Menschen und sein mangelndes Verständnis. Die falsche Sicht läßt sich nicht auf einzelne oder Gruppen beschränken oder abschieben. Leser und Hörer, die johanneische wie jede Gemeinde sind angesprochen. Jesu Wort wendet sich *mir* zu, wendet sich an meinen Glauben und an mein »Wissen«. Der formal so unbefriedigende Rücktritt des Nikodemus öffnet die Botschaft für mich.

Jesus korrigiert. Der Wortwechsel ist Verhüllung und Enthüllung zugleich. So, wie Nikodemus vom »Wissen« und vom »Rabbi« Jesus spricht, so spricht Jesus von »Reich Gottes sehen« und »von oben/von neuem geboren sein«. Chiastisch löst sich die Botschaft auf. Jesus korrigiert, indem er sich identifiziert. Er legt sich aus mit dem Wortbild vom Reich Gottes. Er spricht von sich, wie Nikodemus von ihm sprach, aber als »autobasileia«!

Jesus korrigiert, indem er klarstellt »Ich bin es selbst!«. Und im Blick auf ihn, auf die basileia, hilft kein Menschenwissen, kein Menschenurteil, sondern allein Gottes Vermittlung. Gott kann dazu helfen, daß wir nicht nur »das Licht der Welt erblikken«, sondern *das Licht* der Welt erfassen (Joh 1,4). – Jesus korrigiert schließlich, indem er den Weg weist. Jesu Wort vermittelt den Mittler: von oben / von neuem geboren werden aus Gottes Geist, kraft Gottes Geist! (»Wasser und Geist« Vers 5b: Hinweis auf Taufe? Sakramentale, antispiritualistische Pointe? Oder Erinnerung an Genesis 1,2b?!) So – neu geschaffen – so protologisch-eschatologisch gegründet, erschließt sich Jesus und mit ihm das Reich, das Ewige Leben, Gottes Ziel für mich. Dies geschieht in der Begegnung mit dem Wort Jesu, dies geschieht kraft der Beziehung, die Gottes Geist öffnen kann. Der nach Gott suchende, sich sehnende Mensch, wie der Zweifler und der kopfschüttelnde Nikodemus, können von Gott gefunden werden.

2. Gemeinde und Prediger
Die Nikodemus-Erzählung am Trinitatisfest knüpft nahtlos an die Botschaft des Pfingstfestes an. Die Gemeinde hat Passion – Ostern – Himmelfahrt und Pfingsten noch im Ohr und bewegt all dies in ihrem Herzen: Wie ist das zu verstehen? Wie kann das geschehen? Was bedeutet das für mich? – Vielleicht hat die Gemeinde verschiedene PredigerInnen gehört: War es ein Wechselbad theologischen Wissens? Welche Sicht ist angemessen? Welche Vermittlung war gelungen?
Ich erlebe, daß die Gesprächspartner und Gottesdienstbesucher nach Eindeutigkeiten suchen. Immer wieder wird das an zahlreichen Abenden in Gesprächen um Glaube, Jesus, Gottesbild, Ewiges Leben u.ä. deutlich gesagt; Verstehensalternativen irritieren, auch theologisches »Wissen« wird als vorläufig und bruchstückhaft erlebt. – Einzelne Gemeindeglieder erleiden fundamentalistische Ansprüche, ihre »Wiedergeburt« vorweisen und datieren zu müssen. Die Gemeinde und die Prediger haben sich damit des öfteren befaßt; es ist angezeigt, das Stichwort diesmal zu meiden. Welch befreiendes Evangelium erschließt sich gerade zu dem schematischen Anspruch in der Unverfügbarkeit des Neuanfangs »von oben« kraft Gottes (Vers 7+8). Zudem wird auch auf dem flachen Land der Terminus »Wiedergeburt« zunehmend auf dem Hintergrund zeitgeistiger Reinkarnationsvorstellungen gehört.
»Die volle, bedingungslose Gegenwart des Heils ist, so sagt der Text, unauflöslich zusammen mit seiner unbedingten Unzugänglichkeit für das ›Fleisch‹: für den Menschen, wie er ist und der wir sind. Gilt das, was wird dann darüber aus all unserer homiletischen Theorie und Praxis, was aus der jetzt zu haltenden Predigt?« (Stoevesandt a.a.O., S. 263) – Mir selbst gibt das Wort Jesu darüber hinaus Vertrauen und Hoffnung, betont Jesus doch auch, daß Gottes Vermittlung nicht ausbleibt. Welche Verheißung für Prediger und Gemeinden, daß Verstehen, Erkennen, Sehen, Glauben, Neuanfang sich ereignen kann!

Vorschläge zur Liturgie

Introitus

Die Trinität als Ereignis der heilschaffenden Selbstauslegung Gottes wird implizites, nicht explizites Thema des Gottesdienstes sein. Der für den Sonntag vorgeschlagene Psalm 145 i.A. (zumal die Auswahl der Luth. Agende I,139) ist m.E. für den Zusammenhang des Sonntags nicht hilfreich. Ich empfehle Psalm 51, Vers 3+12–14+17.

Die *Lieder* führen die Gemeinde von einem trinitarischen Akzent zum anderen, der Liederkreis öffnet und schließt sich mit der Bitte um die Geistesgabe:

1. 106,1+2 (Geist)
2. 111,1–3 (Trinität)
3. 249,1–4 (Jesus)
4. 112,1–5 (Trinität)
5. 99,1–4 (Geist)

(Der Gottesdienst in unserer Gemeinde wird mit nur einer Lesung [+ Predigttext] gehalten, so daß vor der Predigt die Lieder EKG 106 und 111 gesungen werden und das Lied 249 auf die Jesusbegegnung des Predigtevangeliums antwortet.)
Von den neuen Liedern bietet sich aus dem Beiheft Nds. Nr. 739 an: das weitverbreitete Halleluja-Lied mit Text von G. Hopfer: »Freut euch, ihr Christen«. – Am letzten Sonntag im Monat wird in vielen Gemeinden dieser Gottesdienst ein Abendmahlsgottesdienst sein. Ob ein weiteres neues Lied gesungen werden kann? »Amen, Christus Jesus, komm« EKG Beiheft Nds. 666.

Die Gebete (Kollektengebet, Gebet nach der Predigt, Eröffnung des Fürbittengebetes) sollen jeweils einen trinitarischen Aspekt betonen:

Kollektengebet

Ganz nah ist dein Wort,
Herr, unser Gott,
ganz nah deine Gnade.
Begegne uns denn
mit Macht und Erbarmen.
Laß nicht zu, daß wir taub sind für dich,
sondern offen mach uns und empfänglich
für Jesus Christus, deinen Sohn,
der kommen wird,
damit er uns suche und rette
heute und täglich
bis in Ewigkeit.
(Huub Oosterhuis)

Gebet nach der Predigt

Herr, Jesus Christus,
Dein Wort ist unser Leben.
Wir danken Dir,
daß Du uns ansprichst
und wir durch Dein Wort
Gottes Wege erfahren.
Wir bitten Dich,
wecke in uns das Vertrauen

und die Zuversicht,
durch Gottes Geist verwandelt zu werden,
neu geboren im Glauben,
neu geboren in der Liebe,
neu geboren in Hoffnung.

Eröffnung des Fürbittengebetes
Herr, wir vermögen nichts ohne dich.
Aus eigener Kraft und eigenem Entschluß können wir nicht glauben
und nicht bei dir bleiben, nicht leben und nicht wirken,
wie du es von deiner Gemeinde und ihren Gliedern/deinen Menschen erwartest.
Darum preisen wir dich für die Gabe deines Heiligen Geistes! ...
Wir bitten dich, Herr: laß auch uns erfaßt werden von dem Wehen deines Geistes, damit wir hören, was du sagst, dir nahe sind im Glauben und in Wort und Tat von deiner Liebe Zeugnis geben. ...
(Wir beten, Seitz-Thiele, 239/47 i.A.)

Predigtvorschlag
Anfang
Liebe Gemeinde! Nikodemus ist enttäuscht! Er war mit großen Erwartungen zu Jesus gekommen. Aber irgendwie hatten sie aneinander vorbeigeredet. Er jedenfalls hatte nicht verstanden. Dieser Jesus war kaum zu begreifen. Geheimnisvoll waren seine Worte geblieben, dunkel ihre Zusammenhänge. Am Ende hatte sich Nikodemus still zurückgezogen. Er war enttäuscht. – Dabei gab es für ihn nichts Wichtigeres, als in Ruhe und sehr ernsthaft nach Gott zu fragen! Wer sollte Jesus verstehen, wenn schon er – ein Pharisäer, ein Gebildeter unter den Gottesfürchtigen – ihn nicht verstand?!
Liebe Gemeinde! Nikodemus ist nah und fern zugleich.
Fern ist er uns, weil er als Jude einen unerhörten Vorsprung im Bedenken der Gottesgeschichte hatte vor den Heiden und also auch vor uns. War er nicht Jesus um vieles näher als wir? Nicht nur zeitlich, auch biographisch: ein jüdischer Lehrer im Gespräch mit einem anderen! Oder doch nicht?
Andererseits entdecken wir uns in den Worten des Nikodemus: Wie er Jesus bewundert – Wie er nicht versteht – Wie er das nicht begreift, »aus dem Geist geboren werden« »von neuem – von oben«.
So geht es manchem mit der Botschaft Jesu, mit der Botschaft seines Todes, seiner Auferstehung, der Geistausgießung. Wir möchten so gerne verstehen. Wir möchten so gerne zustimmen können: Ja, das leuchtet ein, das begreife ich. Ja, so war das, jetzt kann ich es mir erklären!

Fortgang in Stichworten

- Beispiele aus dem Gemeindeleben: offengebliebene Fragen aus Gesprächskreisen um den Glauben
- Konkrete Enttäuschung einer Frau am Beispiel »Gottesbilder«
- Deshalb: Kirche als Dienstleistungsbetrieb angenehm, Angebot eindeutig, Nutzen augenfällilg, Kultur, Diakonie.

»Und im Gottesdienst, während der Predigt ist Nikodemus ganz nah: wenn sich dem Prediger die Gottesgeschichte entzieht. Wenn Sie meine Worte wohl hören, aber der Zusammenhang mit Jesus und Gott dunkel bleibt. Gemeinsam mit Nikodemus stoßen wir an Grenzen. Sogar Nikodemus, der geschult war in religiösen Fragen und Antworten, stieß an Grenzen.

Liebe Gemeinde! Ein Mensch kommt zum Gespräch. Ein Mensch kommt zu Jesus! Das ist doch schon eine ganze Menge, wenn Menschen sich aufmachen und über das Leben reden wollen. Das ist doch schon fast das Ziel, wenn einer sich aufmacht und nicht irgendwo nach Antworten sucht, sondern bei Jesus!

Nikodemus ist auf dem richtigen Weg. »Meister, wir wissen, du bist ein Lehrer von Gott gekommen«!

Aber Jesus fällt ihm ins Wort. Jesus antwortet nicht direkt, denn Nikodemus hatte noch nicht gefragt. Jesus stellt richtig: »Wahrlich, wahrlich, ich sage dir: Es sei denn, daß jemand von oben/von neuem geboren werde, so kann er das Reich Gottes nicht sehen.«

- Im folgenden gilt es, die Überraschung des N. herauszustellen, Mißverständnis, Rätsel?
- andererseits hinzuweisen auf die Beziehungen, die Jesus andeutet
- zweiter Gesprächsgang »Wasser und Geist«, Zugang zu Gott nicht auf »natürlichem« Wege menschenmöglich, Grenzen der menschlichen Erfahrungswelt, Neuanfang mit Gott nur von Gott her zu eröffnen.
- die Sprachlosigkeit des Nikodemus ist entsprechend konsequent. Jesu Trost: es ist kein persönliches Defizit, ist gegründet in der generellen Unverfügbarkeit dieser Neuwerdung der Beziehung zwischen Gott und Mensch.
- Betonung: Unverfügbarkeit bedeutet nicht Unklarheit oder »unsichere Sache«: es geschieht! »So ist es ...«!

»Wie kann dies geschehen?«

»Liebe Gemeinde! Diesmal ist es an Jesus, sich zu wundern: Bist du Israels Lehrer und weißt das nicht? – Jesus trifft auch bei Nikodemus auf unser Grundproblem: daß ich nur zu gerne selbst begreife und entscheide, ob das Ergebnis etwas taugt! Daß wir alles mit unseren Augen beurteilen wollen. Aber so läßt sich Gott nicht fassen!

Ihr täuscht euch, höre ich Jesus sagen, wenn ihr meint, daß ihr Gottes neue Welt mit eurem Blickwinkel überblickt, seinen Sohn mit euren Augen durchschaut.

Liebe Gemeinde! Nikodemus tritt zurück, er ist enttäuscht.«

- Jesus spricht weiter, die Antwort weitet sich zur Predigt, Johannes entfaltet das Evangelium
- wir bleiben bei Nikodemus
- In der Ent-Täuschung liegt die Antwort
- Jesus räumt die Selbst-Täuschungen und die Täuschungen im Blick auf Gott aus dem Weg
- Frömmigkeit, die sich mit Gott bequem arrangiert; Wiedergeburt, die nach Schema verläuft; Jesus, der in den Zeitgeist des Buchmarktes paßt; Kirche, die brav die Gesellschaft ergänzt.

»Liebe Gemeinde! Nehmen wir als Beispiel: Taufe und Abendmahl!
Das eine ist nicht einfach ein Wasserbad und auch kein Vereinsbeitritt. Das Zeichen und das Wort Jesu versprechen: An dir, Mensch, will Gott handeln, dich will er annehmen, dich will er berufen, dir vergibt er jetzt!
Das andere ist nicht einfach Brot und Wein! Die Worte Jesu machen Brot und Wein zu Gemeinschaft und Vergebung. Er nimmt Brot und Wein und lenkt unsere Augen auf Gottes Liebe. Unter seiner Hand mit Gottes Hilfe erneuert sich die Hoffnung und werden unsere Augen aufgetan. –
Nikodemus sieht Jesus an und sieht doch nicht das Heil.
Jesu Wort will helfen: Es sei denn, daß jemand von Gott, von oben beginnt zu leben, so kann er das Reich Gottes nicht sehen!
Das heißt doch: Nikodemus, sieh her! Ich bin nicht nur ein Lehrer von Gott gekommen. Ich bin es selbst: das Reich Gottes mitten unter euch in Wort und Tat!
Das ist die Antwort, die Nikodemus hört und überhört.
Jesus spricht weiter – Gott sei Dank!
Sein Wort verspricht Gottes Hilfe. Seine Hilfe – Gottes Geist öffnet Jesus und sein Wort für unser Leben. Amen.«

Alternativen

Sicher wäre es reizvoll, die Dialogstruktur der Erzählung in einer Dialogpredigt fortzutragen; z.B. als Gespräch zwischen dem alten Nikodemus und dem jungen Evangelisten …
Auch könnte die Predigt kombiniert werden mit der Aufführung der Motette »Jesus und Nikodemus« von Ernst Pepping. Oder der/die PredigerIn läßt sich von I. Steigers Bibelbild inspirieren (Steiger, Bibel, S. 237).

Kontexte

Es wird viel geredet,
und wir hören uns viel an.
Wir finden Worte,
und wir verlieren Worte –
füreinander und gegeneinander.
Aufhorchen möchten wir,
ihn spüren, den neuen Geist,
der uns anweht von Gott.
(Aus Gottesdienst menschlich, S. 100)

Die Zweideutigkeit der Wahrheit hat keine Verwandtschaft mit der Unredlichkeit, die verbirgt oder die absichtlich eine gefühlte Zweideutigkeit festhält. Sie ist vielmehr die ungewollte, die in der Mitteilung des Wahren darum liegt, weil das Wesen der Aufnehmenden so ungleich ist.
(Karl Jaspers)

Die unmittelbare Mitteilung versagen heißt »Glauben« fordern. Die Möglichkeit des Ärgernisses, das Verhältnis, mit dem der Anfang gemacht wird, ist in tiefsten Sinne ein Ausdruck dafür, daß aufmerksam gemacht werden soll, oder daß von einem Menschen (wahrhaftig nach einem Maßstabe, welcher ein anderer als ein bloß menschlicher ist; denn es ist nach dem göttlichen Maßstabe) die größtmögliche Aufmerksamkeit gefordert werden soll hinsichtlich der Entscheidung, gläubig zu werden. ... der Anfang wird damit gemacht, daß die unmittelbare Mitteilung versagt wird – das ist der Ernst. ... es wird eine ganz bestimmte Weise des Empfangens gefordert: die des Glaubens. Und der Glaube selbst ist eine dialektische Bestimmung. Glaube ist eine Wahl, keineswegs das unmittelbare Empfangen – und der Empfangende ist der, welcher offenbar wird, ob er glauben will oder sich ärgern.«
(Kierkegaard)

du
im geheimnis
du
gott
du bist
dreimal
du
(Rudolf Bohren, Texte zum Weiterbeten)

Im Pfingstgeschehen schäumte
die dreieinige Gottheit,
wenn man so sagen darf, über.
Die teilte, verteilte sich:
    ... lieber
    als einsamer Herr zu sein
    fließt sie über
    in Menschen hinein.
(Kurt Marti, Zärtlichkeit und Schmerz)

Um von den himmlischen Dingen sprechen zu können, muß man mit den himmlischen Dingen vertraut sein.
Der Platonismus sagt, daß die mit dem Logos verwandte Seele wohl dazu fähig ist, das Unvergängliche, Ewige und Himmlische zu betreten.
Unser Text sagt:
Nicht ein Hinaufsteigen zu dem Logos, sondern ein Herabsteigen des Logos ist die göttliche Gabe von oben her. Nochmals: Das eigentlich Himmlische in den »himmlischen Dingen« ist, daß der Himmel sich geöffnet hat, um den Sohn des Menschen inmitten des Irdischen (des Fleisches!) wohnen zu lassen. –«
(J.M. Hasselaar, GPM 74/85/5)

1. Sonntag nach Trinitatis

Predigttext: Lukas 16,19–31

Manfred Günther

Theologisch-homiletische Skizze

Widerstand ist angesagt! Die Versuchung ist groß, die ungerechten Verhältnisse dieser Welt im Jenseits auszugleichen: Es wird sich alles umkehren! Heil den Armen – wehe den Reichen!

Lukas, der »Evangelist der Armen«, ist der Versuchung erlegen. Die Krise des weisheitlichen Ordnungsdenkens, des Tun-Ergehen-Zusammenhangs, ist zur Krise seiner Verkündigung der Botschaft von Jesus Christus geworden. Wenn noch hier, in dieser Welt, Gerechtigkeit Gottes so augenfällig nicht hergestelt wird, dann muß sie drüben, in einer eschatologischen Zukunft erreicht werden. Daß Lukas – freilich ohne die Einleitung: »Und er sprach ...!« – die Erzählung in Jesu »Jüngerparänese« einfügt, ist der Gipfel der Zumutung (– für den lutherischen Theologen)! Jesus, der hier und heute den Gerechten zum Sünder und den Sünder zum Gerechten macht, der in dieser Welt zur Entscheidung ruft, soll »Arme« und »Reiche« auf das, was sie eben sind, festgelegt haben? Dann wäre Jesus selbst also die Krise der frohen, *befreienden* Botschaft, die er predigt, gewesen?

Gewiß: Der Reiche ist hier nicht der Sünder und Lazarus ist nicht der Gerechte. Umso schlimmer das Fazit: Wenn schon kein Reicher sich wandeln kann, wenn schon die Macht des Geldes und des materiellen Besitzes keinen aus ihren Klauen läßt – wieviel mehr dann die Macht der Sünde! »... so werden sie sich auch nicht überzeugen lassen, wenn jemand von den Toten auferstünde«? Es ist einer von den Toten auferstanden! Er hat uns frei gemacht vom Zusammenhang zwischen Tun und Ergehen! In dieser Welt und in der ewigen! Das ist kein Gesetz mehr: »Wehe den Reichen«, nicht mehr ohne die Fragen jedenfalls: »Wer ist Christus für dich!« und »Willst du von ihm deinen Reichtum und deine Gerechtigkeit schaffen lassen?«

Widerstand ist angesagt! Auch in einem zweiten Sinn: Sie werden es gern hören, die Menschen vor unseren Pulten, unter unseren Kanzeln! Sie teilen zwar objektiv die Lebensumstände des reichen Mannes (die meisten jedenfalls!), stehen aber innerlich auf der Seite des Lazarus. »Kognitive Dissonanz« nennen das die Psychologen. Rasch haben wir also eine »schöne Predigt« gehalten. Man kommt an mit dem, was die Leute »immer schon wußten«: »Jawohl, so wird es den Reichen einmal gehen!« (Fatal, daß wir uns das eigene Urteil sprechen!) Das Evangelium von Jesus Christus ist allerdings etwas anderes, als es die Lazarus-Geschichte glauben machen will!

Und zum dritten: Widerstand ist angesagt auch gegen mich selbst. Das würde mit gut tun, den Predigthörern – mit dem Anspruch rechtmäßiger Verkündigung! – das »Hab' ich's nicht immer gesagt!« – wie es Lukas uns einreden möchte – zu zerfleddern! Hier muß ich selbst auch evangelischer, froh- und freimachender Predigt treu bleiben. Wie geht das – mit dieser Geschichte?

Das Christusgeschehen selbst sei der Schlüssel: In der Gegenwart der Erzählung ist eben noch keiner »von den Toten auferstanden«! Wir haben den lebendigen Herrn kennengelernt. Im Glauben an ihn, sein Sterben für uns, das vom Tun-Ergehen-Zusammenhang erlöst, liegt die Kraft, die neu machen kann: Den Armen reich und den Reichen arm – und doch reich! – in Christus.

Wir dürfen wahrnehmen, daß wir nicht in der Lage des Lazarus sind, sondern nötig haben, frei zu werden von allen Gefahren des Reichtums. Hinter dem materiellen Reichsein soll in meiner Predigt allerdings auch die Sündhaftigkeit des Menschen durchscheinen: Auch für sie gibt es – in Jesus Christus – das Angebot und die Möglichkeit frei zu werden.
Zuletzt möchte ich auch selbst frei werden und frei bleiben von der Versuchung dieser wohlfeilen Drohgeschichte. Nicht: Wartet nur! So wird es einmal mit euch kommen! Sondern: Laßt euch zur Armut rufen, zu einem Leben im Sinn Jesu Christi, weil er für euch gestorben und auferstanden ist. Leben in seiner Nachfolge kann und soll hier und heute beginnen! Ob und wie es seine Fortsetzung in einem Jenseits findet, wollen wir getrost Gott überlassen!

Vorschläge für die Liturgie

Begrüßung

Christus spricht: Was hülfe es dem Menschen, wenn er die ganze Welt gewönne und nähme doch Schaden an seiner Seele? (Markus 8,36)

Anstelle eines Eingangspsalms

Christus spricht: Was hülfe es dem Menschen, wenn er die ganze Welt gewönne und nähme doch Schaden an seiner Seele? Markus 8,36)

Wie viele haben
doch die Welt gewonnen!
Es fehlt an nichts,
was einer kaufen kann.
Des Reichtums Stoff
ist fein und fest gesponnen
und sieht sich glänzend
und verlockend an.

Du ziehst ihn über,
leicht und schön wie Seide,
und gehst umher
und fühlst dich stolz dabei ...
Dann wird dir eng
und kalt in deinem Kleide;
du willst hinaus –
es läßt dich nicht mehr frei!

Nun hast du alles:
Geld und Gut und Sachen
und bist vom Wohlstand
überreich umhüllt
und kannst doch Glut
und Feuer nicht entfachen,
daß du erwärmst
und Freude dich erfüllt.

Wie anders doch das Kleid,
das Christen tragen:
Gemacht aus Liebe,
Glauben, Zuversicht,
gewirkt von dem,
was Christi Worte sagen.
Vielleicht nicht prächtig,
aber warm und dicht

und weit genug,
die Seele zu umfangen,
auch wenn sie glaubend
stets noch wächst und treibt.
Das rechte Kleid,
um Einlaß zu erlangen,
in Gottes Reich,
in dem sie ewig bleibt!

Manfred Günther

Lieder

EKG 126,1–4; 276,1–5; 271,1–5; 271,6+7

Kanon nach der Schriftlesung:

Harmoniefolge: Em D^7 Em Am H //
Text: Angelus Silesius (1624-1677) – Melodie: Johannes Petzold 1946

Schriftlesung
Matthäus 6,24–34 (nach: Gute Nachricht erklärt)

Gebet
Himmlischer Vater, wir sind reich an Geld und Gut, wir haben Gaben und Talente, wir haben Liebe und ein gütiges Herz – gib uns den Mut zum Teilen, was wir von dir geschenkt bekommen haben!
Himmlischer Vater, wir sind arm in all unserem Überfluß. Die Leiden anderer übersehen wir. Die Not der Schwestern und Brüder läßt uns kalt. Der Mangel der Hungernden hat uns abgestumpft. Mach uns reich – für andere!

Vorschläge zur Predigt
Möglicher Anfang
Als ich diese Geschichte für heute gelesen habe, fiel mir die 6. Vaterunser-Bitte ein: »Und führe uns nicht in Versuchung.« Denn wirklich: die Versuchung für mich war groß, hier oben jetzt den Zeigefinger zu heben und eine Predigt zu halten, die Angst macht. Richtig schön zu dieser Erzählung passen würde das! »Totenreich«, »Ort der Qual«, »Feuerflammen«, »Leiden und Pein«. Und natürlich müssen die »Reichen« die Qualen dieser Hölle erleiden! Und – wie erwartet – darf ein »Lazarus« sich in Abrahams Schoß von der Not und Mühsal des irdischen Lebens erholen! Ganz so, wie wir's uns denken und ausrechnen. Sollte ich da jetzt nicht auch ein wenig religiöses Kapital aus dieser Geschichte schlagen? Etwa so: »Da steht's doch schon, wie es euch einmal ergehen wird! Da seht ihr doch, was auf die Reichen wartet! Höchste Zeit also, Buße zu tun, ein neues Leben zu beginnen, Ernst zu machen mit dem Willen Gottes.
Ich kann das nicht. Nicht in dem Sinn, daß mir nicht oft danach wäre! Manchmal möchte ich schon den lieben Christen unserer Zeit schonungslos die Meinung sagen und Gottes Gericht ankündigen! O ja! Sehr gern täte ich

das! Schließlich bin ich ja auch felsenfest davon überzeugt, daß nicht jedes Tun und Lassen, nicht jeder Lebenswandel einmal in Gottes neuer Welt endet! Ich bin ganz sicher: Nicht alle Zeitgenossen haben diese Zukunft! Nein, ich kann das nicht so predigen, weil ich es nicht soll! Mir ist ja das Evangelium, die frohe Botschaft aufgetragen!
Und außerdem kann ich es nicht, weil ich gar nicht sicher bin, ob ich recht verstanden würde: Den »Reichen« wird die Hölle angekündigt? Wer ist denn reich? Fängt das bei 100.000 Mark Jahreseinkommen an? Erst bei 200.000? Ist vielleicht reich, wer mehr als ein Haus besitzt? Sind wir am Ende alle reich, weil wir mehr bekommen haben, als wir zum Leben brauchen? Wer »arm« ist, scheint dagegen klarer: »Lazarus lag vor seiner Tür ... mit Geschwüren bedeckt und begehrte sich mit dem zu sättigen, was vom Tisch des Reichen fiel.« Ist einer von uns so arm? Sind wir – so gesehen – nicht doch reich? Wenn wir noch einen Augenblick loskommen vom Materiellen, von Geld und Gütern ... Mit wie vielen Gaben sind wir von unserem Schöpfer beschenkt! Wieviele Talente! Was können wir nicht alles! – Und was davon schenken wir weiter? Wieviel behalten wir ängstlich für uns? Wie sieht's mit dem Teilen aller guten Gaben bei uns aus?
Und aus einem dritten Grund kann ich nicht so furchterregend predigen: Es hätte ja doch keinen Zweck! »Sie werden sich nicht bekehren, selbst wenn einer von den Toten auferstünde!« Dieses dritte ist mir das wichtigste! Für heute jedenfalls. Und wenn ich noch so eindringlich und ernst das zukünftige Gericht Gottes ankündigen würde, die »Reichen« würden sich nicht für ein neues Leben gewinnen lassen! Jeder bliebe ja doch auf dem Weg, den er schon immer geht, und der, der er schon immer war.

Zum weiteren Verlauf

– Meinen Sie, die Todesstrafe könnte auch nur einen von Mord und Totschlag abhalten? Keinen einzigen! Niemand denkt ja heute schon daran, daß einmal abgerechnet wird!
– Warum also drohen? Warum den Finger heben und heute schon die Flammen der Hölle entfachen? Angst kann niemanden zu Gott führen.
– Darum will ich beim Evangelium bleiben: Der Schlüssel dazu liegt hier: »Sie haben Mose und die Propheten; sie sollen auf sie hören!«
Wir Christen dürfen hinzufügen: Wir haben die Botschaft von Jesus Christus und wir haben seine Worte (– wo sie befreien und frohmachen!). Darauf sollen wir hören!
– Entfaltung dieser »Botschaft von Jesus Christus«: Sein Leben für uns; sein Tod für uns, seine Auferstehung für uns. Die Freude der Nachfolge, das Glück im Gesicht unseres Mitmenschen, wenn wir mit ihm teilen: Geld und Güter, aber auch andere Gaben.
– Beschreibung der Freude, die das schenkt, der Gefühle, die »freie« Menschen bewegen!

– Zusammenfassung: Nein, Angst, Androhung von Strafe, führen keinen Menschen zu Gott, keinen Reichen zum Teilen. Auf den Weg zu ihm bringt uns das Vorbild Jesu Christi, sein Sterben für uns, das uns wahrhaft reich macht. Bei Gott hält uns die Erfahrung, die wir damit machen werden, arm zu sein – und doch reich – durch das Evangelium.
– Das »Hören« ist der Anfang dieses Weges zum wahren Reichtum.

Möglicher Schluß
Am besten »hören« wir, indem wir etwas tun: Sehen wir unseren Reichtum, den an Geld, den an Sicherheit und besonders den an Gaben und Fähigkeiten. Wie heißt es: »... den Nächsten wie dich selbst!?« Wer hätte da nicht noch viel zu geben und zu schenken und zu teilen? Die guten Erfahrungen, die wir machen werden, sollen uns helfen, weiter auf diesem Weg zu bleiben: Es befreit uns von uns selbst, es macht glücklich. Wir lernen eine andere Freude kennen, als sie die Reichen haben!
Eine Predigt von Gericht und Höllenflammen braucht es dann nicht mehr, auch nicht, daß einer aus dem Totenreich zu uns zurückkehrt. Was wollte er uns denn auch über die zukünftige Welt erzählen, was wir nicht schon wüßten?: Der Reichtum der Reichen wird in nichts zerfallen. Die Armut der Armen wird als Reichtum offenbar werden.
Liebe Schwestern und Brüder! Laßt uns doch arm werden, damit wir wahren Reichtum erlangen! Laßt uns doch hören, was Mose und die Propheten – und das Evangelium von Jesus Christus sagen!
Was uns dann blüht, hat mit Liebe und Freude zu tun – nicht mit Drohung und Angst!

Kontext

Am Ende die Rechnung

Einmal wird uns gewiß
die Rechnung präsentiert
für den Sonnenschein
und das Rauschen der Blätter,
die sanften Maiglöckchen
und die dunklen Tannen,
für den Schee und den Wind,
den Vogelflug und das Gras
und die Schmetterlinge,
für die Luft, die wir
geatmet haben, und den
Blick auf die Sterne
und für alle die Tage,
die Abende und die Nächte.

Einmal wird es Zeit,
daß wir aufbrechen und
bezahlen;
bitte die Rechnung.
Doch wir haben sie
ohne den Wirt gemacht:
Ich habe euch eingeladen,
sagt der und lacht,
soweit die Erde reicht:
Es war mir ein Vergnügen!

Lothar Zenetti, Sieben Farben hat das Licht, Verlag J. Pfeiffer, München 1981

Ich bin reich, Herr, an allem,
was ich zum Leben brauche.
Ich gedenke aller, die im Elend leben.

Ich habe keinen Mangel an Kleidern.
Ich gedenke aller Frierenden
und aller Ungeschützten.

Ich habe Schuhe an meinen Füßen
und gedenke aller nackten Füße
auf den Straßen und im Staub dieser Welt.

Ich bin gesund und habe einen Arzt.
Ich gedenke der Kranken
und aller, die sterben, weil niemand ihnen hilft.

Ich lebe im Frieden
und gedenke aller, die zertreten und zerrissen werden
durch die Maschine des Krieges.

Ich stehe vor dir als dein Kind.
Aller derer gedenke ich, die verzweifeln,
weil sie dich nicht kennen,
dich, den Vater aller Menschen.

Jörg Zink, Wie wir beten können, Kreuz Verlag, Stuttgart 1970, S. 101.

2. Sonntag nach Trinitatis

Predigttext: Lukas 14,(15)16–25

Günter Berndt

Theologisch-homiletische Skizze

1. Die vergeblichen Einladungen: Natürlich wissen wir als Theologen, daß die Parabel von der Einladung zum großen Abendmahl nicht verwechselt werden darf mit den kirchlichen Einladungen zum sonntäglichen Gottesdienst und zu mancherlei Veranstaltungen. Dennoch sollten wir nicht davon absehen, daß unsere aufmerksamen und treuen Gemeindeglieder beim Hören jenes Textes erst einmal an die bedrückende und zunehmende Erfolglosigkeit gemeindlicher Einladungen denken. »Ja, so ist das!« Den Mitarbeitern in der Kirche geht es nicht anders. Die Enttäuschung und der Zorn des einladenden Hausherrn ist verständlich, wir haben ähnliche Erfahrungen. So halte ich es nicht für verfehlt, wenn wir unsere Zuhörer bei dieser Erfahrung abholen.

2. Das Reich Gottes: Jesu Reden und Handeln künden vom kommenden Reich Gottes: schon ganz da und noch weit weg. Festmahl wie auch Hochzeit gehören zu den Illustrationen jenes Reiches. Reich Gottes ist also Freude und Feiern. Das ist die Welt, wie sie Gott gedacht hat. Wer dazugehört, für den soll gelten: Unser Leben ist ein Fest. Ich erinnere an Jesu Antwort auf des Täufers Frage: »Sollen wir auf einen anderen warten?« Hier, mitten unter euch ist das Reich. Ihr könnt schon feiern als die Eingeladenen. Eigentlich kann einer dazu nicht nein sagen. Hier werden unsere Träume und Wünsche wahr: Nicht draußen bleiben. Einen Namen haben. Reich Gottes, das ist die Herstellung der Welt, wie sie Gott geplant und gewollt hat, fürwahr Himmelreich. Damit verbunden ist: Gerechtigkeit und Friede. Freude miteinander und aneinander. Keiner ist Einzelgast bei Gott. Reich Gottes ist die genießbare Welt. Da können wir die Welt genießen, miteinander, nicht auf Kosten anderer. Das ist die bewohnbare Welt, da findet der Mensch Behausung und seinen Platz unter anderen, bleibt nicht Randsiedler und obdachlos. Da ist einer anerkannt auch ohne Titel und besonderen Ehrenplatz. Jesus lädt ein zu diesem Reich. Der Kontext ist auch Erläuterung für jenes Himmelreich, das angebrochen ist. Da werden Positionen umgekehrt: Der Wassersüchtige wird am Sabbat geheilt und damit das Arbeitsverbot des Sabbats übergangen. Die Tischordnung wird auf den Kopf gestellt. Der Ausgang – die Parabel – wandelt auch Freude in Erschrecken: So also sieht am Ende Gottes Gesellschaft am Tisch aus! Wie können wir heutzutage dieses Reich Gottes »schmackhaft« machen? Ob es doch darauf ankommt, erst einmal unsere Wünsche und Träume mit Gottes Reich zu vergleichen? Ziel wäre, daß der Hörer sagt: Ja, da möchte ich dabei sein. Hier könnten wir schließen mit der Wiederholung der Einladung; doch in den Jesusgeschichten kommen wir meist an verschiedenen Stellen mit unterschiedlichen Rollen vor.

3. Die Prioritäten in unserem Leben und in der Kirche: Die Entschuldigungen sind in unserer hoch kommerzialisierten und privatisierten Welt alltäglich, plausibel, geradezu selbstverständlich. Wir sehen überall die Merkmale dieser kommerzialisierten und privatisierten Welt. Dazu gehört: Wir haben keine Zeit. In dieser kaufbaren Welt zählt der Preis. Was nichts kostet, ist nichts wert. Die großen Feiern sind besonders teuer. In dieser privatisierten Welt ist der einzelne mit sich selbst beschäftigt.

In dieser Welt regiert der Tod: darum ist alles todernst. In dieser erkauften und erbeuteten Welt hat der einzelne viel zu verlieren. Da ist normalerweise keine Zeit zum Feiern, meist auch keine Zeit zur Freude. Die kommerzialisierte und privatisierte Welt braucht Starke und Mächtige, kein Platz für Kranke, kein Platz für Arme! Sie braucht ständig Wachstum und Gewinn; Ruhe und Pause sind Verlust! Diese Welt kennt nur Verdienst und nicht das Geschenk. Aus alle dem leiten sich die Prioritäten ab, die bei uns eine Rolle spielen, kaum einer ist ausgenommen, auch die Kirche nicht. Sie ist ein Abbild der Gesellschaft. Sie kennt die gleichen Rangordnungen, bringt sich in Abhängigkeiten des Geldes und anderer Mächte. Bei solchen Überlegungen ändern sich nun die Rollen. Wir entdecken uns in einer anderen Position. In unserer weitgehend milieuverengten Kirche dürften die wenigsten Gemeinden dem entsprechen, was Jesus in der Parabel von den Teilnehmern am Mahl beschreibt. Wenn diese Erzählung damals als Kritik am Volke Israel gemeint war, dann sollten wir eingestehen, daß wir jenem Volk mehr gleichen als der dargestellen Mahlgemeinschaft. Dann wäre dem nachzugehen, was Ragaz (siehe Kontext) in der Auslegung der Gleichnisse Jesu formuliert, auch wenn seine Gedanken angesichts des Ausverkaufs der sozialistischen Länder uns in dieser Zeit fern liegen; bekommen doch zur Zeit alle recht, die sich da entschuldigen. Wir sind also nicht so fern der Zeit Jesu.

4. Die Gesellschaft Jesu: Die eigentliche Provokation der Geschichte ist die Einladung und Teilnahme der Leute von der Straße. Am Tisch sitzen, die es nicht verdient haben. Nicht durch ihre Herkunft, nicht durch ihre Leistung, nicht nach dem Maßstab von Einfluß, Macht und gesellschaftlicher Position. Da sitzen die »Lumpen«, die Armen, die »in Lumpen«, und die Reichen sind arm dran. Da sitzen die Namenlosen, und die Namhaften bleiben unerwähnt. Nun wird es auf die Situation der Gemeinde ankommen, welcher Akzent bei der Predigt gesetzt wird.

5. Mahlgemeinschaft: Die Erzählung Jesu könnte uns auffordern, über die Praxis unserer Abendmahlsfeiern nachzudenken. Ich könnte mir vorstellen, eine Predigt ganz darauf auszurichten. Das würde bedeuten, die Praxis Jesu, seine Tischgemeinschaft mit den Sündern und Zöllnern unserer Abendmahlspraxis gegenüberzustellen. Wenn Jesu Tischgemeinschaft der Prototyp für unsere Abendmahlsfeiern ist, ergeben sich Konsequenzen für unsere Praxis in den Gottesdiensten. Das kann bereits deutlich werden an den Texten beim Abendmahl. Mit welchen Worten schließen wir Menschen aus? Wenn die Einladung Voraussetzung an der Teilnahme ist, wer kann dann ausgeschlossen werden? Unter diesem Akzent würde ich dann eine Predigt halten, in der begründet wird, warum wir Abendmahl grenzenlos feiern als eine »Vorwegnahme« des Reiches Gottes. Ökumene im wörtlichsten Sinne, bewohnbare Welt, niemand draußen, es sei, er bleibe draußen, siehe die Entschuldigungen.

Die unerschiedlichen Akzente sollen verdeutlichen, daß dieser Predigttext unterschiedliche Ansätze bietet. Statt einer ausführlichen Predigtskizze gebe ich mehr Phantasieanregungen.

Vorschläge zur Liturgie

Kyrie

Gott, höre uns, wenn wir rufen! Wir verbringen unsere Tage gehetzt von Terminen und Verpflichtungen, gelähmt durch Rückschläge und Enttäuschungen, abgestumpft durch Stillstand und Leere. Unsere Hoffnung ist erstickt. Wir möchten Menschen werden, die auf dich hoffen. Darum

bitten wir dich: Pflanze in uns den Keim der Hoffnung; laß uns deine belebende, erneuernde schöpferische Kraft spüren. – Herr, erbarme dich.
Wir sind besorgt um unser Leben und unsere Zukunft. Wir sind traurig, weil wir so wenige sind, und dabei uneins. Wir sind erschöpft von dem, was uns mißlingt und was wir versäumen. Selten sind Lachen und Freude bei uns. Wir möchten Menschen werden, die sich freuen und Freude verbreiten. Darum bitten wir dich: Entzünde in uns den Funken der Freude; laß uns fröhlich die Spuren deiner Liebe entdecken, womit du uns und andere beglückst. – Christus, erbarme dich.
Wir geben zaghaft und unsicher Zeugnis von unserem Glauben. Wir zögern, Überliefertes weiterzugeben und anzunehmen. Wir stellen mehr Fragen, als wir Antworten wissen. Wir möchten Menschen werden, die aus Vertrauen leben und Vertrauen schaffen. Darum bitten wir dich: Bringe in uns zum Klingen die Botschaft, die du uns anvertraut hast; laß uns erfahren und mach uns gewiß, daß du zu uns steht. – Herr, erbarme dich.

Kyrie von Paul Ernst Ruppel:
Ohren gabst du mir, hören kann ich nicht:
der du Taube heilst, Herr, erbarme dich.
Augen gabst du mir, sehen kann ich nicht:
der du Blinde heilst, Herr, erbarme dich.
Hände gabst du mir, schaffen kann ich nicht:
der du Lahme heilst, Herr, erbarme dich.
Lippen gabst du mir, loben kann ich nicht:
der du Stumme heilst, Herr, erbarme dich.
Leben gabst du mir, glauben kann ich nicht:
der du Tote rufst, Herr, erbarme dich.
Menschen gabst du mir, lieben kann ich nicht:
der du Wunder tust, Herr, erbarme dich.

Lieder
»Komm, sag es allen weiter« und »Mancher sitzt in seinem Haus«, Nr. 186 u. Nr. 48 in: »Du, laß dich nicht verhärten«, Gütersloh. – »Wir sind zum Mahl geladen« in: »Kumbaya«, ökumenisches Jugendgesangbuch, Burckhardthaus-Lätare Verlag – »Wir sind noch nicht im Festsaal angelangt« in: »Mein Liederbuch«, tvd Düsseldorf – »Unser Leben sei ein Fest« in: »Mein Liederbuch« – EKG 160: Kommt her, ihr seid geladen.

Psalmlesungen
Psalm 36,6–11; 18,2–7

Lesungen
Epheser 2,17–21; Matthäus 9,9–13

Fürbittengebet

Lasset uns beten zu Gott, auf dessen Herrschaft die Völker warten:

I für die Nationen der Erde:
daß sie sich nicht in Haß und Nationalismus verrennen; daß sie aufhören, gegeneinander Krieg zu führen; daß endlich Friede werde, wo immer Menschen auf Erden wohnen.

II für alle, die Christi Namen tragen:
daß sie zuerst Neid und Mißgunst, Haß und Streit aus ihrem eigenen Leben verbannen und so Platz schaffen für Rechtschaffenheit und Güte und für Bereitschaft zum Frieden, die unsere Welt so sehr braucht.

I für unsere Kirche:
daß sie sich nicht festklammert an dem, was überholt und vergangen ist, und daß sie auch in unserer Zeit die Zeichen entdeckt für das unaufhörliche Kommen des Reiches Gottes.

II für uns alle:
daß wir nicht müde werden und nicht resignieren, wenn unserem Bemühen nur wenig Erfolg beschieden ist und Gott uns so fern zu sein scheint; daß wir Gottes Reich in uns selbst Platz bereiten und wissen, daß es nur in der Stille wächst.

I Herr, unser Gott:
Wir beten um das Kommen deines Reiches. In Jesus Christus ist deine Herrschaft auf Erden angebrochen: In seiner Freiheit gegenüber aller toten Gesetzlichkeit und in seiner Achtung vor dem lebendigen Menschen erfuhr die Menschheit deine Liebe und wurde der Erde dein Friede geschenkt.

II Wir bitten dich:
Laß es heute nicht anders sein, laß dein Reich auf Erden erstarken, ja, laß dein Reich unter uns wachsen.
(Kumbaya, Ev. Jugendgesangbuch, Nr. 353)

Abendmahl

»Jesus kam, predigte und heilte und zeigte uns so: Gott will, daß wir Leben haben in Fülle. Jesus setzte sich mit solchen, die schuldig geworden waren und die niemand mochte, an einen Tisch, so zeigte er uns: Gott nimmt die Sünder an, schenkt uns seine Gemeinschaft und macht uns füreinander zu Schwestern und Brüdern. Jesus ist für uns und alle Menschen am Kreuz gestorben. Damit wir immer daran denken, daß er das Leben bringt, stiftete er das Abendmahl. In der Nacht vor seinem Tod, als er verraten wurde, nahm er das Brot ...«
(»Einladung zum Abendmahl« und »Abendmahlsbesinnung« in ZGP 3/86, LT7)

Text zum Abendmahl in Gottesdienstpraxis Bd. V/3, 1983, S. 34.

Vorschläge zur Predigt

A) Erzählung

Ich würde bei einer Erzählung den ganzen Kontext einbeziehen:
»Liebe Gemeinde, der heutige Predigttext führt uns in ein Haus, in dem Jesus mit vielen Menschen zusammen ist. Es ist das Haus eines wohlhabenden und angesehenen Bürgers. Angesehen ist er vor allem in frommen Kreisen. Er hat eine hervorragende Stellung, er ist ein Oberster der Pharisäer. Dieser Pharisäer, der es mit Gottes Weisungen sehr genau nimmt, hat Leute eingeladen. Jesus gehört dazu. Es ist Feiertag, nämlich Sabbat. Tag zum Ausruhen, eben auch zum Feiern. Das gehört zum Leben. Zur Ruhe kommen und Feiern hat uns Gott geboten. Da wird dann das Leben richtig genossen, wo es doch oft im Alltag so ungenießbar ist. Jesus macht da mit, beim Essen, beim Gespräch, beim Feiern. Er hat ja viel Streit mit Pharisäern, und sie werden zu seinen unerbittlichen Feinden. Doch er meidet das Haus nicht (möglicherweise könnte hier wieder einmal das traditionelle schiefe Bild vom Pharisäer als Heuchler zurechtgerückt werden). Jesus ist inzwischen den Leuten bekannt. Er wird bewundert, auch beargwöhnt, begeistert angestaunt, mit Vorsicht beachtet. Zu den Gästen gehört auch ein Kranker ...«
Hier würde ich die Geschichte weitererzählen, zum Teil in Form von Dialogen. Ich würde verschiedene Meinungen der Gäste zur Sprache bringen, in denen Begeisterung, Fragen, aber auch Empörung zum Ausdruck kommen. Die Gemeinde soll durch die Erzählung innerlich Stellung nehmen. Der erste Teil der Erzählung könnte durchaus darin gipfeln, daß die zuhörende Gemeinde Jesus voll zustimmt. Hier käme dann der Predigttext dran, der deutlich macht, wie wenig Jesus ins Schema paßt. Er ist nicht nur für Pharisäer eine Provokation, sondern auch für uns.
Nach der Erzählung des Gleichnisses: »Liebe Gemeinde, haben Sie gemerkt, daß wir in dieser Geschichte vorkommen? Nicht nur an einer Stelle. Ich gestehe, ich bin hin-und-hergerissen zwischen Zustimmung und Ablehnung. Ich kann mich für die Haltung, das Reden und Tun Jesu begeistern. Hier kommen die kleinen Leute zum Zuge. Hier werden Menschen aus ihrem Schattendasein ins Licht gebracht. Andererseits verstehe ich auch die Entschuldigungen. Wo also stehen wir?« Hier würde ich die verschiedenen Rollen beschreiben, in denen wir uns vorfinden bei dieser Geschichte als die Eingeladenen, als die Verweigerer, als die Draußenbleibenden, als die Feiernden, als befreite Sünder.

B) Leben ist ein Fest – Wir sind eingeladen

Leben ist ein Fest: Da gibt es zu essen und zu trinken, das Leben wird schmackhaft. Da gehören wir zusammen, da lernen wir uns kennen. Das Leben ist bunt und nicht einfarbig. Da reden wir miteinander, es gibt Verständigung. Das Leben ist nicht eintönig. Leben ist ein Fest: Wir sollen satt werden, nicht allein sein, Freude haben. Wir sind eingeladen; wir verdienen es nicht, wir bekommen es geschenkt.

Leben ist Verdienst. Unser Leben ist kein Fest. Leben ist Arbeit. Schuften. Da gibt es Termine. Viele Termine. Jeder muß sehen, wie er vorankommt. Darum keine Ruhe, selbst Feiern wird zur Leistung, nach Geld bemessen. Es muß alles kaufbar sein. So bleiben wir einander fremd und Gegner, rennen aneinander vorbei. Das ganze Leben ist vergleichbar mit einem großen Geschäft. Wehe, wer nichts hat, um zu bezahlen. Denn der Einsatz ist wichtig.

C) Das Reich Gottes ist wie ein großes Festessen – dazu sind wir geladen.
Das Reich Gottes ist wie ein Gegenmodell zu unserem Leben, zu unserer Gesellschaft und zu unserer Kirche:
Das Reich Gottes ist unordentlich – nicht in der Ordnung, statt Paragraphen Liebe.
Das Reich Gottes ist unorthodox – nicht rechtgläubig, statt der reinen Lehre Fülle des Lebens.
Das Reich Gottes ist anarchistisch – nicht regierbar. Statt Herrschaft Dienen und Bedientwerden, Empfangen und Weitergeben.

D) Bei einer Agapefeier
Eine solche Feier ist nur in kleinerer Zahl mögich. Gedacht ist an ein Abendessen mit Abendmahl. Vielleicht ist es möglich, die Einzuladenden aus verschiedenen Lebensbereichen in der Gemeinde zu suchen. Da sind Hauptamtliche, Vertreter verschiedener Generationen, vielleicht Nichtseßhafte, Ausländer, Asylanten. Im Ablauf der Mahlzeit nach Lesung des Predigttextes oder kurzer (!) Erzählung einige kurze Tischreden: Gäste stellen sich vor: »Ich bin der personifizierte Terminkalender – keine Zeit«, so etwa ein paar kritische Sätze eines Theologen. Im Rahmen dieser kurzen Tischreden könnte unsere fragwürdige Tischordnung der Kirche, sprich: Hierarchie zur Sprache kommen. Am Schluß Ausblick auf unsere neue »Tischordnung« in der Gemeinde.

Kontexte

F. Aber welches sind nun die andern, welche geladen werden, nachdem die Erstgeladenen nicht gekommen sind?
A. Es liegt nahe, an die Zöllner und Sünder zu denken, an das *Volk* draußen, das Am-ha-Arez, wie man damals sagte (das »Volk des Landes«, gemeint ist, wie wir schon anderwärts gezeigt haben, das Volk, das sich nicht richtig an das Gesetz hält, das Volk, das der Religion fremd gegenübersteht), und das wird nicht falsch sein. Es ist das Volk, dessen es Jesus *jammert*.
Wir dürfen aber sicher auch noch weiterdenken. Jesus blickt hier, wie in dem Worte an die Jünger nach dem Erleben mit dem Hauptmann von Kapernaum, noch über Israel hinaus, in die *Völkerwelt* hinein, in die heidnische Welt, wie wir sagen. Warum sollte er es nicht tun? Haben es doch schon viele Jahrhunderte vor ihm die großen Propheten getan. Wenn Israel das Reich und damit Gott selbst verwirft, so geht das Reich, geht Gott selbst eben zu den Heiden. Ja, noch weiter dürfen wir sicher auch

im Sinn und Geist Jesu und der Gleichnisse denken: Wenn die Gläubigen das Reich Gottes und seine Gerechtigkeit verwerfen, so geht das Reich, geht Gott zu den *Ungläubigen*. Wenn die Christen den in der ganzen Bibel, vor allem auch, wie wir gesehen haben, in Jesu Botschaft selbst verkündigten Sozialismus und Kommunismus Gottes und seines Reiches nicht vertreten, so gehen die Menschen zu Proudhon und Bakunin, zu Marx und Lenin. Wenn die Gläubigen die Wahrheit mißachten, so nehmen die Ungläubigen sie auf und damit Gott und das Reich. Freilich kann das vorerst den Untergang des offiziellen Christentums und der ganzen Welt, mit der es sich verbunden hat, bedeuten.
Das meint das Gleichnis. Und nun begreifen wir, daß das offizielle Christentum es nicht richtig deuten kann und darf!
(Leonhard Ragaz, Die Gleichnisse Jesu: seine soziale Botschaft, Gütersloh 1979, S. 177)

Ernst Käsemann: »Gäste des Gekreuzigten«, Ev. Kirchentag 1979, Nürnberg. In »Kirchliche Konflikte«, Bd. 1, S. 134/135:
Es liegt doch ein unverkennbarer Widerspruch darin, daß die Gemeinde Jesu sich soviel Gedanken und Mühen um ihre Würdigkeit macht und dann mit Zittern zum Herrenmahl geht, während ihr Meister seine Gäste von den Zäunen und Hecken, aus Samaritern, Heiden, Zöllnern, Huren zusammenholte und sie in die Freude statt in die Furcht rief. Was in seiner Zeit unter den Juden als besonders würdig geschätzt wurde wie Pharisäer und Schriftgelehrte, war in seiner Jüngerschar nur schwach vertreten. Noch lange war die sogenannte gute Gesellschaft mehr die Ausnahme als die Regel an seinem Tisch. Wie ist es dazu gekommen, daß die fragwürdigen Gestalten zum mindesten sichtbar im Gottesdienst immer seltener wurden und die christliche Gemeinde fast durchgängig, wenigstens in unseren Gegenden, bloß das respektable Bürgertum repräsentiert?
Man muß noch tiefer bohren. Sicherlich tut es uns allen not, daß wir uns von Zeit zu Zeit einmal auf uns selbst besinnen und gleichsam Bilanz über unser Tun und Lassen ziehen. Wer nie sein eigenes Leben kritisch überprüft und Gerichtstag ganz für sich allein abhält, dürfte immer mehr seine Menschlichkeit vergessen und anderen Schuld und Fehler um so dicker ankreiden. Umgekehrt dringen wir auch bei strengster Selbstprüfung kaum in die Abgründe unseres Herzens, wo Trotz, Verzweiflung und die Lust, sich selbst und andere zu täuschen, sich mischen. Vor den ewigen Richter kann ohne Scheu aber nur der treten, dem er zuvor die Arme geöffnet hat wie der Vater des verlorenen Sohnes. Offensichtlich haben wir und unsere Väter die Einladung zum Tisch Jesu mißverstanden, wenn wir nicht bedachten, daß Christus das Gefallene, Schwache, Schuldige sucht und bei sich immer nur das sammelt, was vor Gott unwürdig ist. Staubwischen und Beseitigung von Schmutzflecken ändert nicht das Wesen des alten Menschen. Wo derjenige unser Bruder wird, welcher der Allerverachtetste und Unwerteste genannt werden konnte, werden wir ihm in seine Niedrigkeit folgen, uns uneingeschränkt seinem Lichte aussetzen und unser Heil allein auf sein Erbarmen stellen müssen. An Jesu Tisch sitzen immer nur solche, die es nicht verdienen.

3. Sonntag nach Trinitatis

Predigttext: Lukas 15,1–10

Eckhard Herrmann

Theologisch-homiletische Skizze

»Jesus nimmt die Sünder an« – die ersten Worte des Wochenliedes geben das Motto des Sonntags wieder. Was aber macht eine Tat oder Untat zur Sünde und den Menschen, der sie begangen hat, zum Sünder? Würde ich hundert Gottesdienstbesuchern diese Frage stellen, bekäme ich wahrscheinlich mindestens halb so viele Antworten. Das Spektrum würde wohl vom harmlosen Zuviel-Essen bis hin zur schrecklichen Gewalttat reichen. Der Evangelische Erwachsenen-Katechismus definiert den Begriff als »das gestörte Verhältnis des Menschen zu Gott« (EEK, 4. Aufl. 1982, S. 256), das wiederum eine Störung des Verhältnisses sowohl zum Mitmenschen als auch zur eigenen Person zur Folge hat. Das sind die Menschen, um die es Jesus geht, die er ernst nimmt und annimmt: diejenigen, die mit Gott – und ich denke, wir dürfen heutigentags durchaus ergänzen: mit der Kirche – nicht mehr klarkommen. Ihnen will er die Tür öffnen.

Ich fühle mich an das (Nicht-)Verhältnis zwischen der Kerngemeinde und den sog. ›Randsiedlern‹ erinnert. Die Frage, wie letztere für den Glauben zu gewinnen sind, wird nicht selten mit dem Hinweis beantwortet, daß sie sich ja jederzeit der Kerngemeinde anschließen können; Möglichkeiten – vom Gottesdienst bis zum Bibelkreis, von der Jugendgruppe bis zum Altenclub – sind für Menschen beiderlei Geschlechts und jeden Alters fast überall gegeben. Hier ist mir der Hinweis Schweizers (in der Exegese Band 4) wichtig, daß weder Schaf noch Geldstück »umgekehrt« sind; Jesus ist vielmehr von sich aus auf sie zugegangen. Will sagen: Es reicht nicht, die Kirchentüre zu öffnen und zu warten, bis die »Sünder« zurückkehren; vielmehr sind wir (als Kerngemeinde) aufgefordert, hinauszugehen zu den ›Außenstehenden‹ und uns mit ihnen und dem, was sie bewegt, auseinanderzusetzen. Die wohl überall mehr oder weniger deutliche Abgrenzung (oder sehe ich da zu schwarz?) muß dem Bemühen um die Integration der (kirchlichen und gesellschaftlichen) ›Outsider‹ weichen. »Durch seine Einleitung ... betont Lukas die Front Jesu gegen das ›Murren‹ der Pharisäer und Schriftgelehrten« (Schweizer, a.a.O.). Würden wir als ›kirchliche Insider‹ heute nicht genauso über das Verhalten Jesu murren?

Vorschläge zur Liturgie

Lieder

Zum Gottesdienstbeginn: »»Du hast uns, Herr, gerufen« – vor der Predigt: »Jesus nimmt die Sünder an« (EKG 268) – nach der Predigt: »Ich werfe meine Fragen« *oder* »Ich möcht', daß einer mit mir geht« *oder* »Liebe ist nicht nur ein Wort«

Kollektengebet

Du erträgst es nicht, Gott, daß eines deiner Menschenkinder verloren geht. Du suchst uns, wenn wir uns entfernt haben von dir. Viel mehr, als wir dich

suchen, bist du auf der Suche nach uns. Wir halten uns fest an deiner Verheißung, und deiner erfinderischen Liebe vertrauen wir uns an.«
(aus: Christian Zippert [Hrsg.], Gottesdienstbuch, Gütersloh 1990, S. 96)

Fürbittengebet
»Herr, unser Gott, durch Jesus Christus wissen wir, daß du keinen übersiehst, der sich verirrt hat. Wir danken dir, daß du uns suchst und findest. Du schickst uns auf den Weg, das Verlorene zu suchen. Darum bitten wir dich: Mach uns empfindsam für Menschen, die innerlich am Ende sind, sich aber sicher und tüchtig geben. Laß uns auf die zugehen, die von anderen gemieden werden. Schenk uns Geduld mit denen, die mißtrauisch geworden sind, weil sie überall Feinde sehen. Wir möchten auch denen vertrauen können, die abgestempelt sind als kriminell, als bösartig, als nichtseßhaft, als süchtig. Hilf uns, daß wir bei ihnen bleiben, auch wenn sie uns verdächtigen und ablehnen. Weil du keinen aufgibst, bitten wir: Gib uns deine Kraft.«
(aus: Christian Zippert, a.a.O., S. 97)

Predigtvorschlag
Möglicher Predigtanfang
Es war einmal ein Pfarrer, der wollte am Sonntag mit »seiner« Gemeinde Gottesdienst feiern. Die Sonne schien, die Stimmung war prächtig und die Kirche war gut besucht. Aber plötzlich, gerade in dem Augenblick, als der Pfarrer die Gottesdienstbesucher begrüßen wollte, da fiel ihm auf, daß *einer* nicht gekommen war. Einer, von dem er wußte, daß er mit dem Glauben einige Schwierigkeiten und zur Kirche ein eher distanziertes Verhältnis hatte. – Was glaubt Ihr, was der Pfarrer tat? – Er ließ die Gottesdienstbesucher in der Kirche zurück, um den zu besuchen, den er vermißt hatte.
Wie die Gemeindeglieder wohl auf dieses Verhalten ihres Pfarrers reagiert haben ...? Ob sie den Gottesdienst einfach ohne ihn weitergefeiert haben? Singen, beten und aus der Heiligen Schrift lesen, .,.. das kann man doch auch allein. – Oder ob sie empört waren? Verärgert?! Entrüstet?! – ›Da kommt man jeden Sonntag in die Kirche, arbeitet fleißig in der Gemeinde mit und versucht – soweit nur irgend möglich – die Maßstäbe des christlichen Glaubens im täglichen Leben zu berücksichtigen ... und dann so etwas! Da vergeudet der Pfarrer seine Zeit mit einem, der sowieso nicht viel von der Kirche hält und von dem die Kirche – *wenn* er käme – auch gar nicht viel hätte!‹
Natürlich, liebe Mitchristen, diese Geschichte ist frei erfunden, und ich könnte mir – ehrlich gesagt – auch gar nicht vorstellen, daß sich so etwas je ereignen würde: ein Pfarrer, der eine »ganze« Gemeinde allein im Gottesdienst zurückläßt, um einen einzigen zu besuchen. – So etwas *hat* es wahrscheinlich noch nie gegeben, und so etwas *wird* es wohl auch niemals geben. Für weit realistischer halte ich dagegen den Ärger und den Protest der Got-

tesdienstbesucher, den ich mir da auszumalen versucht habe. Dieses: ›Der läßt sich ja sonst auch nicht blicken!‹; dieses: ›Was will der denn schon?!‹; diese »Zurückhaltung« der sogenannten Kichentreuen gegenüber den sogenannten Kirchenfernen, gegenüber denen, die anders leben, anders glauben, anders denken ... – so etwas, liebe Gemeinde, ist gar nicht so selten. Im Gegenteil: Manchmal, denke ich mir, trifft man in jedem x-beliebigen Verein auf mehr Offenheit und auf mehr Zusammenhalt als bei uns in der Kirche.

Zum weiteren Verlauf
Der Prediger greift jetzt – ohne Umschreibung – die Situation auf, in die Lukas das Doppelgleichnis stellt:
Zöllner und Sünder kamen zu Jesus, um ihn zu hören. Die Pharisäer und die Schriftgelehrten empörten sich darüber und sagten: »Er gibt sich mit Sündern ab und ißt sogar mit ihnen« (Lk 15,1.2; Einheitsübersetzung).
Auf der einen Seite die ganz Frommen, ... die, die fest davon überzeugt sind, daß sie – indem sie ihre Gebote und Ordnungen befolgen – Gott alles recht machen. Und auf der anderen Seite diejenigen, die Gott scheinbar nichts zu bieten haben. Die es mit dem Glaubensgehorsam nicht allzu ernst nehmen und überall Anstoß erregen mit ihrer Lebensweise. Und die deshalb auch nie eine Chance haben werden, in und von dieser Gesellschaft angenommen zu werden.
»Jesus nimmt die Sünder an« (EKG 268; vor der Predigt gesungen). Er redet mit ihnen und lädt sie ein, mit ihm zu essen. Er geht mit ihnen um wie mit Freunden. Und damit schafft er eine Atmosphäre des Vertrauens. Eine Atmosphäre, in der sich alle Gesprächspartner friedlich und ehrlich unterhalten können über das, was sie trennt, und über das, was sie möglicherweise verbindet: Lebensfragen, Glaubensprobleme. Eine Atmosphäre, in der bislang feste Standpunkte in Bewegung geraten können. Eine Atmosphäre, die für Veränderungen, für manchmal überraschende Veränderungen offen ist.
»Jesus nimmt die Sünder an.« Das hat die vermeintlich Frommen und Rechtschaffenen gestört und empört. Denn der Glaube, das war für sie eine feste, unverrückbare Größe. Nichts, worüber es viel zu diskutieren gegeben hätte. Entweder man akzeptierte ihn und leistete allen Gesetzen zur Ehre Gottes Gehorsam; oder man akzeptierte ihn nicht und machte sich damit selbst zu einem Außenseiter der Gesellschaft. ›Entwder – oder‹ war die Devise der Pharisäer und Schriftgelehrten. Sonst nichts.
Jesus solidarisiert sich zwar eindeutig mit den Außenseitern; aber er legt es (auch) nicht gänzlich auf eine Konfrontation mit den »kirchlichen« Autoritäten an. Er wirbt um Einsicht für sein Verhalten und versucht zu vermitteln. Deswegen erzählt er ihnen Gleichnisse. Gleichnisse vom Verlorenen.
»Wenn einer von euch etwas Wertvolles verliert, etwas, woran er hängt, dann ist ihm das doch nicht egal. Dann fängt er doch an zu suchen; und er

wird so lange suchen, bis er wiedergefunden hat, was er verloren hatte.« – Das Wertvollste, das einer verlieren kann, ist ein Mensch. Wenn Freundschaften zerbrechen, wenn Ehen auseinandergehen, wenn Angehörige sterben, wenn wir – auf welche Weise auch immer – einen Menschen verlieren, den wir geliebt haben, dann kann das unendlich wehtun. Und jeder Verlust, den wir erleiden, hinterläßt seine Spuren in uns.
»Auch Gott«, sagt Jesus, »leidet, wenn sich einer von ihm abwendet; wenn einer sein Glück und sein Heil woanders sucht und sich dabei womöglich verirrt; deswegen freut er sich auch über jeden, der sich neu von ihm ansprechen läßt und zurückkehrt.« – Um dieses Ansprechen und Sich-Ansprechen-Lassen, liebe Mitchristen, darum geht es.
Das Schaf in ›unserem‹ Gleichnis kehrt nicht von sich aus zurück; der Hirte muß ihm nachgehen, muß es suchen, muß es, wenn er es gefunden hat, ansprechen und zurückführen. Erst recht die Münze. Da gibt es ja gar keine andere Möglichkeit, als selber die Initiative zu ergreifen und zu suchen.
Für mich steckt in diesen Gleichnissen eine unerhörte Herausforderung: Menschen, die anders denken, reden und glauben als wir, dürfen uns nicht einfach egal sein. Als Christen, als Frauen und Männer, die sich an der Person Jesu Christi und an dem, was ihm wichtig war, orientieren, ist es unsere Aufgabe, auf diese Menschen zuzugehen und uns ernsthaft mit ihnen auseinanderzusetzen. Uns anzuhören, was sie zu sagen haben, was ihnen auf dem Herzen liegt und was ihnen wichtig ist; und ihnen offen zu erzählen, wo wir herkommen und worauf es uns ankommt. Und das Ganze nicht in der Absicht, den anderen zu überreden, zu überrumpeln und zu vereinnahmen für eine Sache, die vielleicht wirklich gar nicht seine Sache ist, sondern aus der Einsicht heraus, daß dieser andere in den Augen Gottes nicht weniger und nicht mehr wert ist als ich und ich deshalb gar kein Recht habe, mich über ihn zu erheben. Darum geht es zuallererst: um *unsere* Offenheit, um *unsere* Bereitschaft, einem Mitmenschen, mit dem uns auf den ersten Blick scheinbar nichts verbindet, entgegenzugehen, mit ihm zu reden und so eine Atmosphäre gegenseitigen Vertrauens zu schaffen, Brücken zu bauen und Getrenntes miteinander zu verbinden.
»*Jesus* nimmt die Sünder an«, diejenigen, die anders oder überhaupt nicht glauben. *Jesus* öffnet die Türen. Die Türen der Häuser und die Türen der Herzen.

Möglicher Schluß

Solch offene Türen wünsche ich mir auch für unsere Kirche. Offene Türen, durch die wir unsere manchmal enge und engherzige Kirche verlassen können, um bei anderen einzukehren und dabei womöglich neue Ideen und Impulse zu entdecken und mitzubringen; und offene Türen, durch die Menschen zu uns stoßen können, die ab und zu etwas frischen Wind in unsere Kirche hineintragen.

Wenn dieses Bild von Kirche, liebe Mitchristen, das ich mir da ausgemalt habe, dieses Bild einer zu allen Seiten hin offenen Kirche, Realität werden würde, dann könnte es jenem Pfarrer, von dem ich anfangs berichtet habe, vielleicht sogar passieren, daß er eines schönen Tages allein in einer leeren Kirche steht, weil alle seine Gottesdienstbesucher unterwegs sind zu denen, die noch »draußen« stehen und auf ein vertauensvolles Zeichen christlicher Nächstenliebe warten.
Aber, ich finde: *Das* wäre dann eigentlich auch ein gelungener Gottesdienst?!

Kontexte

1. Eine schöne (Nach-)Erzählung der Perikope findet sich bei Hans Frör in: ›Ich will von Gott erzählen wie von einem Menschen, den ich liebe; Kaiser-Traktate N.F. 9, München 1987 (6. Aufl.), S. 39ff.:
»Die ersten Freunde, die Jesus gewann, das waren Menschen, mit denen die gute Gesellschaft nichts zu tun haben wollte, ... Jesus setzte sich gern mit solchen Leuten zusammen. Er mochte sie, ... ›Vater‹, sagte er in solchen Augenblicken, ›ich bin so froh darüber: die klugen Leute mit dem gesunden Charakter und dem festen Glauben haben noch nichts begriffen, aber die Abgerutschten und Verdorbenen erleben deine Freundlichkeit. So wolltest du es ja! Das herzlose Gefüge von Dazugehören und Draußenbleiben ist durcheinander geraten. Jetzt erlebe ich, daß du in mir wirkst!‹ – Und dann setzte er sich zu ihnen, und sie aßen, tranken und feierten. Auch das sprach sich bald herum, und alle, die sich für das geistliche Wohl ihres Volkes verantwortlich fühlten, machten sich ernsthafte Sorgen. Hatten sie schon Jesu Heilungen skeptisch zur Kenntnis genommen ..., so sahen sie sich durch seine zweifelhafte Gesellschaft nun wirklich genötigt, energisch einzuschreiten. ... Die verantwortlichen Vertreter Israels starrten Jesus mißtrauisch an. Da lief er zu ihnen hinüber und versuchte, es ihnen zu verdeutlichen: ›Sagt selber: Freut ihr euch nicht, wenn ihr etwas verloren habt und ihr findet es wieder? Könnt ihr euch in einen Hirten versetzen, dem ein Schaf abhanden gekommen ist – was tut er? Seine ganze Herde läßt er im Pferch und sucht nach dem einen, bis er es gefunden hat. Könnt ihr euch seine Freude vorstellen? Oder denkt an eine Frau, die plötzlich eine wertvolle Münze aus ihren Ersparnissen vermißt – wird sie nicht mit ihren Freundinnen feiern und lachen, wenn sie wieder gefunden hat, was ihr gehört? ... Genauso freut sich Gott über jeden, den er mit seiner Liebe wieder erreicht. ...«

2. Aus: Josef Dirnbeck/Martin Gutl, Ich begann zu beten. Texte für Meditation und Gottesdienst, Verlag Styria, Graz-Köln-Wien 1976[3]:
»Wir brauchen Menschen«
Trotz der drei Milliarden: viel *zuwenig* Menschen.
Wir brauchen Menschen, die nach der zehnten Enttäuschung noch vertrauen können.
Wir brauchen Menschen, die ein offenes Wort riskieren, wenn anderen ein Unrecht geschieht.
Wir brauchen Menschen, die lieber hergeben als kassieren.
Trotz der drei Milliarden: viel *zuwenig* Menschen.
Wir brauchen Menschen mit etwas mehr Heroismus und etwas weniger Paragraphengeist.

Wir brauchen Menschen mit etwas mehr Praxis und weniger Bequemlichkeit.
Wir brauchen Menschen mit etwas mehr Hand und weniger Faust.
Trotz der drei Milliarden: viel zuwenig Menschen.
Wir brauchen Menschen, deren Ja ein Ja ist, und deren Nein ein Nein ist.
Wir brauchen Menschen, deren Hoffnung andere trägt und zum Leben erweckt.
Wir brauchen Menschen
damit die Zukunft menschlicher wird als die Vergangenheit.

3. Aus: Friedrich Walz, Das Leben ist der Weg. Gedanken für Zeit und Ewigkeit. Herausgegeben von Helmut Winter, Claudius-Verlag, München 1985: »Mit Fehlern umgehen« (Seite 43).
Ich glaube, daß Gott mich liebt. Aber nicht deshalb, weil ich es verdient habe oder gar, weil ich fehlerfrei bin. Er liebt mich, weil er mein Vater ist. Ich muß dann auch nicht in einer Gesellschaft von Fehlerfreien leben. Ich kann anderen zugestehen, was ich selber empfangen habe: Vergebung.
Andere festnageln auf ihr Versagen, Schuld ans Licht zerren und festschreiben, das ist das Geschäfdt, das ein anderer betreibt. Er heißt in der Bibel ›Ankläger‹ oder ›Verkläger‹. Das hebräische Wort dafür heißt ›Satan‹. Sein Werk sollen wir nicht tun, denn wer Menschen schlecht macht, hindert sie daran, gut zu werden. Wem dauernd eingehämmert wird, daß er nichts taugt, der taugt am Ende wirklich nichts mehr.
Wer aber glaubt, daß er ein Kind Gottes ist, kann zu den eigenen Kindern nicht sagen: ›Wer einmal lügt, dem glaubt man nicht, und wenn er auch die Wahrheit spricht.‹ Das ist satanisch.
Wer glaubt, daß er ein Mitarbeiter Gottes ist, kann nicht zu einem Mitarbeiter sagen: ›Bei mir macht man nur einmal einen Fehler.‹ Das ist satanisch.
Wer glaubt, daß Gott ihm vergeben hat, wird auch nicht mehr sagen können: ›Ich habe mir nichts vorzuwerfen.‹ Denn er weiß, daß Gott uns nicht nur das Böse vergeben muß, das wir tun, sondern viel mehr das Gute, das wir unterlassen.
Wir sind Menschen, die Fehler machen. Wir sind Menschen, die Fehler zugeben dürfen. Wir sind Menschen, die Vergebung brauchen. Wir sind alle gleich. Darum schreibt Paulus: ›Wenn unter euch ein Mensch von einem Fehler übereilt wird, dann helft ihm freundlich zurecht.‹

4. Sonntag nach Trinitatis

Predigttext: Lukas 6,36–42

Heinrich Jürgenbehring

Theologisch-homiletische Skizze

Ein Abschnitt aus der lukanischen Feldrede. Der zahlreichen Übereinstimmungen mit Matthäus wegen muß Q (Redenquelle) als Grundlage gelten. »Seid barmherzig, wie auch euer Vater barmherzig ist« (Vers 36). Dieser Vers bündelt Vorhergehendes (Verse 27–35) und verleiht dem Folgenden (Verse 37–42) Kontur. Schließt man noch Vers 35b an: »... ihr werdet Kinder des Allerhöchsten sein; denn er ist gütig gegen die Undankbaren und Bösen«, so zeigt der Text ein exegetisch wie homiletisch bedeutsames Gefälle. Die im folgenden reichlich vorhandenen Imperative erhalten das Vorzeichen des Indikativs und so den ihnen zukommenden Ort. Denn allemal geht die Verheißung dem Gebot, das Evangelium dem Gesetz voraus. Und dabei muß es bleiben, soll die Predigt nicht moralisch mißraten. Für sich genommen sind Jesu »Weisheitsworte« nicht sonderlich »originell« (M. Wolter). Ihre spezifische Aussagekraft erhalten sie von der in Vers 35 und 36 ausgesagten unbegrenzten Barmherzigkeit des himmlischen Vaters. Sein Verhalten bestimmt die Verhaltensweise derjenigen, die in Jesus von Nazareth den »Meister« (Vers 40) gefunden haben, der in Wort und Tat die Liebe des »Allerhöchsten« irdisch abbildet. So gilt: »... das neue Leben der Christen verdankt sich nicht einer neuen Moral, sondern dem neuen Sein, das in Gottes Barmherzigkeit mitgesetzt ist« (W. Fürst, in: GPM (3), 1973, S. 335). Diese Voraus-Setzung wird die Predigt zu bedenken haben, was freilich nicht heißen muß (aber kann), daß sie mit diesem Prae auch formal beginnt. Sachlich klärt sich von hier aus alles Weitere. Weil wir Gott als barmherzig, gütig erfahren, verhalten wir uns gütig und barmherzig gegenüber den Mitmenschen. Wir »richten« nicht. Denn wo würden wir angesichts des göttlichen Gerichtsurteils bleiben! Doch ist hier weniger an ein letztes Urteil gedacht als an die Neigung, andere ständig zu beurteilen, sie nach unseren Vorstellungen zu prägen. Freilich muß man den »Splitter« im Auge des anderen auch nicht übersehen, vorausgesetzt, man wird des »Balkens« im eigenen Auge gewahr. Liebevoll, behutsam wird man jenen Splitter entfernen, der Barmherzigkeit des Vaters im Himmel wohl eingedenk. Vergebung wird möglich, wo doch Gott uns so reichlich vergibt und »gütig« ist »gegen die Undankbaren und Bösen«. Auch »Geben« wird möglich. Denn: erkennen wir, wie reichlich uns Gott beschenkt, so öffnen sich unsere verkrampften Hände. Und dies mit politischen Konsequenzen, bedenkt man das viel benannte »Nord-Süd-Gefälle«.

Das »Gebt« stellt die »höchste Steigerung« dar. »Hier wird der andere nicht einfach unbelästigt und doch einsam ziehen gelassen, sondern in eine konkrete helfende Gemeinschaft einbezogen« (Ch. Maurer, in: GPM (3), 1979, S. 298). Das *Übermaß* göttlicher Barmherzigkeit vermag uns unsere *Vermessenheit*, mit denen wir andere *maßregeln* wollen, zu nehmen. Ungeduld und Richtgeist sagen: »Jetzt ist das *Maß* voll.« Gottes Weise ist es, uns *»über alle Maßen«* (vgl. 38) zu beschenken. Wer kleinlich hinter ihm zurückbleibt – auch dies macht der Text deutlich –, wird freilich »in das über ihn selbst hereinbrechende Gericht hineinlaufen ...«
(K. Barth, KD IV, 1, S. 502)

Vorschläge für die Liturgie

Eingangspalm

Psalm 103,8 + 10–13

Sündenbekenntnis

Herr, verkehrt sind unsere Worte, Werke und Gedanken. Sie entsprechen der Liebe nicht, die du erweist. Sie zeigen die Geduld nicht, die du bewahrst. Sie geben den Reichtum nicht, den du bietest. Sie üben die Milde nicht, die du walten läßt. Sie bringen die Freude nicht, die du machst. Sie stiften den Frieden nicht, den du hältst. Herr, verkehrt sind unsere Worte, Werke und Gedanken. Wende sie zum Guten (Gottesdienst '77, Gütersloh 1977, S. 10).

Gnadenspruch

Die Güte des Herrn ist's, daß wir nicht gar aus sind, seine Barmherzigkeit hat noch kein Ende (Klagelieder 3,22).

Kollektengebet

Lieber Vater im Himmel, gütig und barmherzig bist du und hast unendliche Geduld mit uns und mit allen Menschen. Dafür danken wir dir. Laß es uns in diesem Gottesdienst neu hören, wie gütig du bist, und hilf uns in unserem Alltag mit unseren Mitmenschen liebevoll umzugehen.

Lesungen

Als Epistel: Römer 14,10–13; als Evangelium; Matthäus 25,14–30 oder auch den Predigttext.

Fürbittengebet

Gott, du gehst weit mit deiner Güte, bring uns über uns selbst hinaus, wenn wir denken »Auge um Auge, Zahn um Zahn« und »Wie du mir, so ich dir«, und wenn wir auch so handeln. Wir möchten großzügiger werden und uns nicht ständig ärgern oder wehren müssen. Wir haben schon gespürt, wie wohl die Güte tut. Bring uns dahin, selber freundlich und gütig zu sein. Wir beten für die Menschen, deren tägliche Pflicht es ist, sich von anderen ein Bild zu machen, die Urteile finden oder fällen müssen. Wir beten für Menschen, die Noten geben müssen, Zeugnisse schreiben, Personalakten anlegen: daß sie dabei gütig bleiben und die anderen wohltuend ansehen. Wie Jesus es getan hat. Wir denken an uns selbst. – Und beten für die Menschen, die wir verurteilen, die wir abwerten und unter dem Strich finden. Daß sie ertragen können, womit wir ihnen wehe tun, und sich nicht gereizt fühlen, mit gleicher Münze heimzuzahlen. Gott, wir sind dir dankbar, daß du unsere Aussicht bist und bleibst. (Liturgieentwürfe für das Kirchenjahr, verfaßt vom Liturgischen Arbeitskreis II der Evangelischen Kirche in Hessen und Nassau unter Leitung von Friedrich K. Barth, Frankfurt/M. 1985, S. 255/256)

Liedvorschläge
246 (Wochenlied); 383; 509; 61,7.

Vorschläge für die Predigt

Möglicher Anfang
»Man macht sich ein Bildnis. Das ist das Lieblose, der Verrat.«
Max Frisch hat diesen Satz geschrieben. Und wie recht er hat! In der Tat: Wir sind groß im Bildermachen.
Kennen Sie das nicht auch! Ich begegne einem Menschen, gewinne einen Eindruck von ihm, bilde mir ein Urteil, ein Vor-urteil. Wenn's nur dabei bliebe! Denn ein Vor-urteil wäre (nimmt man die Sprache beim Wort) ein vorläufiges Urteil. Es wäre revidierbar, korrigierbar, müßte nicht endgültig sein. Aber wie leicht verfestigen sich unsere Bilder. Der andere ist eben so, wie er ist: z.B. unsympatisch, arrogant, faul. Da stellen sich die Eigenschaftswörter schnell ein. Da haben wir Schubläden zur Hand und sind mit dem andern »fertig«. Sie kennen die Pauschalurteile: *die* Jungen, *die* Alten, *die* Ausländer, *die* Linken, *die* Rechten. Die Reihe ließe sich fortsetzen. Ich mache mir vom andern ein Bild, ordne ihn ein, »stelle ihn fest«.
So sehe ich den anderen nicht, wie er ist. Ich sehe ihn, wie ich ihn sehen will. Mit getrübter Wahrnehmung. Möglich auch, daß ich meine Mitmenschen nach meinem Bild zu formen, zu prägen, zu erziehen gedenke, bis sie meiner Vorstellung entsprechen. Ich lasse dann die anderen nicht frei, gönne ihnen die Möglichkeiten nicht, sich zu entwickeln, zu entfalten. Manche Freundschaft, manche Partnerschaft scheitert an diesem Bilden und Formen.
(Hier kann Brechts Kalendergeschichte vom Herrn Keuner eingefügt werden. Siehe Kontexte.) Wir haben Maßstäbe, nach denen wir unsere Mitmenschen messen, sie uns »maßgerecht« machen möchten. (Hier dürfte es in jeder Gemeinde spezifische Beispiele geben: politisch andere auf Kurs bringen, ihnen das Christsein absprechen, wenn sie nicht spuren. Einen bestimmten Frömmigkeitsstil als Maßstab anlegen usw.)

Zum weiteren Verlauf
Dies alles ist letztlich eine »unmögliche Möglichkeit«, bedenken wir, wie Gott mit uns umgeht. Er maßregelt uns nicht, sondern begegnet uns gütig und barmherzig. Er sagt nicht: Jetzt ist das Maß voll, jetzt sollst du mir büßen. Vielmehr verschwendet er seine Liebe an uns ohne Maß. Wo kämen wir hin, wenn Gott uns unsere Schuld aufrechnen, uns nicht vergeben würde. Wie sollten wir da kleinlich über die Versäumnisse unserer Mitmenschen Buch führen. Euch ist vergeben. Also: vergebt ihr auch! Ich werde nun nicht an dem anderen herumoperieren, den Splitter aus seinem Auge zu ziehen suchen, weiß ich doch – im Lichte Gottes – um den Balken in meinem Auge. Gustav Heinemann hatte recht, als er nach dem Attentat auf Rudi Dutschke in einer Fernsehansprache sagte: »Wer mit dem Zeigefin-

ger allgemeiner Vorwürfe auf den oder die vermeintlichen Anstifter oder Drahtzieher zeigt, sollte daran denken, daß in der Hand mit dem ausgestrecken Zeigefinger zugleich drei andere Finger auf ihn selbst zurückweisen!« Weil Gott ein barmherziges Urteil über euch spricht, verurteilt nicht!
Freilich ist damit nicht jedes Urteilen ausgeschlossen. Der Lehrer muß Noten geben, Zeugnisse schreiben. Der Chef legt eine Personalakte an. Als Staatsbürger habe ich nicht nur das Recht, sondern auch die Pflicht, das Reden und Handeln der Politiker kritisch zu begleiten. Aber Urteilen ist nicht gleich Verurteilen. Und mit aller Vorsicht, behutsam den Splitter aus dem Auge des anderen zu entfernen ist durchaus geboten. (Gegenbeispiele: Verhalten im Wahlkampf).
Gütig ist der himmlische Vater. Barmherzig geht er mit uns um. Überreich beschenkt er mich. Gedankenlos wie ich bin, vergesse ich es immer wieder. Daß ich lebe, atme, die Sonne schauen darf – jeden Tag aufs neue, verdanke ich ihm. Daß ich habe, was ich zum Leben benötige: Essen und Trinken, Familie und gute Freunde – es ist ja »sein Geschenk und Gab«. Weil mir gegeben ist, darum gebe ich weiter. Es kann nicht anders sein. Ich teile mein Leben mit anderen, werde gemeinschaftsfähig. Und indem ich andere an meinem Leben teilhaben lasse, werde ich nicht ärmer (vgl. Vers 38!). (Wer möchte, kann diesen Gedanken auf die Problematik des »Nord-Süd-Gefälles« hin weiterdenken. Auch ein Hinweis auf den Vereinigungsprozeß mit der DDR kann sinnvoll sein. »Die Teilung wird nur durch Teilen überwunden«.)

Möglicher Schluß
Das will ich festhalten: Unser Vater im Himmel ist barmherzig. Gesagt hat es der, der es wissen mußte: Jesus von Nazareth. In ihm hat ja Gottes Liebe Hand und Fuß bekommen. Er ist der »offene Mensch«, offen gegenüber den Mitmenschen. Jesus hatte keine Vorurteile. Er machte seine Zuwendung nicht von Sympathie und Antipathie abhängig. Und Jesus von Nazareth ist der »offene Mensch« im Verhältnis zu Gott. Darum strömte Gottes Güte durch ihn hindurch zu den Menschen. Von dieser Güte möchte ich leben.

Kontexte

»Was tun Sie«, wurde Herr K. gefragt, »wenn Sie einen Menschen lieben?« »Ich mache einen Entwurf von ihm«, sagte Herr K., »und sorge, daß er ihm ähnlich wird.« – »Wer? Der Entwurf?« – »Nein«, sagte Herr K., »der Mensch.« (B. Brecht, Kalendergeschichten, Leipzig 1979).

»Richten die Jünger, so richten sie Maßstäbe auf über Gut und Böse. Jesus Christus aber ist kein Maßstab, den ich auf andere anwenden könnte. Er ist es, der mich selber richtet und mir mein Gutes als ganz und gar Böses enthüllt. Damit aber ist mir verboten, auf den Anderen anzuwenden, was mir nicht gilt ... Richten ist die unerlaubte Reflexion auf den Anderen. Es zersetzt die einfältige Liebe. Diese verbietet mir zwar nicht meine Gedanken über den Anderen, meine Wahrnehmung seiner Sünde, aber beides wird dadurch aus der Reflexion befreit, daß es mir allein Anlaß zur Vergebung und zur bedingungslosen Liebe wird, die Jesus mir beweist ... Richten macht blind, aber die Liebe macht sehend. Im Richten bin ich blind gegen mein eigenes Böses und gegen die Gnade, die dem Anderen gilt ...«. (D. Bonhoeffer, Nachfolge, DBW, Bd. 4, Chr. Kaiser Verlag, München 1961, S. 160/161)

»... mit dem Richten ist man immer auf dem Weg zur Hinrichtung«. (W. Fürst, in: GPM 1973(3), S. 339).

»Nehmen ist seliger als Geben: das sagt unser Dank. Geben ist seliger als Nehmen (Apg 20,35): das erfahren wir im Dienst.« (Helmut Gollwitzer, Krummes Holz – aufrechter Gang, München 1971)

»Hunger ist kein Schicksal. Hunger wird gemacht. Er ist ein Produkt ungerechter Verteilung von Lebensmitteln, Rohstoffen und Produktionsgütern. ... Unser Reichtum ist die Armut der anderen. Aber noch immer meinen wir, das Elend der Menschen besser ertragen zu können als die Mühen der Veränderung.« (U. Duchrow/G. Liedke, Schalom, Stuttgart 1987, S. 217)

5. Sonntag nach Trinitatis

Predigttext: Lukas 5,1–11

Johannes Seiß

Theologisch-homiletische Skizze

Lukas macht aus dem knappen Berufungswort Jesu bei Markus/Matthäus eine anschauliche Erzählung (ähnlich Johannes 1, 35ff. und 21,1ff.). Er lenkt meine Aufmerksamkeit auf die menschliche Seite des Geschehens. Damals, zur Zeit Jesu, ist in der Berufung der ersten Jünger etwas von der Macht und Herrlichkeit Jesu offenbar geworden, was im Leben der späteren Kirche und der Christen heute verdeckt ist. Darum hält Lukas es für wichtig, diese Geschichte zu »wiederholen«, so daß sie uns gleichsam einholt und wir sie auch bei uns erkennen und ihrer gewiß werden können. Solcher müder, sündiger, untauglicher Menschen hat sich Jesus bedient, und im Hören auf seinen Ruf wurden sie Zeugen seiner Herrlichkeit und seines Reiches. Das darf ich auch in meiner Geschichte und in der Geschichte meiner Kirche heute wieder entdecken. Das Urbild von damals hilft mir, mich in dem verwirrenden Bild von heute zurechtzufinden und es zu deuten.
Deshalb möchte ich in der Predigt erzählend an der Geschichte entlanggehen und die einzelnen Züge des Urbildes zur Deutung von Bildern meines Lebens und meiner Kirche nutzen. Ich schildere die Geschichte in fünf Szenen. Sie erscheinen mir so symbolträchtig und transparent für eigene Erfahrungen, daß Andeutungen genügen, um den Hörer hellhörig zu machen für den Ruf Gottes in der eigenen Biographie und der Geschichte von Kirche und Gemeinde heute. Ich kann nicht wissen, was die Berufung der Predigthörer ist, ich weiß es ja nicht einmal im voraus für mich selbst. Aber das Evangelium zeigt, welche Tragweite dem schlichten, gehorsamen Hören auf Jesu Wort in unserer konkreten, oft so spröden Situation zukommt, der man kaum solche Chancen und Möglichkeiten ansieht. Das gilt für den einzelnen Menschen, der sich so unendlich schwer ändern kann, ebenso wie für eine ganze Kirche, die in Schuldverstrickungen starr geworden ist. Es mögen große oder kleine Entscheidungen, Entschlüsse, Schritte sein, zu denen sich einzelne berufen sehen. Diese alte Berufungsgeschichte will wach und hörbereit machen für den Ruf Jesu, und sie kann Entmutigung, Unsicherheit, berechtigte Angst und innere Abwehr überwinden. Ganz konkret ist nur die eine Verheißung: daß wir »Menschen fangen« sollen. Wir werden bei diesen Schritten nicht allein bleiben, wir werden andere finden, die den Weg, den Jesus vorausgeht, mitgehen.
Ich habe die Predigt für den Gottesdienst am Tag der offenen Tür in einem Heim des Diakonischen Werkes für psychisch behinderte Männer, für die Mitarbeiter des Heimes und die Gäste aus dem Dorf vorbereitet und auch dort gehalten.

Vorschläge zur Liturgie

Confiteor

Ich grüße Sie herzlich zu Beginn des Gottesdienstes, in dem wir gemeinsam auf Gottes Wort hören und ihm antworten wollen in Liedern, Gebeten und dann auch mit unserem ganzen Leben. Deshalb wollen wir unser Herz vor

ihm ausschütten, ihm bekennen, was uns hindert, auf ihn zu hören, unsere Unruhe, unsere Ängste, unsere Schuld, und mit dem Zöllner vertrauensvoll sprechen: Gott sei mir Sünder gnädig.
Gemeinde: Der allmächtige Gott erbarme sich unser, er vergebe uns unsere Sünde und führe uns zum ewigen Leben. Amen.
Der allmächtige und barmherzige Gott hat sich unser erbarmt in seinem Sohn, Jesus Christus. Nicht wir haben ihn zum Herrn erwählt und uns zu seinen Jüngern aufgeworfen, sondern er hat uns beim Namen gerufen und erwählt. Wer da glaubt und getauft wird, der wird selig werden. Das verleihe Gott uns allen.
Gemeinde: Amen

Eingangs- und Kollektengebete
Lieber Gott, in meinem Beruf gilt dein Wort und Befehl. Darauf gehe ich hin und werfe mein Netz aus und lasse dich sorgen, wie es geraten werde. (Martin Luther)
Lieber Herr, ich habe ja dein Wort und stehe an dem Platz, den du mir zugewiesen hast. Nun siehst du, wie es überall mangelt, so daß ich keine Hilfe weiß, außer bei dir. Darum hilf du, weil du gesagt und befohlen hast, daß wir sollen bitten, suchen und anklopfen. So werden wir gewiß empfangen, finden und haben, was wir begehren. (Martin Luther)

Kollektengebet
Herr Jesus Christus, du hast uns in deinen Dienst gerufen: Dafür danken wir dir und bitten dich, gib, daß wir deiner Weisung gehorchen, deinem Wort vertrauen und in deinem Segen wirken. Der du mit dem Vater und dem Heiligen Geiste lebst und regierst von Ewigkeit zu Ewigkeit. (aus »Reihe Gottesdienst«, 5. nach Trinitatis, leicht abgeändert)

Fürbitten
Gott, unser Herr und unser Vater, wir können die Last unserer Verantwortung für andere Menschen nicht tragen, wenn du uns nicht davor bewahrst, uns zu überheben und zu übernehmen, wenn du uns nicht auch davor bewahrst, zu verzagen. Darum bringen wir sie im Gebet vor dich.
Wir bitten dich für deine Kirche, für diese Gemeinde und besonders für alle die unter uns, von denen andere Menschen Rat und Trost erwarten, das helfende Wort oder die helfende Tat. Gib ihnen ein hörendes Herz für dich und für die Menschen. Lege dein Wort in ihren Mund und fülle ihre leeren Hände.
Wir bitten dich für das deutsche Volk in der Bundesrepbulik und in der DDR. In all der Unsicherheit über die gemeinsame Zukunft bewahre uns davor, in nationalen Egoismus zurückzufallen. Laß uns dankbar darauf achten, wie du Grenzen überwunden und niedergelegt hast. Und dann hilf uns deiner Spur zu folgen auf dem Weg zu all jenen Menschen, die uns fremd sind und als Fremde neben uns leben.

Wir bitten dich für die Menschen in unserer Gemeinde und in unserem Bekanntenkreis. Für die Kinder, die auf Jesu Namen getauft sind, für die Eheleute, die du einander anvertraut hast, für die Kranken und Sterbenden, die Entschlafenen und ihre Angehörigen: Schenke einem jeden nach deiner Verheißung die Liebe und Barmherzigkeit, die er braucht, und sende jedem einen Menschen, der ihm den Glauben und die Hoffnung auf deine Liebe stärkt.
Wir bitten dich für uns alle: Hilf uns, daß wir gute Begleiter füreinander werden – im Geben und im Empfangen –, bis wir zuletzt miteinander Frieden und Heimat finden bei dir. Das bitten wir dich durch den, der uns den Weg bereitet hat, Jesus Christus, unsern Herrn. Amen.

Liedvorschläge
Eingangslied EKG 339 (besonders wegen der Strophen 3 und 4). Wochenlied EKG 216. Nach der Predigt EKG 218 oder 256, Verse 1, 5 und 6 oder Liederheft für die Gemeinde »Auf und macht die Herzen weit«, Evang. Presseverband München, Nr. 712 »Herr, gib du uns Augen, die den Nachbarn sehn«.

Vorschläge zur Predigt
Möglicher Predigtanfang
Der Evangelist Lukas erzählt hier sehr anschaulich und ausführlich von der Berufung der ersten Jünger, besonders des Petrus. Er möchte die Christen in der späteren Kriche an ihre Anfänge erinnern, an ihre Anfänge als Christen. Er möchte auch uns daran erinnern, wo wir herkommen. – Denn es geschieht leicht, daß wir meinen, das einzige, was zählt, sei, »wie es halt jetzt ist«. Als wäre das immer so gewesen und würde und müßte immer so bleiben. Es geschieht leicht, daß wir uns damit abfinden. Aber Jesus hat uns einmal zu Christen berufen, auch wenn wir das vielleicht nicht so gut an einer einzelnen Geschichte festmachen können, wie es Lukas bei Petrus tut. Und was von Petrus erzählt wird, gehört zu unseren eigenen Anfängen mit dazu. Es ist mit unserer Geschichte verbunden. Und das Ziel, das in diesen Anfängen schon verborgen ist, haben wir noch nicht erreicht. Er hat noch sein Ziel mit uns. Darum steht hinter allem, »wie es jetzt halt so ist«, dieser Anfang Jesu mit uns, auch wenn wir im Augenblick vielleicht gar nichts davon spüren können. Und dieser Anfang kann und will immer wieder aufbrechen, daß wir uns aufmachen in Gottes Zukunft. Jesus will seinen Anfang mit uns immer wieder wiederholen.
Vor einiger Zeit wünschte mir eine gute Freundin, ich möge doch die letzten Jahre bis zum Ruhestand nicht so einfach »auslaufen« lassen, sondern noch einmal etwas Neues beginnen. Das hat mich ein wenig erschreckt; denn wie soll das möglich sein. Es hat mich aber auch ermutigt, weil sie mir das zutraut. Ich glaube, es war ein guter Wunsch. Es ist ein guter Wunsch für jeden von uns, nicht nur im Beruf, sondern in Familie, Gemeinde und

allem, worin sich sein Leben abspielt. So wollen wir jetzt einfach diese Geschichte von unseren Anfängen noch einmal an uns vorbeiziehen lassen in aller Aufmerksamkeit. Wenn wir in unserem Christentum ein wenig eingerostet sind, kann sie uns vielleicht wieder auf den Weg und in Bewegung bringen.

Zum weiteren Verlauf
Die erste Szene: Ein Morgen am See Genezareth nach einer nicht eben erfolgreichen Arbeitsnacht. Die Fischkörbe sind fast leer. Trotzdem müssen die Netze noch gereinigt werden. Die Menschen sind müde. Ein besonderes Unglück ist das freilich nicht. Man hat sich daran gewöhnt. So ist halt das Leben. Mal gibt es einen guten Tag oder eine gute Nacht, mal einen schlechten. Mit halbem Ohr hören sie auf die Predigt Jesu. Man hat schon viele Predigten gehört, und es ist nichts Großartiges dabei zu erwarten. Es versteht sich für den Petrus von selbst, daß er so einen kleinen Dienst der Nächstenliebe tut, wie ihn Jesus von ihm erbittet. Es gehört sich schließlich so, auch wenn es zusätzlich Kraft kostet. Ich kann Petrus und die Jünger gut verstehen. So ist es halt, und wir haben uns damit abgefunden. So ähnlich geht es mir an vielen Tagen. Aber nun wissen wir, wie die Geschichte weitergeht. Weil Jesus in unser alltägliches Leben gekommen ist, wie es halt so ist, darum stecken in diesen alltäglichen Situationen ungeahnte Möglichkeiten verborgen. In Arbeit, Erfolg und Mißerfolg, Schwierigkeiten, Müdigkeit, in den Menschen, die mich brauchen oder mich zusätzlich belasten. In den Worten, die mir begegnen. Nichts ist einfach, was es ist. Ich darf, ja ich muß sogar mit seiner verborgenen Gegenwart rechnen.
Zweite Szene: »Fahre auf die Höhe, wo es tief ist, und werft eure Netze zum Fang aus!« Jesus läßt die Müdigkeit und Bedrücktheit, die Petrus bis dahin so schön zugedeckt hatte, daß sie ihm nicht wehtat, nicht auf sich beruhen. Das verstehe ich auch: Wie soll ich noch einmal einen Höhepunkt ansteuern? Wie soll ein anderer, der müde und am Ende ist, wieder in die Höhe kommen? Wie soll eine Kirche, die inzwischen längst am Rand der Gesellschaft steht, noch einmal mitten hineingehen und es mit ihren tiefen, schweren Problemen aufnehmen? Warum tut Petrus es doch? Ich vermute, es hat ihm wohlgetan, daß er seinen Frust aussprechen konnte. »Wir haben die ganze Nacht gearbeitet und nichts gefangen.« Das ist eine Chance. Das kann ich verstehen. Jesu Berufung lockt die Klage aus mir heraus. Sie muß nicht mehr versteckt werden. Sie vor ihm aussprechen zu können wirkt befreiend. So kann Petrus sagen: Gut – auf dein Wort, auf deine Verantwortung. Und das heißt auch: mit all der ausgesprochenen Unsicherheit und Müdigkeit und all den ausgesprochenen Zweifeln. Für die Art von Glaubensgehorsam braucht es keinen psychischen Bauchaufschwung; er kann in aller Ehrlichkeit und Offenheit ausprobiert und gewagt werden.
Dritte Szene: Fülle des Segens über alles Erwarten. Ein schüchternes Wagnis – und eine Flut silbern glänzender Fische. Mehr, als man fassen kann.

Aber haben Sie das nicht auch schon erlebt? Ein schüchternes Wort, eine schüchterne Geste in einer gestörten Beziehung – und ein beglückendes Echo vom anderen, der anscheinend nur darauf gewartet hat. Ein Vorschlag für eine Verbesserung im Pflegeheim oder in der Gruppe, eine Anregung in der Gemeinde – und ausnahmsweise beglückende Zustimmung. Friedensgebete in der DDR vor langer Zeit schon, ein paar Leute mit kleinen Kerzchen – und eine unblutige Revolution, eine Wende im ganzen Land. Eine Bitte, die man fast nicht geäußert hätte – und jemand freut sich noch, helfen zu können. Das alles ist nicht planbar, man kann es nicht machen, man kann es nicht berechnen, nicht einmal sich vorstellen. Es ist wie mit dem Senfkorn-Glauben. So fing die Kirche an. Darum brauchen wir uns von der Größe und Schwere der Aufgaben und der Verheißungen Gottes nicht erdrücken zu lassen, wenn wir sie nicht bewältigen können. Wir haben keine Wunderkräfte und verfügen nicht über das Wunder. Aber Christus gibt uns Hoffnung und Verheißung und läßt uns manchmal, silbern wie die Fischleiber, etwas davon aufblitzen. Es ist zum Staunen.
Vierte Szene: Die Reaktion des Petrus kommt uns fremd vor. »Herr, geh weg von mir! Ich bin ein sündiger Mensch.« Warum ist er nicht begeistert? Petrus hat vorausgesehen, wohin ihn das führen könnte, wenn er Jesus folgt. Wir kennen die Geschichte. Wie kann ich das durchhalten, es an meinem kleinen Platz mit dem Elend der Welt aufzunehmen? Wie kann ich etwas gegen Ungerechtigkeit tun, für Frieden, gegen die Zerstörung der Erde und die Selbstzerstörung der Menschheit? Ich bin selber so friedlos, lieblos, ungerecht wie die andern. Und meine Kirche ist auch nicht besser. Ich werde Schiffbruch erleiden. Zu dem Mut, neu anzufangen, gehört die Offenheit und Wahrhaftigkeit der Einsicht, daß *ich* es nicht kann. Nur mit dieser Einsicht ist es möglich.
Fünfte Szene: »Fürchte dich nicht! Von nun an wirst du Menschen fangen.« Gerade solche Menschen will Jesus brauchen in seinem Dienst, die in dieser Wahrheit leben. Mit solchen Menschen will er etwas Neues schaffen, die durch die tiefste Erschütterung und Enttäuschung über sich selbst hindurchgegangen sind. Ihnen gilt sein Ruf. Sie dürfen sagen: Ich muß nicht bleiben, der ich bin. Und ich werde andere Menschen dabei finden, denen es ähnlich geht. Menschen, die mit mir zweifeln, zagen und klagen. Menschen, die mit mir bitten. Menschen, die mit mir staunen und danken. Daran kann ich die Größe und Macht seiner Verheißung und seines Rufes ermessen, wie der Petrus an dem Netz voll silbern schimmernder Fische.

Möglicher Schluß
Theodor Fontane hat einmal ein Frühlingsgedicht auf einen uralten Apfelbaum geschrieben. Die letzte Strophe heißt:
»O schüttle ab den schweren Traum
und die lange Winterruh.
Es wagt es der alte Apfelbaum,
Herze, wags auch du!«

Kontexte

Aus einem Brief aus der DDR von Christoph Ziemer, Superintendent in Dresden, veröffentlicht in »Publik-Forum aktuell«, Juli 1990.

»... immer wieder bin ich in den letzten Monaten gefragt worden, welches denn die Werte sind, die wir aus unserer Vergangenheit in die gemeinsame Zukunft einzubringen hätten ... Drei Dinge möche ich nennen. Das erste ist mit einer Formulierung von Vaclav Havel ›Der Versuch, in der Wahrheit zu leben.‹ ... Sich durch das System nicht die Art und Weise des Lebens vorschreiben zu lassen ... Im falschen Leben auf der Spur des richtigen zu sein ... Als zweites notiere ich die Beobachtung, daß es ein Kennzeichen unseres Lebens war, mit einem Überschuß an Erwartungen zu leben. Die Erfahrungen einer Mangelwirtschaft, die Abschottung nach außen, haben bei uns fast zu allen Zeiten die Erwartungen hochgetrieben ... Schwierig wird es jedoch, wenn auf einmal die Stunde der Erfüllung kommt und alle Erwartungen auf sich zieht, ohne sie doch im letzten erfüllen zu können. Wir, die wir durch diese Erfahrungen jetzt hindurchgehen, spüren, daß ein Leben in Erwartung einen Überschuß birgt, der auch in den Zeiten der Erfüllung nicht verlorengehen darf. Schließlich hat uns der Widerstand gegen die herrschenden Verhältnisse gelegentlich die Erfahrung einer Unabhängigkeit und Freiheit gebracht, die wir nicht missen möchten. Wenn z.B. junge Leute den Wehrdienst verweigern und damit ihre Karriere auf's Spiel setzten, dann waren sie in einer erstaunlichen Weise unbesorgt um sich selbst ... Und wenn z.B. Menschen in Ost und West sich dem Konsumzwang entziehen und eine einfache, alternative Art des Lebens praktizieren, dann leben sie diese Freiheit. ... Aus all dem wird deutlich, wo ich den Ort der Kirche sehe: dort, wo die Probleme sind ... Wir haben die Erfahrung gemacht, daß es für uns gut war, relativ unabhängig und frei zu sein, nicht eingebunden in gesellschaftliche Strukturen ...«

Was heißt »Christliche Bekehrung«, Berufung oder Glaubensgehorsam?
Eugen Rosenstock-Huessy schreibt: 1. Wir brechen mit der alten Lebensart und hören auf, uns mit der Welt in ihrem derzeitigen Zustand gleichzustellen ...
2. Wir entdecken die Kraft zu unserem »Zweiten Atem« im Leben und zu dem Eingehen einer erfüllenden Bindung.
3. Wir lassen unser Erlebnis wahr werden dadurch, daß wir uns auf eine neue Gruppe von Menschen einlassen, die wir vorher übersehen, wenn nicht verachtet haben, die uns jetzt aber dazu befähigen, das Erlebnis zur Gewohnheit zu befestigen.
4. Wir müssen anerkennen, daß die Kraft und die Gemeinsamkeit von dem Gründer unseres Glaubens stammt. Das Christentum bleibt nur so lange bestehen, wie sich neue Gruppen fortwährend um das immerwährende Erinnern Christi bilden.«
(Des Christen Zukunft, GTB Siebenstern, S. 143)

Eine schöne kleine Parallel-Erzählung ist die Geschichte »Der Dreckspatz« von Ernst Lange in »Nur keinen Streit vermeiden« (GTB 90). Die junge Amerikanerin Peggy will in einer Gruppe junger Christen armen Leuten helfen, die in großer Not in Baracken und Holzhütten leben. Aber sie ekelt sich so sehr vor dem Dreck, daß sie ein kleines Kind, das begeistert auf sie zuläuft, von sich stößt. »Ich habe mir eben zuviel zugetraut.« Sie flieht vor dem Kind. Aber der Junge läuft ihr nach »Tante, schöne Tante! jubelt er und breitet seine Ärmchen aus.« – »Mein Gott, sagt sie, und ich habe ihm doch wehgetan ... Mit ausgebreiteten Armen liefen sie aufeinander zu.« Wie bei Petrus ist es nicht der Entschluß des Menschen, sondern das Geschenk der Gnade Gottes, das Nachfolge ermöglicht.

6. Sonntag nach Trinitatis

Predigttext: Matthäus 28,16–20

Helmut Liersch

Theologisch-homiletische Skizze

»Die letzten Worte Jesu«! »Der Missionsbefehl«! »Der Taufbefehl«! »Abschluß und Schüssel des Mt«, ja, aller Evangelien ... Die Perikope zählt zu den zentralen biblischen Stellen und erweckt demgemäß eine Fülle von Assoziationen. Sie dient der Begründung von weltweiter Mission, von kirchlicher Taufpraxis samt trinitarischer Formel, von bibelbezogener Katechese. Auch einen negativen Superlativ zieht sie auf sich: Für Hans-Bernhard Ottmer gehört der Missionsbefehl Mt 28 »in seiner *Wirkungsgeschichte* zu den verheerendsten Sätzen im Neuen Testament«, eine Wertung, die Eberhard Winkler wiederum für »unsachlich und unsinnig« hält (werkstatt gemeinde 1989, Nr. 27 / S. 171 bzw. Nr. 28 / S. 209). Allerdings ist sicher richtig, daß die Worte des Auferstandenen im Laufe der Kirchengeschichte zu einer Art »Expansionsformel im Namen Gottes« (Ottmer) wurden. Die Vollmacht, die Jesus für sich beansprucht, wurde klammheimlich zur Macht kolonisierender und ausbeutender europäischer Christen. So offensichtlich damit der Sinn von Mt 28 pervertiert wurde, so nachdrücklich mahnen solche Vorfälle aber auch, sich vor einer Instrumentalisierung des Textes zu hüten. Er bietet weder ein »Gemeindeaufbau-Modell« noch eine »Missionsstrategie«. Darüber und über Inhalte der Verkündigung Jesu steht im Mt an anderer Stelle Einschlägiges. Die Perikope entfaltet ihre eigentliche Kraft erst, wenn sie als Verheißungswort verstanden wird.

Den Christen damals wie uns heute wird noch einmal mit Nachdruck gesagt, worauf man sich unbedingt verlassen kann: auf den dauernden Beistand Jesu Christi, auf seine Vollmacht, die kosmische Ausmaße hat. Sie wird nicht durch Zweifel (Vers 17) oder Kleinglaube eingeschränkt, auch wenn letzterer angesichts der großen Aufgaben der Christenmenschen sich noch so sehr breitmacht. Die den Menschen gesetzten Grenzen sind in Christus überwunden (Auferstehung). Jetzt ist dem Glaubenden offenbart, daß Jesus Christus in vollkommener Übereinstimmung mit dem Schöpfer des Himmels und der Erde steht. Die Antwort seiner Nachfolger darf und soll zu allererst vertrauende, tätige Sorglosigkeit im Sinne von Mt 6,25–34 sein. Nicht ein »Befehl« sollte also in der Predigt an die Gemeinde weitergegeben werden, sondern dessen Grundlage: Jesu Gewißheit, im Namen Gottes zu handeln, und unsere Möglichkeit, daran teilzuhaben.

Vorschläge zur Liturgie

Die *Epistel* des 6. Sonntags n. Tr. (Rö 6,3–8) lenkt das Augenmerk stark auf das Thema »Taufe«. Die *Lesung* aus dem Alten Testament dagegen (Jes 43,1–7) unterstreicht wie der Wochenpsalm (139,1–16.23f.) die Geborgenheit bei Gott und dessen Vollmacht über alles Geschaffene.

Entsprechend dürfen auch die *Lieder* Gewißheit ausdrücken, z.B. EKG 298, 299 und 300, wie überhaupt viele Lieder zwischen 280 und 307. In Lied 700 (DEKT 83) klingt der Mt-Text an, ebenfalls in 732.

Kollektengebet
Ewiger Gott, Geber aller Gaben, wir danken dir für die Welt und für unser Leben. Du beschenkst uns reichlich. Laß uns das Danken nicht vergessen und öffne unsere Hände, wenn andere unsere Hilfe brauchen. Wir bitten im Namen Jesu Christi, der mit dir und dem Heiligen Geist lebt und regiert von Ewigkeit zu Ewigkeit. Amen.

Fürbittengebet
Herr, du lädst uns ein, unsere Sorgen auf dich zu werfen. Wir danken dir, daß wir dich um deinen Beistand bitten dürfen. Du kennst unsere Ohnmacht und Hilflosigkeit angesichts so vieler Probleme in Ehen und Familien, in Hausgemeinschaften und im Umgang mit Verwandten. Du kennst die Sorgen, die uns bedrängen im Berufsleben und in der Politik.
Du, Herr, nimmst uns die Probleme nicht einfach ab. Du willst uns aber dein Nahesein spüren lassen, damit wir uns getrost und zuversichtlich den Aufgaben stellen. Herr, wir bitten dich um diese Geborgenheit in dir.
Herr, mach uns gewiß, daß du uns von allen Seiten umgibst und deine Hand über uns hältst.
Sei du hinter uns, sei uns Rückhalt und Stütze.
Sei vor uns, damit wir immer wissen: Wohin wir auch gelangen, du bist schon da.
Sei über uns wie die Sonne und erleuchte uns den Weg, damit wir nicht irren und fallen.
Sei auch unter uns, damit wir, wenn wir stürzen, in deine guten Hände fallen.
Sei rings um uns wie eine Burg, wie ein schützender Mantel, wie Arme, die sich liebend um uns legen.
Sei auch in uns wie die Luft, die uns atmen läßt und uns am Leben erhält.
Von allen Seiten, Herr, umgib uns und laß uns in dir geborgen sein. Amen.
(Beide Gebete aus: Heinz Gerlach, Gebete – Atem des Gottesdienstes. Gebete für alle Sonntage, Verlag Lydia Gerlach, Marburg/Lahn 1986, S. 174)

Gebet (auch als möglicher Predigtschluß)
Gott,
du belebst diese Erde
aus der Fülle deiner Gaben.
Wir danken dir
und bitten dich um Kraft,
wenn wir
über unseren Sorgen verzagen.
Gib uns den Heiligen Geist,
daß wir die Zeichen der Zeit erkennen
und zuversichtlich bleiben
in unserer Liebe zum Leben.
Hilf den Staatsmännern,
die Erde wohnlich zu bewahren.
Nimm den Menschen die Angst.
Wir beten für alle
in unserer Nähe
und in der Weite der Völker,
die niemanden haben,
der sie birgt,
keinen,
der sie heilt.
Hilf uns,

sie zu sehen
und barmherzig zu werden.
Und für die Sterbenden bitten wir,
daß du
ihnen entgegengehst.
Mach uns,
o Gott,
bereit für alles,
was von dir kommt,
daß wir geborgen bleiben
unter deinem Segen.

(Michael Mayer, Nachdenkliche Gebete im Gottesdienst zum 15. n. Tr.)

Vorschläge zur Predigt
(Textlesung)
Möglicher Predigtanfang
Da gibt es doch tatsächlich Leute, die behaupten: Glauben ist Nebensache, Jesus ist nur etwas für die ganz Frommen – und über Gott kann man sowieso nichts wissen! Und Auferstehung erst: eine Zumutung für jeden denkenden Menschen! – Angesichts solcher Einwürfe kann gelegentlich das Gefühl aufkommen, sich mit etwas völlig Abseitigem zu befassen. Das ging schon den frühen Christen so. »Schaut doch hin«, sagten deren Gegner, »ihr behauptet, etwas ganz Wichtiges zu predigen. Aber in Wahrheit seid ihr doch bedeutungslos, ohne Einfluß!« Das hatte manchen Neugetauften kleinlaut werden lassen. Sie zweifelten, ob sie solcher Kritik etwas entgegenzusetzen hätten.
In diese Stimmung hinein treffen die letzten Worte Jesu. Er sagt sie nicht etwa als Sterbender, sondern als Auferstandener, nicht als Verlierer, nein, als Gewinner: »Mir ist alle Gewalt gegeben im Himmel und auf Erden« und »Siehe, ich bin bei euch alle Tage bis an das Ende der Welt«. Wenn man das hört, kann man sich nur auf zweierlei Weise dazu stellen: ablehnen oder zustimmen. Dazwischen gibt es nichts. Entweder versteigt sich Jesus hier in unhaltbaren Phantasien – und mit ihm seine Jünger. Oder hier begegnet die Wahrheit. Dann aber ginge sie alle an. Auch jene, die zweifeln oder spotten.

Zum weiteren Verlauf
Es ist nun möglich, die Motivationsphase auf die örtliche Situation zuzuspitzen: auf Erfahrungen, wie wichtig kirchliche Angebote genommen werden, wie sich Mitarbeiterinnen und Mitarbeiter vorkommen, deren Angebote mißachtet werden. Dann: Die Zweifler scheinen ja recht zu haben. Läßt sich denn wirklich etwas Gewisses über die Zukunft sagen? Kann es überhaupt eine Botschaft geben, die mir Vertrauen und Geborgenheit vermittelt? Viele behaupten heute, wir verdankten uns einem Zufall; die Zukunft sei ein blindwütiges Gemenge aus Unwägbarem, der Mensch dagegen Spielball im sinnlosen Chaos.
Nun ließe sich tatsächlich eine lange Rechnung aufmachen, die den Kritikern und Skeptikern recht zu geben scheint: Der Tod ist nicht besiegt. Im

Gegenteil: er greift in das Leben ein, er reißt Menschen aus unserer Mitte, er stürzt in Trauer und Not. Ganze Jahrhunderte sind vom Tod überschattet, nicht zuletzt dieses 20. nach Christi Geburt. – Wer mag, kann hier etwas einfügen über die Wirkungsgeschichte der Perikope (s. vorn). – Ist der Glaube an die Vollmacht Jesu Christi da nicht billige Vertröstung? Notlüge, um das Elend nicht zu groß erscheinen zu lassen? Nach wie vor muß jeder Mensch, jedes Tier und jede Pflanze sterben. Und der Versuch, Leben zu verlängern und zu schützen, hat andere, todbringende Phänomene hervorgebracht: Überbevölkerung, Altersleiden, Hunger, Vergiftung von Luft, Wasser und Boden. Der Mensch dreht und windet sich, machtlos.

In der Tat: Der Mensch vollbringt es nicht aus sich selber. Das ist der entscheidende Inhalt der Lehre Jesu. Er liefert uns keine Geheimlehre, mit deren Hilfe wir etwa den Unwägbarkeiten des Lebens ausweichen könnten. Aber er vermittelt eine grundlegende Gewißheit: Gott selber ist es, der seine Schöpfung durchträgt. Alles, was Jesus tat, war ein Beweis dafür: wie er Kranke heilte, Außenseiter einbezog, »Kleine« groß machte. In all dem wurde der Willen des Schöpfers sichtbar. – Vgl. hierzu den Text von Theißen in den »Kontexten«. –

Aber, liebe Gemeinde, spätestens hier mag mancher aufgeklärte Zeitgenosse nicht mehr mit. Was heißt denn Schöpfung? Wieso soll denn die Welt dem Willen eines Schöpfers entsprungen sein? Oder um mit dem Predigttext zu sprechen: Kann denn wirklich jemand Macht haben im Himmel und auf Erden? Selbst Religionslehrer winden sich gelegentlich, wenn sie den Schülern erklären sollen, warum die Bibel von Schöpfung und die Naturwissenschaft von »Urknall« und von Evolution spricht. Sind das nicht tatsächlich Gegensätze? Lassen wir uns Nachhilfeunterricht geben von Prof. Dr. Friedrich Cramer, Direktor im Max-Planck-Institut für experimentelle Medizin in Göttingen (in seinem Buch »Chaos und Ordnung«, 1988, S. 30f.). Er zeigt eines der einfachsten Lebewesen, ein Kolibakterium. Man weiß genau, wie es zusammengesetzt ist, kennt seine genetischen Baupläne. Man kann also ausrechnen, wie viele Möglichkeiten es gäbe, die einzelnen Bestandteile seiner Erbinformationen zusammenzubauen. Und so kann man auch errechnen, wie wahrscheilich es wäre, daß ein Kolibakterium – eines der »primitivsten« und »einfachsten« Lebewesen – *per Zufall* entstünde. Es ist eine Zahl mit 2,4 Millionen Nullen. Fazit laut Prof. Cramer: Purer Zufall ist undenkbar! Selbst wenn eine Maschine in jeder Sekunde eine dieser fast unendlichen Möglichkeiten ausprobieren würde (eine wahnwitzige Annahme!), so reichte doch das bisherige Alter der Welt nicht annähernd aus. Man brauchte dazu 10 hoch 2,399983 Millionen Welt-Alter. »Das Alter der Welt ist also verschwindend klein gegenüber der für eine ›Zufallsordnung‹ benötigten Zeit. Das heißt: Leben kann nicht durch eine Serie von Zufallsereignissen entstanden sein« (Cramer).

Oh, ihr Kleingläubigen, so möchte man angesichts solcher Tatsachen uns Christen zurufen, warum versteckt ihr euch so mit eurem Glauben? Warum

murmelt ihr verschämt euer Glaubensbekenntnis, so als wäre es nicht wahr: »Ich glaube an Gott den Schöpfer!« Himmel und Erde sind nicht von allen guten Geistern verlassen. Die Welt hat einen Sinn, auch da, wo wir ihn nicht erkennen, der Tod ist keine Grenze für Gott.
Viele frühe Christen hatten diese Gewißheit. Und sie stellten sie den Zweiflern entgegen. Sie lebten in dem Vertrauen, daß Jesus Christus Macht hat im Himmel und auf Erden – und daß sie durch ihn daran Anteil haben.

Möglicher Schluß
Wir haben es heute scheinbar schwerer als die frühen Christen. Wir können wohl nicht mehr so »naiv« glauben. Aber andererseits sind wir heutzutage auch besser dran: Wir dürfen unseren Glauben mit vernünftigen Gründen unterlegen. Wir glauben nicht nur, nein, wir sind sicher und wissen, daß sich die Schöpfung zielgerichtet weiterentwickelt. Aus dem, was uns gelegentlich chaotisch erscheint, wird Neues erstehen. Wir wissen nicht, wie das im einzelnen vor sich geht. Aber wir wissen sicher, daß es geschieht. Am Ende: Leben. Der letzte Feind, der Tod, wird vernichtet, und Gott wird alles in allem sein.
Gott, Schöpfer und Erlöser!
Du lebst und wir sollen auch leben.
Schenke uns Augen, die sehen
die Zeichen des Lebens –
und ein dankbares Herz. Amen.

Kontexte

Stichwort »Lehret sie!«
Wer die inhaltlichen Aspekte der Lehre Jesu in die Predigt einbeziehen will, bekommt in dem lesenswerten Buch »Biblischer Glaube in evolutionärer Sicht« von Gerd Theißen (München 1984) viele Formulierungen an die Hand, die nicht abgegriffen sind und damit die Chance haben, gehört zu werden. Auszüge: »Wenn die biologische Evolution bisher mit Mutation und Selektion als den beiden wichtigsten Evolutionsfaktoren gearbeitet hat, so hat die christologische ›Mutation‹ (zusammen mit der ganzen biblischen Geschichte) insofern singulären Charakter, als sie das zweite Evolutionsprinzip, die Macht der Selektion, radikal in Frage stellt. Urchristlicher Glaube besteht in einer antiselektionistischen Revolte, die oft schroffe und bizarre Formen annimmt und gerade in ihrem Widerspruch gegen modernes Bewußtsein aktuell ist.
Selektion bedeutet: Vermehrte und verringerte Fortpflanzungschancen im Vergleich zu anderen. Im Neuen Testament aber werden die Kastrierten gepriesen (Mt 19,10ff.), Paulus propagiert den Verzicht auf Sexualität (1. Kor 7,1ff.).
Selektion bedeutet: Aggression gegen den Fremden, der das eigene Territorium bedroht. Das Neue Testament fordert Feindesliebe (Mt 5,43ff.) und verheißt den Sanftmütigen den Besitz des Landes, denen, die auf Gewalt verzichten (Mt 5,5).
Selektion bedeutet: Solidarität mit den genetisch Verwandten, der eigenen Familie, und Aggression nach außen. Jesus aber kehrt dies Verhältnis um: Er fordert den Bruch mit der eigenen Familie (Lk 14,26). Nach innen wird Aggression in Kauf

genommen, nach außen hin aber Solidarität gefordert – mit dem Unbekannten, ja selbst mit dem Feind (Mt 5,43ff.).
Selektion bedeutet: Bevorzugung des in der Hierarchie oben Stehenden, damit jene sich durchsetzen, die ihre Tüchtigkeit im Gerangel um die Hackordnung erwiesen haben. Das Neue Testament aber sagt: ›Wer unter euch der Erste sein will, sei der Sklave aller‹ (Mk 10,44).
Selektion bedeutet: Bevorzugung des Starken und Gesunden. Das Neue Testament aber macht den Einsatz für die Schwachen zur Pflicht: die Nächstenliebe (Lk 10,29ff.) und zeigt in seinen Wundergeschichten eine Identifikation mit dem aussichtslos Erkrankten.
All diese schroffen Forderungen setzen ein Grundvertrauen voraus: Daß die letztgültige Realität nicht nur eine sehr viel größere Variationsbreite menschlichen Verhaltens zuläßt, sondern auch menschliches Verhalten zuläßt, das nach den Gesetzen biologischer Evolution keine Chance hätte.« (S. 146 f.)

Stichwort »Gehet hin!«
Wie der evangelische Theologe Prof. Dr. Gnana Robinson von der Südindischen Kirche die missionarische Arbeit vieler Missionsgesellschaften, besonders der evangelikalen, sieht, beschreibt er in seinem Loccumer Vortrag zum Thema »Von Mission zur Solidarität und Partnerschaft« (teilweiser Abdruck in »Ährenlese« – Nachrichten aus der Ev.-Luth. Mission 1/90).
Auszüge: »In den asiatischen Ländern, mit der einzigen Ausnahme von den Philippinen, sind die Christen in der Minderheit. Aber wegen ihrer Genossenschaft mit den Kolonialherrschern konnten sie bislang ein psychologisches Mehrheits- und Überlegenheitsgefühl genießen. Doch die radikale Änderung in der Kolonialgeschichte hat diese Situation geändert. Die jeweiligen Kirchen in diesen Ländern mußten diese Realität zunächst wahrnehmen, und es war ein schmerzhafter Vorgang.
Die westlichen Missionare verließen Asien. Die Verwaltung der Kirchen und der kirchlichen Einrichtungen wurde in den meisten Fällen den einheimischen Christen übergeben, und dadurch wird auch der Missionsauftrag hauptsächlich zur Aufgabe der Kirchen in den jeweiligen Ländern. Angeregt von diesem neuen Verantwortungsbewußtsein versuchen diese jungen Kirchen ihren Missionsauftrag ernst wahrzunehmen. Viele einheimische Missionsgesellschaften wurden gegründet. Es haben auch viele westliche evangelikale Missionsgesellschaften versucht, irgendwie in diesen Ländern Boden zu finden. Es gelang ihnen, durch ihre finanziellen Mittel einheimische Mitarbeiter zu gewinnen und ihre Zweige in diesen Ländern zu befestigen.
Die Arbeit all dieser Gruppen ist von dem *alten, traditionellen Missionsverständnis* stark beeinflußt und wird von dem ökumenischen Denken in den Kreisen des Weltkirchenrates gar nicht berührt. Das Hauptziel ihres missionarischen Strebens ist das zahlenmäßige Wachstum des Christentums.
Gemeinsam haben sie alle die folgenden Charakteristika:
1. Eine Sender-Empfänger Beziehung.
2. Der Sender besitzt die volle Wahrheit und hat den unabdingbaren Auftrag von Gott, diese Wahrheit den Empfängern irgendwie zu vermitteln.
3. Der Empfänger ist der Heide, der noch in der Finsternis wandelt und die Wahrheit überhaupt nicht kennt. Seine Religion ist der Weg der Finsternis. Wenn er die Wahrheit, die der Sender besitzt, nicht in der Art und Weise empfängt, wie sie vom Sender geraten wird, wird er in Sünde sterben und verliert das ewige Leben. Deshalb die Dringlichkeit der Mission.

4. Die einmalige und die endgültige Offenbarung in Christus bedeutet, daß es außerhalb der verfaßten Kirche keine Offenbarung Gottes gibt. Das heißt, es gibt keine Offenbarung in den anderen Religionen.
5. Diese Welt leidet unter der Macht des Teufels; deshalb müssen die Menschen dieser Welt entfliehen, um das ewige Leben zu erhalten.
6. Weil diese Welt unter dem Teufel und den Mächten der Finsternis leidet, kann man nichts mit dieser Welt tun. Es ist deshalb nicht die Aufgabe der Christen, sich mit politischen Fragen zu beschäftigen. Das Reich Gottes ist außerhalb dieser Welt; diese Erde und dieser Himmel werden zunächst verschwinden. Dann werden eine neue Erde und ein neuer Himmel kommen, und das Reich Gottes wird verwirklicht.
7. Gott wirkt in dieser Welt durch das Wort und das Sakrament. Deshalb ist es nicht richtig zu sagen, daß er unter anderen Völkern und Religionen anwesend ist und wirkt. Es ist auch nicht richtig zu sagen, daß die Nachfolger Christi Gottes Werke in der Welt fortsetzen. Die einzige Aufgabe der Christen besteht darin, das Evangelium zu verkündigen und die Menschen zum Glauben an Jesus Christus zu bekehren.
8. Die individuelle Bekehrung ist die Hauptsache. Strukturen zu ändern ist nicht unsere Aufgabe. Wenn die Menschen als einzelne sich bekehren, wird durch sie Frieden und Gerechtigkeit geschehen.
9. Die Gerechtigkeit ist eine Gabe Gottes; deshalb ist es umsonst, daß der Mensch sich um Gerechtigkeit in der Welt bemüht. Darum sind Bewußtseinsbildung und die Bekämpfung der ungerechten Strukturen in der Welt nicht christlich. Die Befreiungstheologie ist deshalb nicht christlich; sie ist marxistisch geprägt.
10. Das Evangelium kann nicht von dem Kontext beeinflußt werden. Deshalb ist das Suchen nach kontextueller Theologie falsch. Darum sind auch die Versuche der Indigenisierung, der Inkulturation und des Dialogs mit Religionen und Ideologien nicht richtig; sie sind der Verrat am Evangelium.
Trotz der konzentrierten Bemühungen dieser traditionellen Missionsgruppen bleibt die Zahl der Christen in allen Ländern dieselbe – wie es sich in den letzten 50 Jahren gezeigt hat. Nach etwa vier Jahrhunderten langer verstärkter Missionierung bleibt doch das zahlenmäßige Wachstum des Christentums ganz gering in Asien.«

Für diesen Band arbeiteten:

Pfarrer Claus Altrock, Kassel. Pfarrer Dr. Günter Berndt, Berlin. Pfarrer Wolfram Braselmann, Loccum. Pfarrer Rainer Bungenstock, Steyerberg. Stadtsuperintendent Hans Werner Dannowski, Hannover. Pfarrer Klaus Eulenberger, Hamburg. Kirchenmusikdirektor Friedemann Gottschick, Bielefeld. Pfarrer Manfred Günther, Mücke. Superintendent Hans-Neithardt Hansch, Meppen. Pfarrer Holger Harrack, Jever. Propst Karl-Behrnd Hasselmann, Kiel. Pfarrer Eckhard Herrmann, Burgkirchen/Alz. Pfarrer Heinrich Jürgenbehring, Bochum. Pfarrer Volkmar Keil, Schüttorf. Pfarrer Heinz-Dieter Knigge, Göttingen. Pfarrer Reinhard Kramm, CH-Arosa. Pfarrer Helmut Liersch, Elbe. Pfarrer Dr. Wolfgang Lück, Darmstadt. Pfarrerin Sigrid Lunde, Bad Kreuznach. Professor Dr. Ernst Öffner, Neuendettelsau. Pfarrer Jörg Passoth, Berlin. Dekan Johannes Seiß, Bamberg. Pfarrer Christian Schad, Weingarten. Pfarrer Christoph Schmidt-Ehmcke, Münster. Pfarrerin Dr. Gerda Storck, Gießen. Pfarrerin Gabriele Suck, Heidelberg.